進階肌力訓練

La méthode Delavier de musculation Ⅱ

解剖聖經

附健美肌肉解剖圖海報

翻轉健身的錯誤認知
突破進步停滯的瓶頸

通則只適用於一般初學者，
因為他們從沒做過大重量。

身體天生結構的不同，
決定你的努力是否徒勞。

醍醐灌頂的實證經驗，
開啟全方位的高階體驗。

Frédéric Delavier
Michael Gundill 著

李恆儒 博士・宋季純 醫師・韓立祥 教練 合譯

旗標出版股份有限公司

1 持續進步的進階訓練技巧

2 主要肌群的訓練動作

鍛鍊強壯的肩膀肌肉

鍛鍊寬厚的背部肌肉

3 訓練課表

前言

在一般肌力訓練的入門書中，都已經示範過許多基本動作以及健身的觀念，並教導您設計健身計畫以符合不同的個別需求。

本書將不再重複闡述基礎的內容，而是針對許多入門書中沒有談到的進階內容，適合對肌力訓練已有經驗的讀者，介紹如何精益求精的各種技巧。

不可否認的，入門者只要採用良好的訓練課程，初期的肌肉增長效果都不錯，但幾個月過後，肌肉對訓練的反應會變得越來越鈍，必須改變策略或採用更進階的訓練課程，才能繼續維持令人滿意的成長速度。

每個人的身體解剖構造與四肢型態都有其特色，了解自己的身體是肌力訓練的基礎，才能據此選擇最適合個人的運動，提升鍛鍊的效率。

我們必須了解：

> 解剖學是研究肌肉骨骼構造的科學；

> 型態學則是依據個體構造預測運動軌跡的科學。

要設計一套有效的健身計畫，一定得先具備人體解剖與型態學的知識，而本書是第一本考量人體個別差異的肌力訓練專書，可謂空前之作！

此外，本書還介紹了肌肉系統賴以運作的主要生理現象，並基於這些背景知識，協助讀者打造更優化、更符合自己的訓練計劃。

本書共分為三大部分：

1 第一部分詳細介紹各種進階的健身技巧。理論基礎不僅是根據前人的經驗，更採用最新的肌肉生理與生物力學研究結果，帶領讀者從既有的成果上更加精進。

2 第二部分則針對不同部位的肌肉，介紹各種訓練動作，並分析其優劣。有些運動只需要簡單的器材就能在家中進行，有些則需要使用健身房中的機器輔助。

3 第三部分乃綜合所有背景知識與健身技巧，考量個人目標、時間以及器材的差異性，協助讀者設計出最適合自己的健身計畫。

持續進步的
進階訓練技巧

當我們持續健身一段時間之後，回首來時路，與剛開始健身的頭幾個月相比，我們可能會發現幾個問題：

> 全身的肌肉更加發達強健，但各部位進步的程度並不一致。

> 某些肌群訓練效果顯著。

> 某些肌群訓練效果開始落後。

雖然肌力訓練的目標是增加全身的肌肉質量，存在於不同肌群間的不平衡也需要調整。以下是四種常見的問題：

1 肌肉不夠大： 似乎沒有人會真正對自己的肌肉質量感到滿意的，即使是優秀的運動員也不例外，肌肉大小就像銀行戶頭裏的數字：即使已經很大了，還是會覺得不夠大。

2 外觀不理想： 同一個肌群的發展不一致時，就會影響其美觀程度，舉例而言，股四頭肌的上半部可能很發達，但下半部則不夠理想；肱二頭肌可能比較短，使得上臂與前臂間的距離看起來太大。因此除了肌肉大小之外，還要精確顧及每個肌肉中的某個部分以改善其外觀。

3 外觀不對稱： 同一個肌群的外觀不對稱也是個問題，舉例而言，肱三頭肌或股四頭肌看起來可能只有外側或內側部分比較發達，需要調整訓練方式才能達到對稱與平衡。

4 能見度不明顯： 某個肌群的線條可能不甚明顯，典型的例子就是腹直肌，常常被一層薄薄（或者沒那麼薄）的脂肪覆蓋住，以致於看不出「六塊肌」。其他很難練出肌肉能見程度的部位還包括臀部、下背部和大腿。

本書將分別針對個別肌肉，就上述四種常見問題提出解決方法，協助健身者打造和諧的體態。然後會介紹如何做到以下兩個重點：

> 讓發展接近極限的肌肉持續進步，

> 以及針對不易訓練的部位做加強。

促進肌肉生長的五大要素

想讓訓練變得有效率，就必須確認自己對目標有明確的認知，增加舉重的重量、動作的反覆次數或組數都只是達成目的的手段罷了，別讓他們遮蔽了最終目的：訓練肌肉！

要訓練肌肉當然要專注在直接刺激肌肉生長的因素上，本段落將介紹刺激肌肉生長的五個要素，並依照重要性由高到低排列。

伸展的張力

當收縮中的肌肉因負重而被強迫伸展，收縮力與外來阻力相抗衡的結果，會造成大量細胞受傷，典型的例子就是重量訓練的離心收縮期（即肌肉伸長將負重緩慢放下的時期），另一個狀況是進行伸展動作時。

當負重與肌肉張力相抗衡時，會產生肌纖維的撕裂，強迫組織自我修復並生長，也就是説伸展的張力是強烈的生長訊號，必須強調離心收縮的訓練，才能將肌肉生長提升到最大，確實的做法詳見 29 頁的離心收縮期。

收縮的張力

當肌肉因負重超載而收縮困難時，勢必要自我強化來克服阻力，要用這種收縮訓練方式達到顯著的肌肉生長反應，必須逐漸提升負重來確保肌肉持續受力。

承受張力的時間

健身時的負重並非影響肌肉生長的唯一因素，否則只需要負荷最大肌力的重量，每個動作反覆一次即可。根據 Kumar (2009) 的研究，並非越接近最大肌力的負重對促進肌肉生長的效果越好，因為肌肉整體承

該舉多重才能讓肌肉生長最大化？

在 2009 年 Kumar 等人的研究中 (Journal of Applied Physiology 106(6): 2026-39)，測量健身後肌肉組織中的蛋白質合成量與什麼因素相關，發現只有每組動作的施力大小會影響，也就是當負重達最大肌力的 20%、40%、60%、75% 時，肌肉中的合成作用分別會增加 30%、46%、100%、130%，而當負重達最大肌力的 90% 時合成作用僅增加 100%，還不如最大肌力 75% 時的 130%。

由上可知，肌肉的合成作用與負重大小成比例，並且使用最大肌力 75% 的負重訓練時，其合成作用效果等同於結合最大肌力 60% 與 20% 的負重訓練效果。但為何負重高達最大肌力 90% 時效果反而沒有 75% 來得好呢？這是因為負重太大，會在肌肉疲勞前先造成神經系統的疲乏。

解析：上述現象有助於回答擬定健身計畫時最根本的問題：應該用多大負重做訓練？定好負重後才能接著設定每個動作需反覆的次數。

注意：Moore 等人 2009 年的研究 (American Journal of Clinical Nutrition 89(1): 161-8) 同時指出，合成作用會在健身一小時後達到最大值，此時應該補充蛋白質以延長肌肉生長的時間。

受張力的時間也扮演了一定的角色，一旦負重越大，能執行的反覆次數越少，則肌肉承受張力的時間也越短了。

如果負重較輕，則肌肉承受張力的時間較長，但承受的張力大小可能不足以產生刺激生長的訊號，在 Kumar 的研究中，這種現象發生於負重介於最大肌力的 20-40% 之間，因此我們必須在受力大小與受力時間之間尋求平衡，基於科學研究的證據顯示，最佳的平衡點約為最大肌力的 70-80%。

肌肉燃燒

當肌肉組織的代謝功能被激發到極限時，乳酸會開始堆積，肌肉會有一種被燃燒的感覺，進而產生刺激合成作用的訊號，由於此訊號是透過酸性物質而產生，屬於化學因素，不同於前述三種物理因素，是透過負重、創傷性的鍛鍊來刺激肌肉生長。

肌肉幫浦

反覆進行同一個動作的期間，肌肉也因反覆收縮而充血，稱為「肌肉幫浦」，這些多出來的血流負責將養分帶入肌肉，同時也造成肌肉某種程度的「形變」。

假使肌肉幫浦鼓動越多血液流入，肌纖維之間的距離就被推擠得越靠近，形成一股機械性的限制力量，是促進肌肉生長較弱的刺激訊號，由於肌肉幫浦的訓練並非創傷性的，可以頻繁地執行，尤其適合作為促進恢復的方式。

胸大肌

肘肌

前三角肌

肱三頭肌

啞鈴推舉

自由重量與健身器材：該如何選擇

許多人堅稱健身器材比自由重量容易得到效果，但這類的爭論其實沒有必要，某些狀況下自由重量比較好，而其他狀況下則是健身器材較適合，只要記得兩種方式都不是絕對完美的。

自由重量的優勢就是取得容易，提供便利的健身基礎，有些舉重者喜歡其不受限制的特性，能隨心所欲練習各種動作；相反的，有些舉重者偏好健身器材所提供的引導與輔助。

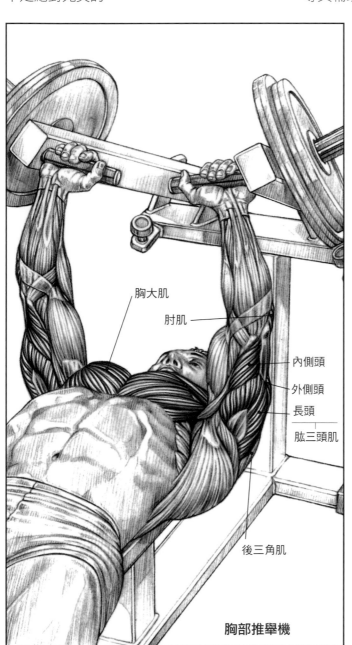

胸大肌
肘肌
內側頭
外側頭
長頭
肱三頭肌
後三角肌

胸部推舉機

比較啞鈴和槓鈴，前者就有較大的動作自由度。當進行仰臥推舉時，啞鈴可讓雙臂位置降得比槓鈴更低，因此對胸肌的張力更大，且上推時還要做額外的收縮將雙臂距離拉近，活動度範圍更大。

若使用固定軌道的胸部推舉機，雖然也可模擬啞鈴與槓鈴推舉，但因手握的距離固定，活動度範圍就小。

自由重量主要的缺點，就是它們所提供的阻力無法依照肌力結構的變化隨時調整。

舉例而言，在進行深蹲訓練時，蹲得越低，大腿肌肉會越難出力，也就是說大腿肌力在蹲低時是最弱的。而當大腿越接近伸直的時候，肌肉出力就越大。這也表示槓鈴所提供的阻力，不足以全程都訓練到大腿肌肉。

由上例可知，是深蹲到底時的肌力限制了槓鈴的最大負重，大腿肌肉在蹲低的小範圍內無法發揮全力。如果換成適當的健身器材，能隨不同角度的肌力調整負重大小，使肌肉在深蹲全程都能受到鍛鍊。

總而言之，自由重量與健身器材的選擇必須因地制宜，而不是盲目的人云亦云，人們可能會說真正專業的健身者都使用自由重量做訓練，但實情是大部分的健身者都會使用到健身器材，一昧排拒設計良好的器材是沒有必要的。本書第二部分將針對各主要運動詳述這些工具的優缺點。

單關節動作與多關節動作：該如何選擇？

多關節（複合）動作對於肌肉生長與肌力的提升程度，通常比單關節動作來得好，舉例來說，深蹲和大腿伸展動作，同樣反覆進行 10 次，前者在第一個反覆時對於股四頭肌的活化程度就比後者高了 46%（Signorile 等人，1994. Journal of Strength and Conditioning Research 8(3):149-54）。

反覆次數越多，就有越多比例的肌纖維被活化來克服疲勞，到了第十次反覆時，深蹲和大腿伸展動作使肌纖維被活化的比例分別增加了 26% 與 16%。

因此可以看出，單關節動作相較於多關節動作有以下兩個不足之處：

> 活化肌纖維的程度較低。

> 即使增加反覆次數，也無法提升肌纖維活化的比例。

這些現象並不代表我們要完全避免單關節動作，事實上當多關節運動鍛鍊不到目標肌肉群，或者鍛鍊後外觀仍不盡理想時，仍然需要靠單關節動作來局部加強與修正。

該如何針對較弱部位作加強？

每個人都有某些很難練好的肌肉部位，處理這類生長不易的肌肉常常會令健身者感到挫折，覺得什麼方法都試過了卻沒效，但他們真的用盡所有方法了嗎？

要避免這種負面態度，必須相信永遠有方法可以解決局部疲弱的問題，我們總是能找到新的技巧與組合來嘗試的。

傳統的強化方法

如上所述，人體總有某些肌肉對訓練反應良好，而其他肌肉則相反，為了達到整體的平衡，我們必須對疲弱部位迎頭痛擊，以下提供幾種傳統的策略：

1 每次健身一開始（當體能與專注力都最好時）就針對疲弱部位做訓練。

2 進行較多回合的訓練。

3 試著增加該部位的負重。

必須解決根本問題

但可惜的是，傳統方法常常不管用，因為問題的根源並沒有被解決，有時在肌肉間差異不大時或許有幫忙，但對於真正停滯不前的肌肉卻愛莫能助。如果肌肥大的程度有明顯差異時，最重要的是對根本原因有全盤了解，再視情況對症下藥。

真性與假性疲弱

肌肉生長的落後又可分為兩種：真性與假性。

1 假性疲弱指的是因無效訓練導致生長較落後的肌肉。無效訓練包括訓練量不足、訓練不規律或太過匆忙等，常見於小腿肚與大腿肌群。一般而言矯正假性疲弱的困難度不高，只要針對該肌肉群做規則訓練或提昇訓練強度即可。

2 真性疲弱指的是即使加強鍛鍊也無法促進生長的肌肉，將於下一段落詳加討論。

真性疲弱的成因

理論上全身的肌肉處於相同的荷爾蒙濃度與營養狀態下，各自生長的速度應該相同，實際上個別肌肉的生長，受到局部生理條件的影響程度反而比較大。

問題的根源

真性疲弱可歸因於下列三種因素：

1 基因遺傳

2 運動經歷

3 肌肉徵召程度

基因遺傳

先天的遺傳條件透過下列五種方式影響人體肌肉強弱的分佈：

上半身與下半身

由於先天的差異，人體可分為上半身與下半身兩部分，有些人覺得鍛鍊上半身肌肉較簡單；另一些人則覺得鍛鍊下半身較容易，極少有人能在這兩部分取得絕對的和諧。就算體型看起來很勻稱，在進行上下半身的健身運動時，難易程度總是有差別。

左右不對稱

沒有人的外型是完美對稱的，總是有某些肌肉左右側的大小不一致。

就算發現自己左右手臂不一樣大也別太擔心，這樣的差距通常都不超過一兩公分，即使是骨骼系統也並非完全對稱，可能某一側的鎖骨看起來比另一側更大。

兩側的不對稱會影響所有上半身運動的力臂，尤其是進行肩膀、胸部與背部運動時，進而改變各部位所受的張力以及肌肉的生長狀況。此外骨骼的不對稱也可能是運動傷害的來源，特別是以長型棍棒作為健身器材時。

沒有人生來就完全對稱

肌肉長短

肌肉的長度是決定其生長程度的主要原因之一，越長的肌肉（附著的兩個端點距離越遠），越容易經由鍛鍊而增生肥大，越短的肌肉則越不易刺激其生長。譬如小腿後肌群，其肌腹可能集中在脛骨上段；而肱二頭肌腹可能離前臂很遠。肌肉長度是天生的，無法靠任何方式延長。

肌纖維密度

即使沒有做肌力訓練，肌纖維數量越多的肌肉體積必然較大，在運動時纖維密度高的肌肉反應會比密度低者好，不過肌肉內含的肌纖維數量可以藉由下列方式增加：

> 創傷性的訓練策略，例如加強離心收縮訓練 (p.29)。

> 營養素的補充，例如蛋白質、白胺酸、肌酸等。如果在每次健身後立即補充，可以刺激新的衛星細胞生長，再藉由持續的運動將這些新生細胞轉換為肌肉纖維。

肌肉幫浦作用

肌肉幫浦的容量與其生長速度成正相關，在進行一組運動時肌肉腫脹程度越高，其生長速度越快，如果訓練時無法迅速充血的肌肉，通常生長都會落後，可以藉由延長每組訓練的時間來改善。

運動經歷

某種程度上我們有能力改變自身的先天條件，如果從事運動的年紀越輕，在該運動中運用最頻繁的肌肉，便越容易藉肌力訓練刺激其生長。

例如年輕時很常做伏地挺身，那麼一旦開始肌力訓練後，胸肌與肱三頭肌的生長速度會高於其他肌群，也就是說運動的經歷有助於提升肌力訓練的成效。

如果從未有過參與體育活動的經歷，或者該活動並未徵召任何肌肉，可以設定動作為每組反覆 100 次，來彌補先前缺乏的基礎（見 p.38）。

肌肉徵召程度

容易生長落後的部位，通常都是運動時不易被察覺和徵召的肌肉，徵召困難的原因與下列三種現象有關：

盲目地遵從教條

在肌力訓練中有許多關於肌肉徵召根深蒂固的觀念，如果未經思考就照單全收，未必會有好結果。

例如其中一個基本觀念是，推舉是一種鍛鍊胸肌的運動，另一個觀念是推舉重量越重，胸肌就可以練得越大。對於原本胸肌就不差的健身者來說，以上兩個假設是正確的，但同樣的觀念卻也可能是造成胸肌疲弱的原因。

有多少人在推舉時會花時間在學習如何盡可能的徵召胸肌呢？通常健身者只是將負重越加越大，並期待這樣就能練好自己的胸肌，然而這樣的策略並不一定會成功，如果沒有正確的技巧，盲目練習只不過是浪費時間罷了。

不只是推舉，其他複合動作也有相同狀況，例如深蹲（以訓練股四頭肌）和划船及下拉動作（以訓練背部），就算該動作是專門設計來鍛鍊目標部位的肌肉，也不代表這些目標部位就一定會自然被徵召。

肌肉間的競爭

肌肉之間存在著徵召競爭作用，進行複合動作時，例如推舉動作（需要徵召手臂、肩膀與胸部肌肉），發育最好的肌肉總是最先被徵召的，因此手臂或肩膀健壯的健身者在做推舉練習時，胸肌的徵召自然就受到了壓制。

肌肉間常見的競爭現象

> 強壯的手臂可能阻礙胸部、肩膀與背部肌肉發展。

> 粗壯的前臂可能成為妨礙肱二頭肌的生長。

> 強健的胸肌可能提高鍛鍊肩膀肌肉的難度。

> 發達的肩膀可能成為鍛鍊胸肌的阻礙。

> 如果肩膀後側很強壯，可能阻礙背部肌肉的發展。

> 結實的臀肌可能限制股四頭肌與腿後肌的徵召。

肌肉徵召的瑕疵

健身時每次反覆、每個回合與每個動作都會在人體留下痕跡，不僅是對肌肉，也包括中樞神經系統。

這些痕跡綜合起來會漸漸形成人體的動作模式，如果每次練習推舉時都偏重肩膀與胸肌特別用力，久而久之這樣錯誤的肌肉徵召模式就會定型，反而越練問題越大。

如何改變動作模式

動作模式的定義是所有編排處理前的肌肉指令，讓人體可以執行所有的動作 (Schmidt 和 Wrisberg, 2007 年 . Motor Learning and Performance, 4th ed. Human Kinetics)，如果想要改變既有的模式，可能會遇到下列三個問題：

1 由於身體構造形態上的差異，讓我們傾向使用某個特定肌肉。

2 由於先天體質（尤其是中樞神經）上的差異，讓我們對某個特定肌肉的使用特別得心應手。

3 習慣的力量：維持不良的肌肉徵召習慣，比起建立一個良好的習慣更簡單。

由於這三個阻礙，很多健身者即使做了多年的肌力訓練後，仍然只能維持既有的肌肉強弱分佈，沒有任何改善。

預防勝於治療

在進行肌力訓練時，一般人並不會特別花心力去修正肌肉徵召的模式，只是順其自然照著本能去做。可是一旦動作指令成了不良習慣，就很難自行矯正，生長落後的肌肉也不可能突然後來居上，因此打從一開始就要杜絕養成壞習慣。

改變肌肉徵召模式

理想狀況下，我們應該要能迅速察覺各種會影響肌肉的不良徵召方式，越早發現問題就越容易改善。

但是壞習慣不會輕易消失，對肌力訓練而言，動作學習意味著刺激神經纖維去支配疲弱的肌肉，使它們能在複合動作中做更強力的參與。

有時這種對動作迴路「再教育」的過程，需要更長的時間才能固著，可能需時數月甚至數年之久，並且要靠每天不間斷的堅持，完成數以千計的反覆動作。

察覺並定位肌肉

訓練過程中要盡量熟悉目標肌肉收縮的感覺，換句話說，就是要學習盡可能讓目標肌肉用力收縮，一旦確認目標的位置後，盡可能地持續用力越久越好，負重、組數、反覆次數這些都不用管，只要專心一意在用力收縮上！

建立大腦與肌肉的連結

本體感覺，俗稱「大腦 - 肌肉連結」，可透過肌力訓練而培養，與習於久坐的一般人比較起來，健身者的本體感覺明顯較好：

> 運動員較一般人高出 17%

> 頂尖運動員較一般人高出 41% (Muaidi 等人，2009 年 . Scand. J. of Med.& Sci. in Sports 19(1):103-12)

如果透過專項訓練，可以比傳統訓練方式更有效地培養本體感覺，這個過程稱為「轉換」。

什麼是轉換

藉由練習一項任務可以改變執行另一項任務的能力，這樣的現象稱為轉換 (Schmidt 和 Wrisberg, 2007 年)，轉換可分為下列兩種形式：

負向轉換

假使做了許多的推舉運動，最後卻發現胸肌沒有變強壯，因為主要是肩膀與手臂的肌肉在出力，這種現象稱為負向轉換，妨礙了胸肌的生長。

正向轉換

透過執行輕鬆的單關節動作 (isolation exercises)，可以培養某一條肌肉的本體感覺，例如更加熟悉胸大肌收縮的感覺，這種能力可以轉換到困難的複合動作中，使得該動作能更有效地針對胸大肌做增強，稱為正向轉換。

單關節動作促進轉換

要發揮正向轉換的效果，必須在較弱的肌肉練習收縮時，將平時主導的強壯肌肉干擾降至最低，因此選擇單關節動作會比複合動作來得好。

比起提高負重降低反覆次數的訓練方式，降低負重以提高反覆次數會更有效，因為高強度運動會妨礙神經肌肉的學習，只有不斷的反覆正確動作才能加深印象，幫助較弱的肌肉學習如何收縮，這才是訓練最主要的目的。

我們並非尋求讓肌肉一夕長大的方法，假使能成功徵召一條以前從沒運用到的肌肉，即使只是進行輕鬆的運動也能有效刺激其生長。

假以時日，在正向轉換的作用下，原本貧弱的肌肉在開始做複合動作後，也能表現出越來越高的參與程度，進而讓生長速度慢慢的跟上。

反覆練習促進學習

要刺激神經系統成功徵召那些被忽略的肌肉，單關節動作是最適合的訓練，因為動作簡單可以盡量減少動用的肌肉數量。

選定了動作後就要盡可能增加反覆次數，並且越常練習越好，因為是低強度的運動，不需要太長的恢復時間，即使天天做也無妨。

為了達到最大反覆次數，有各種方式將單關節動作與日常訓練結合，我們可以將針對胸大肌上部或脊下肌的運動作為暖身，或者將肱肌或小腿肌的訓練作為健身課表的一部分。

先期疲勞訓練法

先期疲勞法（或稱預先疲勞，pre-exhaustion）指的是先做單關節動作，讓目標肌肉稍微疲勞，然後緊接著做複合動作訓練整個肌群。使用先期疲勞訓練法，可能會面臨三個不同面向的狀況：

最佳狀況

應用得當的話，先期疲勞訓練法應當能刺激神經末梢，重新支配生長落後的肌肉，例如想要加強背部肌肉的生長，可以在引體向上 ② 前先做一組仰臥拉舉 ①，以強化自己對背闊肌外側收縮的感覺。

避免在進行單關節動作時就讓肌肉太過疲勞，才能增加成功的機會，大概比最大反覆次數少二到三下就停止。

② 引體向上

最糟狀況

在上一段的例子中，仰臥拉舉可以先讓背闊肌感到疲勞，在隨後進行引體向上時力氣已幾乎耗盡，只好依賴手臂的力量完成動作，因此手臂肌肉也會比平常更早感到疲勞。

相當於背部肌肉發生了負向轉換，使得原本會動用到背闊肌的引體向上動作轉而被手臂肌肉代勞了。

這樣的反效果也在一些科學研究中被證實，例如在一組大腿伸展動作後緊接著腿部推蹬動作，會讓股四頭肌的活化程度降低 25% 之多（Augustsson 等人，2003 年 . J. of Strength and Cond. Res. 17(2):411-6），這是必然的現象，因為大腿肌肉已經疲乏了。

① 仰臥拉舉

同樣的，如果在仰握推舉前先進行啞鈴飛鳥動作，並不會讓胸肌更強，反而令肱三頭肌額外增加了 20-30% 的負擔 (Brennecke 等人，2009 年．J. of Strength and Cond. Res. 23(7):1933-40)。

已經疲乏的肌肉永遠比尚未動用的肌肉還無力，唯一的例外是當肌肉被「增強」後，不過這都發生在後期疲勞訓練時 (p.34)，而非先期疲勞。

反彈狀況

先期疲勞訓練也可能對特定的小肌肉有幫助，例如肩膀背側的肌肉。可以在進行划船 4 或引體向上前，先做肩側舉 3 令肩膀背側肌肉預先疲勞，緊接著做背部複合動作時，三角肌的背側部分很快就會疲乏，轉由背部與手臂的大肌肉群接手完成動作。

持續這樣的超級組訓練幾週後會發現，肩膀背側的肌肉因為正向轉換作用，使其被徵召的比率提高了，即使暫停這樣的訓練後，僅做背部複合動作也能讓肩膀背側更

4 划船

3 肩側舉

容易感到痠痛，這表示整個徵召模式被改變成更有利於肩膀背側肌肉了。

結論：先期疲勞訓練法，對於在複合動作中僅有小部分參與的肌肉最有幫助。

> 先期疲勞適合訓練小肌肉，例如肩膀背側肌肉、肱二頭肌或肱三頭肌。

> 先期疲勞較不適用於大肌群，例如背闊肌、胸肌與大腿肌群。

後期疲勞訓練法

那些熱衷於使用超大負重進行肌力訓練的人，或許難以接受對疲弱肌肉進行動作再教育的觀念，即使他們能了解動作學習理論，也不想努力應用到實際訓練中。

針對這種迷思，後期疲勞訓練（post-exhaustion）或許能成為解答，也就是先進行高強度的複合動作訓練（儘管這些動作是肌肉不平衡的根源），緊接著針對生長落後的肌肉執行單關節動作訓練。

舉例來說，我們可以先做仰臥推舉 ⬜1，緊接著進行胸部飛鳥 ⬜2 動作，這樣的後期疲勞訓練超級組，可以幫助健身者在下一個複合動作組時，更容易感受到貧弱肌肉的收縮。

⬜1 仰臥推舉

⬜2 胸部飛鳥

增進訓練強度的進階技巧

為了增加訓練的強度，善用進階的訓練技巧可以提升肌肉被徵召的比率，這些技巧包括提高：

> 肌肉的負重。

> 動作的難度。

增加動作難度，即使是使用較輕的重量，也可以產生更多的肌肉張力。最好將這些技巧交替運用，促進不同的肌肉徵召方式，並且在高強度的動作中穿插一些負擔較輕的動作。

交替運用增強技巧

大多數人在肌力訓練課程表中變換各種動作，以增加肌肉強度。除了變換動作外，

還可試著變換訓練的技巧，畢竟動作的選擇有限，而且會受下列因素影響：

> 可能缺乏適當器材。

> 先天條件未必適合進行所有動作。

> 受過運動傷害可能有些動作不能做。

反觀訓練技巧則有很大的變換空間，可以改變休息時間、負重大小、動作反覆的快慢、動作的組合以及是否加強練習離心或向心收縮等。

健身者必須學習將這些技巧適當的組合運用，每個技巧就像是音符一樣，和諧的搭配才能奏出肌肉生長的樂章。

TNT 肌肉爆發性成長

訓練技巧可分為兩類：

> 創傷性 (Traumatic techniques)

> 非創傷性 (Non-Traumatic techniques)

這兩類訓練技巧必須交替使用，稱為 alternating TNT，目的是促進肌肉快速生長，同時避免過度訓練。

創傷性訓練技巧

有四類因素會影響健身時肌肉創傷的程度：

訓練組數

同一個動作進行五組，一定比一組造成的創傷程度大，在動作強度相當的前提下，動作量的多寡就是判斷創傷程度的重要指標。

動作種類

能讓肌肉伸展程度越大的動作，造成肌肉創傷的風險越高。肌肉種類，舉例來說，將啞鈴舉到頭部後方做肱三頭肌伸展動作，引發肌肉痠痛的程度一定比標準的滑輪下壓動作還高。

參與的肌肉大小

訓練時動用的肌肉群越大，無論是對肌肉本身或整個身體造成創傷的程度越高，例如深蹲動作會比前臂的訓練更具創傷性。

進行訓練的方式

最具創傷性的訓練技巧是純粹的離心收縮動作，高強度動作會比低強度動作更具創傷性，此外用爆發性的風格會比謹慎型的風格更具創傷性。

非創傷性訓練技巧

非創傷性的訓練技巧不會引發肌肉痠痛，不會加重身體的疲勞，因此可以讓先前鍛鍊的肌肉迅速恢復，這類的訓練包括肌肉幫浦訓練以及避免過度伸展的動作。

調整動作反覆的速度

首先我們必須熟悉整個動作反覆的正常基本流程：

> 一開始的 1-2 秒用力提起負重，進行向心收縮。

> 在原處保持收縮 1 秒鐘，讓肌肉的擠壓越緊越好，稱為等長收縮。

> 最後的 2 秒鐘降低負重回到原處，進行離心收縮。

了解基本流程的運作後，可以嘗試其他策略來改變整個流程的組成元素，下面是兩種變化型技巧：

1 超慢速反覆：意即放慢動作進行的速度。

2 爆發型反覆：意即加快動作進行的速度。

每個動作反覆並不限定只能使用單一技巧，不同的進行方式對於促進肌肉生長都有其獨具的效果。

超慢速反覆

即便超慢速反覆的負擔不如爆發型反覆，還是具有某些好處：

> 對肌肉和關節造成的創傷較少。

> 所需的神經刺激訊號較少。

> 可以延長肌肉承受張力的時間。

> 有助於改善對徵召困難肌肉的本體感覺。

超慢速反覆適合用來訓練疲弱的肌肉，或者作為兩組爆發型訓練間的緩衝。

超慢速反覆實施技巧

實際執行時，「超慢速」意指花上 10 秒鐘將負重舉起（向心收縮），而非平常的 1-2 秒，同時每一組所含的反覆次數也要減少，大約 3-5 個反覆即可。

至於延長離心收縮期的時間是不必要的，因為此時並無承受足夠張力刺激肌肉生長，只要花 1 秒鐘完成離心收縮，就能立即開始下一個動作反覆。

舉起負重的方法有下列兩種：

流暢型向心收縮

動作非常緩慢，全程均速沒有停頓。

分段型向心收縮

這項技巧效果非常好，也是最容易執行的，將負重緩慢抬高約 5 公分，暫停 1-2 秒鐘後再度將負重抬高 5 公分，接著再度暫停。理想上動作全程應暫停至少五次，每次約 2 秒鐘，因此肌肉承受張力的時間至少會有 10 秒鐘之久。

漸漸的肌肉開始感到疲勞後，動作暫停的次數會降低，使得向心收縮動作變得越來越流暢，以完成動作並代償被消耗的肌力。

所有增進訓練強度的方式都需要一段學習適應期，第一次進行超慢速反覆時要從最輕的負重開始，輕到好像沒有負擔一般，熟悉技巧後就能快速增加負重，使得每一次反覆成為真正的挑戰。

由於健身器材能提供相當的穩定度，很適合在其輔助下進行超慢速訓練（至少在初期），此外超慢速反覆也適合應用於單關節動作，待熟悉整個動作流程後再逐漸轉換至複合動作。

除非遭受運動傷害而無法承受高負重，否則不應在訓練全程都使用超慢速反覆，通常其所佔比重最好不要超過三分之一，而對於那些生長落後的部位，超慢速反覆的比例可提高至整個訓練的三分之二，使健身者更能感受該部位的肌肉收縮。

爆發型反覆

有些專業健身者的訓練方式會被人批評為經常借力（cheating），或每套動作做太快，而應該放慢動作的速度，否則就算練出一身肌肉，也並不算了解訓練的真諦。不過，這可能是場誤會，因為他們很可能是在做爆發型反覆訓練，那的確有促進肌肥大的效用。

科學證據

和超慢速反覆比起來，爆發型反覆較有利於大肌肉的生長，研究發現使用不同技巧，訓練手臂肌肉八週的時間：

> 超慢速反覆組肌肉的體積增加 10%。

> 爆發型反覆組肌肉的體積增加 15%。(Hisaeda 等人，1996 年 . Japanese J. of Physical Fitness & Sports Med. 45(2):345-55)。

了解肌肉收縮

要開啟肌肉生長的機制，必須用最大努力使其收縮，關鍵在於傳遞電衝動 (electrical impulses) 以發號施令的中樞神經系統。每一秒鐘神經末梢釋放至肌肉的電衝動數量用赫茲來計算。

> 當神經衝動（亦稱為神經脈衝）頻率達到 80 赫茲（每秒 80 次）時，基本上肌肉中的每條纖維都被徵召了，這樣的刺激強度下，剛好可以在疲乏前平順地完成一組 8 次反覆的動作。

> 當神經衝動頻率達到 100 赫茲時，肌纖維的收縮強度高得多，可供人體以爆發式的風格完成一組 8 次反覆的動作。

> 當神經衝動頻率達到 120 赫茲時，是一般人體所能達到最強的自主肌肉收縮，可用極度爆發力完成一組「最大反覆次數」的動作。

> 150 赫茲是人類所能產生最強的肌肉收縮，發生在痙攣（肌肉不自主收縮）時，測量神經衝動的頻率可以量化最強自主肌肉收縮（120 赫茲）和痙攣（150 赫茲）間的差別。如果能用痙攣的收縮強度來做訓練，肌肉的成長會非常快速，但大多數人都無法承受這樣的疼痛。

> 200 赫茲是某些昆蟲肌肉收縮的頻率，讓他們擁有飛翔的能力，也可以說這些昆蟲擁有收縮超級快速的肌肉。

最強自主肌肉收縮和痙攣間的神經衝動差異僅有 30 赫茲，又稱為肌力缺口，因為這部分的肌力無法在訓練時發揮出來。

結論：慢速訓練法只會凸顯肌力缺口，但是肌力訓練中必須盡力降低此缺口才能加速進步。

樓梯效應

很多人認為肌肉纖維總是以全力收縮，這是常見的觀念錯誤。承上所述，肌纖維收縮的程度，取決於每秒所接收的神經衝動頻率。

> 每秒一次神經衝動，只能引發肌纖維的微幅收縮。

> 每秒兩次連續的神經衝動，可以刺激肌纖維收縮得較好。

> 每秒傳入的神經衝動越多，肌纖維收縮的強度越高。

當痙攣發生時，我們會覺得肌肉快被撕裂了，這並非因為有新的肌纖維被徵召，而是因為每條纖維都以全力在收縮。

只要神經衝動頻率達到 80 赫茲，就足以徵召所有的肌纖維了，提高頻率所能產生的額外肌力，源自於每條纖維的收縮力提升，因此訓練的目標就是要達到最高頻率的肌纖維收縮。此即為樓梯效應 (staircase effect)。

頂尖健身者採用爆發式訓練法

最優秀的健身者都知道，採用爆發式訓練法最能刺激肌肉生長，但別忘了這些運動員多半都是先天條件極優秀的人，他們的肌肉有很高比例是第二型（快縮）肌纖維所組成，才能產生極具爆發力的肌肉收縮，而這種肌肉組成在一般人是極為少見的。

一般人體的肌肉組成是第一型（快縮肌）與第二型（慢縮肌）大約各半，確切的比例或許因人而異，但不會像某些動物的肌肉幾乎完全由單一種肌纖維所構成。

從肌肉組成的觀點看來，頂尖運動員的構造比一般人更接近動物，這種先天上的差異，可以解釋為何他們更能勝任爆發型的訓練。

然而多數人並沒有這麼幸運，根據醫學研究，大約 50% 的肌纖維型態是天生就決定的，剩下 50% 的型態則會受後天行為影響，例如久坐型、運動型等等 (Simoneau 與 Bouchard, 1995. FASEB Journal 9:1091)。

經年的鍛鍊可以讓肌肉的組成比例改變：

> 增加快縮肌纖維數量。

> 降低慢縮肌纖維比例。

這樣的現象是因為慢縮肌被轉換為快縮肌纖維了。

結論：爆發式訓練法並不適用於所有健身者，尤其是初學者，不過隨著訓練經歷增加，局面是有可能改變的。

視肌纖維組成調整訓練方式

健身者必須在明確感覺到肌肉收縮的狀況下，盡可能加速收縮，如果已經失去收縮的感覺，就表示動作太過爆發性了。對很多舉重選手來說，使用不自主的肌力會妨礙本體感覺，但對其他人反而有促進的效果。

假使我們無法將爆發性收縮掌握得很好，表示肌肉中缺乏快縮肌纖維。換句話說，假使必須放慢速度才能掌握目標肌肉收縮的感覺，代表該肌肉的慢縮肌纖維比例較高（神經網路的反應較慢）。

無論是爆發型反覆或超慢速反覆，沒有哪一種訓練法能適用於全身肌肉。如果只採取單一訓練方式，每個肌肉的反應會有極大差異，這是因為不同肌肉中的快縮肌纖維組成比例也不同。

這樣的差異暗示我們必須因材施教，對某些肌肉做爆發式訓練，對其他肌肉則做慢速訓練，也就是考慮先天條件來調整訓練方式。

爆發式訓練法不適用於所有人

對於初學者，首要之務是熟悉並控制肌肉的收縮，因此要用緩慢謹慎的方式執行每個動作。假使太快進入爆發式訓練，可能

會過度依賴動作產生的慣性，以致於無法有效的鍛鍊肌肉，甚至導致運動傷害。

可以促進生長的爆發式訓練與亂練之間，往往只有一線之隔，如何妥善應用爆發式訓練並發揮最大效果並不簡單，需要經年累月的練習才行。

爆發式訓練法：最危險的技巧

爆發式訓練法並非萬靈丹，事實上這是極具風險的訓練形式，因此而受傷的機會非常高。當收縮越急越猛烈，肌肉、肌腱和關節所承受的風險就越大。

相反的，在慢速訓練時要做好每個動作，使用的重量也會較輕，因此能顯著降低風險。

因此應該在兩組爆發型動作間穿插一組較慢的動作，或者先用緩慢流暢的方式做完幾個反覆後再慢慢加速，以速度來克服逐漸累積的肌肉疲勞。

生理困境：是否需要將離心收縮減速？

普遍的觀念： 健身者應該在動作的離心收縮期放得越慢越好，因為此時期對於刺激肌肉生長最有效，其對肌肉產生的伸展，比起向心收縮更具創傷性，促進異化作用而達到更顯著的生長效果。

然而最顯而易見的反例，就是優秀舉重選手的肌肉。他們的肌肉能舉起極大的重量，但在訓練時並不做離心收縮。選手把槓鈴舉起之後，在放下槓鈴的過程中，並不是緩慢下降，而是放手任槓鈴落地。

實際的狀況： 放慢離心收縮期的效果常被過度高估，事實上大部份的健美比賽冠軍並不會慢慢做離心收縮，反而是快速完成。

下文將探討一些常見的迷思，解釋為何離心收縮並不常作為最能刺激生長的訓練方法。

肌肉適應的不利影響

多數探討離心收縮對肌肉生長效應的研究，對象都是從未健身的人，在這樣的族群中進行離心收縮訓練，確實比單純向心收縮訓練來得有效，這是因為久坐的人們在日常生活中，極少會用到離心收縮的動作，所以當作離心訓練時，自然就會反映在肌纖維的肥大上。

然而研究也一致指出，一旦人體逐漸適應這樣的訓練型態，就會越來越難引發新的創傷，並激發相應的合成作用，因此慢速的離心收縮確實對於初學者很有效，但時間一久其效果就逐漸遞減了。

此時就要採用其他技巧來激發離心收縮的效果，而不僅僅是放慢速度。

離心收縮的兩個效果

如果想要跳得越高越好，該怎麼做？我們會先快速彎曲膝蓋再起跳，但為何目標是跳高卻得先蹲低呢？也就是說為何在正向動作前，要先做爆發型的負向動作呢？

其實快速蹲低身體這個簡單的離心動作，能幫助肌肉更有力的收縮。想像一下從坐姿往上跳，肌肉缺少了突然的前伸展，是無法施展百分之百肌力的。

相反的，研究指出當運動員抬著 20 公斤的負重蹲低，緊接著往上跳，並在離地瞬間釋放負重，可以多跳 4% 的高度 (Sheppard 等人 , 2007 年 . International Journal of Sports Science & Couching 2(3): 267-73)。

離心收縮的生理功效有兩個層面：

儲備彈性位能

肌肉的行為類似橡皮筋：受到越突然的拉扯，被釋放後會越猛烈地彈在一起，在伸展期間肌肉內部累積能量（肌力），並在後續的收縮中被釋放，與自主肌肉收縮產生加成效果。

引發保護反射（牽張反射）

肌肉所受的牽扯越突然，神經系統對這種潛在的危險反應越強烈，會命令肌肉立即收縮以防止撕裂傷，這種動作屬於不自主收縮。

Sheppard 的研究結果可被理解為：20 公斤的負重使得運動員能更快速地降低重心，

也因此儲存了更多彈性位能，假使把負重減半進行相同實驗，則該重量不足以提升彈跳高度；假使把負重加倍又太過沈重，神經系統會發出抑制訊號，反而減損表現。

由上述可知，離心收縮時的負重要在一定範圍才能提升表現，該重量會高於一般向心收縮期的合理負重，正是兩個時期的負重差距，令肌肉能發揮全部的力量。

結論：離心收縮期的主要功能是在自主肌力之外加上不自主肌力，以提升肌肉的爆發力，也就是說有效的離心收縮，能降低肌力缺口並加速進步。

當離心收縮期未被強化

肌力訓練遇到瓶頸的主要原因，就是在離心與向心收縮期使用同樣的負重，由於離心收縮期的肌力會比向心期大，抵抗負重下降遠比舉起它更容易，會令離心收縮的動作太過輕鬆，無法真正鍛鍊到肌肉。

在向心與離心的負重相同的狀況下，肌肉就會利用離心收縮期作為休息。研究顯示在深蹲動作的離心期，股四頭肌活化的程度僅達向心收縮期的四成 (Gullett 等人 , 2009 年 . J. of Strength & Cond. Res. 23(1):284-92)。

此外也無法儲存足夠的自主肌力來激發向心收縮的最佳效果，由此可知在兩個時期使用同等負重做訓練，會造成生長潛能的雙重損失。

慢速離心收縮的效果降低

再回到前述的跳躍實驗,如果起跳前改為緩慢伸展肌肉,結果會如何呢?由於無法完全發揮非自主肌力,跳躍表現一樣會退步。

放慢離心收縮的速度或許對初學者有幫助,但參與肌力訓練越久,其效果會越來越打折。假使慢速離心收縮的效果那麼容易就達到極限,那為何不學健美冠軍一樣加速訓練呢?

科學研究結果

快速離心收縮較具創傷性

兩組受試者同樣使用純粹離心收縮訓練其肱二頭肌,但進行的速度不同:

> 快速組:花 0.5 秒降低負重。

> 慢速組:花 2 秒降低負重 (Chapman 等人,2006 年 . International Journal of Sports Medicine 27(8): 591-8)。

研究發現快速組可引發:

> 較顯著的肌肉疲勞。

> 較厲害的肌肉痠痛。

> 高出五倍的肌肉創傷程度(也因此需要較長的時間恢復)。

快速離心收縮能增進肌力

在維持兩組的訓練日程達 10 週後,發現:

> 慢速組肌力增加了 10%。

> 快速組肌力增加了 20%。

其間的差異源自於訓練五週後,慢速組的進步就已達到極限,而快速組則沒有適應的問題,肌力的增加呈現穩定狀態。

快速離心收縮可調整肌肉組成

訓練 10 週後發現快速組的:

> 快縮肌纖維數量增加了 7%。

> 慢縮肌纖維數量減少了 13%。

藉由提升快縮肌纖維的密度,快速離心收縮訓練提高了肌肉的生長潛能,反觀慢速組則無此效用。

快速離心收縮較能刺激生長

訓練 10 週後肌纖維的體積:

> 在快速組增加了 13%。

> 在慢速組增加了 8% (Farthing 和 Chilibeck,2003 年 . European Journal of Applied Physiology 89:578-86)。

如何進行爆發式離心收縮?

以下三種策略有助於發揮離心收縮訓練的生理效果:

1 強壯的舉重選手會先在離心收縮時放鬆肌肉,讓槓鈴產生下落的速度,使舉重者必須花較大力量舉起槓鈴。不過假使健身的目標是想增加肌肉體積而非提升肌力,這個帶有風險的技巧並不是效果最好的。

2 最簡單的強化方法就是,請協助者在離心收縮期間輕壓槓鈴來提高阻力 1。舉例來說,請一群具健身經驗的受試者進行仰

1 肱二頭肌彎舉：離心收縮期間由協助者將槓鈴輕輕下壓

臥推舉。假使槓鈴重量在離心收縮期增加 5%，其最大負重很快便提升了 3% (Doan 等人，2002 年 . J. of Strength & Cond. Res. 16(1):9-13)。

另一個研究中，運動員接受增加離心期負重的跳躍訓練五週後，和控制組（離心與向心期負重相同）相較其深蹲跳躍表現提升了 13% (Sheppard 等人，2008 年 . International Journal of Sports Science and Coaching 3(3):355)。

以上研究都顯示，假使離心收縮負重沒有提高，就無法完全發揮出刺激肌肉生長的效果。只是並非每個人，都找得到適合的訓練協助者。

3 另一個較創新的策略，是將彈力帶套在槓鈴或健身器材上 2 3，如此一來，結合了傳統的負重與彈性阻力，可將肌肉生長激發到最大程度。以下五個理由可以解釋為何此方法如此有效：

2 使用彈力帶輔助仰臥推舉

3

離心期速度被加快

當拉開彈力帶時,就產生了動能。然後快速放開彈力帶時,所蓄積的動能就會瞬間釋放出來。這就是為何彈力帶能加速離心運動的原因。

以臥推 ③ 來說,當槓鈴突然下降時,彈力帶的動能也會瞬間釋出,加速了離心收縮的動作。舉例來說,假使深蹲時彈力帶提供了 36% 的阻力,那麼離心期的速度也跟著增加了 36% (Simmons, 2007 年 . http://louiesimmons.com/eccentric_uploading/)。

離心期的風險降低

① 使用彈力帶輔助二頭彎舉

使用彈力帶時,雖然槓鈴下降的速度增快,但其實讓離心收縮的風險降低了,因為槓鈴的重量在彈力帶被拉到最遠位置時是減輕的。

以肱二頭彎舉 ① 為例,假設槓鈴重 85 磅,彈力帶拉到高點時又額外增加了 35 磅的阻力,那麼在離心收縮期開始時,手臂實際承受的重量是 120 磅。但當槓鈴瞬間下放,彈力帶的動能加速了離心收縮,由於彈力帶所施加的阻力消失,手臂承受的重量也就不會超過 85 磅,其離心期重量減輕,也限制了受傷的風險。訓練一段時間後,雙臂就能感受到彈力帶讓離心收縮訓練變得更有效。

非自主肌力的徵召增加

離心收縮動作越快,就能激發越高比例的不自主肌力,協助舉起負重。

由於每個動作反覆中,肌肉的收縮更加強烈,疲勞也發生得比平常更快,比起未加速的離心收縮,能進行的反覆或組數就變少了,這也表示肌肉花更少時間就達到相同的鍛鍊效果,也就是強度增加了。

承受張力的時間延長

爆發式反覆的主要缺點在於肌肉承受張力的時間太短,原因是健身者會利用慣性舉起槓鈴。

使用彈力帶可以減慢向心收縮的速度,消除慣性的影響,如此一來肌肉會持續處於疲勞狀態,待反覆次數達到極限後再鬆開彈力帶 ②,繼續相同的動作(有如負重遞減訓練法),又可以再多做幾次反覆。

一成不變的阻力被打破

科學研究明確指出，一成不變的阻力結構是讓訓練成效停滯的原因之一。例如深蹲過程中，蹲到最低處的動作最為困難，隨著雙腿伸直後變得越來越輕鬆，但是整個過程中，身上承受的阻力是不變的，肌肉會逐漸習慣穩定的阻力，因此也失去了刺激生長的效果。

加上彈力帶的輔助 ③，則能完全改變肌肉需克服的阻力。彈力帶被拉得越長，阻力就越大，反而使動作隨著雙腿伸直而變得越來越困難，也讓動作的阻力與肌肉的力量間取得更好的平衡，這樣的動態阻力結

② 反覆次數達到極限後，放開彈力帶

構，迫使肌肉隨時接受刺激、做出反應並刺激生長。

結論：在傳統固定式的負重之外，使用彈力帶為離心和向心收縮都帶來更大的訓練效益，這樣的訓練方式更具創傷性，促使肌肉更快速的變強壯。

但此種強化訓練所帶來的創傷是兩面刃，兩次訓練間的恢復期勢必要延長，否則可能增加過度訓練的風險，故建議將使用與不使用彈力帶（負荷較輕、速度較慢、創傷性較低）的訓練交替進行比較恰當。

③ 使用彈力帶輔助深蹲

增強作用

增強作用是指挪用儲備的非自主肌力，使肌肉暫時變得更有力量，當神經衝動頻率達到 90 赫茲以上，肌凝蛋白（肌肉中負責收縮的纖維）會被磷酸化，可使肌纖維對神經衝動的敏感度提升 5-20%。

經過增強作用後，假使神經衝動頻率是 80 赫茲，肌肉的收縮反應會好比接收到 84-96 赫茲的刺激一樣，因此在一組腿部伸展動作之前先做一組負重深蹲，表現會比只做普通暖身提高 35%（Signorile 等人，1994 年）。

我們可能會覺得，深蹲動作先讓股四頭肌疲勞了，應該會降低伸展動作的表現才對。但增強作用的神奇之處在於，它能讓肌肉超越疲勞，這樣的效果可持續至少幾組動作。不過在兩組動作之間，必須有足夠的休息時間，至少需要 2 分鐘才能引發。

相反的，如果改在負重深蹲前先做一組腿部伸展動作，則即使兩組動作間已休息 15 分鐘，還是會讓深蹲的表現退步 27%。這樣的矛盾現象，是因為腿部伸展讓肌肉活化的程度還不到深蹲的一半（Signorile 等人，1994 年），無法跨越神經衝動頻率 90 赫茲的門檻，因此腿部伸展不僅無法增強股四頭肌，反而讓它產生疲勞。這些結果說明了：

> 善用後期疲勞的動作設計，可以增強肌肉表現。

> 先期疲勞的動作設計效果有限。

> 複合動作較單關節動作效果更好（如果該複合動作能確實針對欲增強的肌肉做訓練）。

增強作用最大的好處就是，讓有多年肌力訓練經驗的健身者，更能夠非常有效率的提升肌肉強度並快速進步。

增強作用的目的，是在負重對肌肉變得太輕前，盡可能釋放最大的神經反應（每秒最多次的神經衝動）。

為了達到這種臨界的張力，只執行某部分的訓練動作，會比用完全的活動度做運動來得適合，不必太在意肌肉的負荷，重點是要讓神經系統緊繃起來。以下列出運用增強作用的例子：

透過聳肩進行增強

在鍛鍊胸肌、背肌、肩膀和手臂之前，先做幾組沉重的聳肩動作（記得要先熱身），如此可以增加所有核心肌肉的強度 [1]。

增強肱三頭肌

想要針對肱三頭肌進行增強，可以使用正手抓握進行一組沉重的仰臥推舉動作 [2]，注意不要緊接在胸肌練完之後做。

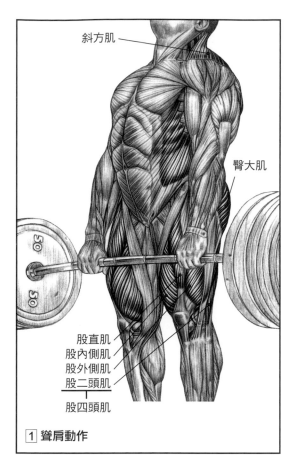

斜方肌

臀大肌

股直肌
股內側肌
股外側肌
股二頭肌
股四頭肌

1 聳肩動作

2 使用彈力帶輔助仰臥推舉

增強小腿肌群

欲強化小腿肌群,可以做一組沉重的深蹲或推蹬,有助於增加腿部肌力。

單側增強作用

如果只做單側運動,第一個會面臨的問題就是:哪一邊要先做?

由於人體左右側肌肉一定有強弱之分,我們需要決定是從強側或弱側開始。通常會傾向從弱側開始,將最難鍛鍊的肌肉擺在體力最好的時候訓練,也有部分的人會在每次健身、每個動作或每一組交替時左右側輪流開始。

上述推論是說得通的,但無法解釋增強作用的轉換。轉換特別發生在高負重的時候,因此 Grabiner 和 Owings (1999 年 , Journal of Electromyography and Kinesiology 9(3):185-9) 在做完一組單側腿部伸展後,測量大腿肌力的立即變動,結果如下:

> 如果以離心收縮進行腿部伸展動作,肌力會增加 11%。

> 如果以向心收縮進行腿部伸展動作,肌力會減少 11%。

要進行單側動作前,需決定從哪一側開始,這取決於訓練對側肌肉會產生肌力的增強或減少。

> 如果肌力會增強,就從強側開始。

> 如果肌力會降低,則從弱側開始。

起始原則

在進行極高重量的訓練組時，常常第二個反覆會比第一個反覆有力，這種矛盾現象起因於肌力的傳遞擴散非常緩慢。

比較好的解決方法是請一個協助者幫助我們完成第一個反覆，等到第二個反覆可以發揮全力後，協助者就能放手。這是一個普遍現象，因此請人協助並不是丟臉的事，這讓我們可以獨立完成後續的數個反覆，總比最後中斷該組動作來得好。

全幅動作或持續張力？

一般訓練動作中會包含可讓肌肉休息的時刻，例如深蹲動作，當雙腿伸直後就換成骨骼系統承擔所有的張力，這樣的姿勢下，大腿肌肉可以獲得片刻恢復的時間；而在引體向上動作，當雙臂伸直使肌肉延長後，手臂肌肉所受的壓力也跟著降低，這些小小的暫停讓我們能負擔更大重量執行更多個反覆。

相反的，如果讓肌肉承受持續的張力而沒有空檔恢復，就只能負擔較輕的負重做訓練了。

以上兩種訓練狀況同樣做到極限的話，使用持續張力的方式對肌肉關節的損耗比較小。

應用持續張力訓練的動作又可分為右列兩種：

在收縮期可降低張力的動作

此類動作包括深蹲、推蹬、和各種推舉（針對胸部或肩膀），要提供持續張力的基本條件，就是收縮期間不能完全伸直手臂或雙腿。

在收縮期可提高張力的動作

此類動作包括肱二頭肌彎舉、大部分背肌運動和肱三頭肌後撐。它們本身就有提供持續張力的特性，同樣的，在收縮期間四肢不能完全伸直，並且要在肌肉延長的位置停留數秒，而不是馬上降低啞鈴高度。以划船動作為例，就是要將橫桿貼近腹部維持 2-3 秒鐘後再放鬆。

肘關節伸展程度

[1]

[2]

[3]

每個人手臂能伸展的程度差異很大，有些人在肌力訓練時無法完全伸直手臂，不管再怎麼用力都有些微彎曲，在訓練時就要避免下列狀況：

> 進行引體向上、划船或彎舉時，不要利用重力強迫手臂伸直。

> 進行仰臥推舉或任何形式的肩上推舉時 [1]，不要嘗試完全伸直手臂而令關節受傷。

肘關節伸展的程度越低，進行上述動作時越需要承受持續的張力。當健身者的手臂角度異常彎曲時，要做下列動作時會更難感受到肌肉的收縮：

> 肱三頭肌側舉。

> 滑輪十字下拉。

不幸的是，這樣的人肌肉通常也比較短，因此要刺激其生長的困難度也更高。

也有些人手肘可以過度伸展，使手臂位於身體後方，稱為「肘反屈」，其肱骨和尺骨間夾了角度，並非成一直線，此情形較常見於女性 [2]。好處是具有較大的關節活動度，代表肌肉長度也比較長，使得刺激肱二頭肌與肱三頭肌的生長較為簡單 [3]。

一般進行仰臥推舉或肩上推舉時，只要完全伸直手臂就能讓肌肉稍作休息，不過對於肱二頭肌彎舉和引體向上等動作，前臂呈旋後位置時，要避免肘關節的過度伸展，否則會讓肱二頭肌撕裂傷的風險提高。

肌肉燃燒

肌肉的燃燒是指在張力作用下代謝產生乳酸，當乳酸進入血液循環後，會刺激具合成作用的荷爾蒙分泌，例如成長激素與睪固酮，因此健身的目的就是強迫肌肉產生最大量的乳酸，促進這些生長作用強大的荷爾蒙製造。

肌肉燃燒的另一個效用，是幫助健身者更精確感受正在收縮的部位。舉例來說，剛開始鍛鍊脊下肌的時候必定很難定位它，

假使使用低重量做長時間的反覆，可以產生劇烈的燃燒效果，讓我們更容易察覺到該肌肉的收縮，但假使換成高重量的訓練，引發的燃燒程度就遠遠不如了。

肌肉燃燒在進行超過 12 次反覆後才會變得明顯，因此在輕量訓練的日子裡要盡量引發肌肉燃燒作為策略。另外還有數種技巧可以幫助我們更快達到肌肉燃燒，例如超級組、負重遞減訓練法和持續張力等。

挑戰基因：一組 100 次訓練法

要做完 100 次反覆為一組的動作，應選用能完成 25 次反覆也不覺得太累的重量，才能撐完最高反覆次數。

通常會是 30 到 35 次左右，休息 5-10 秒鐘後再繼續做到 50 次，接著視個人情況稍微降低重量或者咬牙繼續撐完，每多做 10 次就休息 5 秒，如此循環直到做滿 100 次反覆為止。

100 次反覆的好處

一組 100 次的訓練有很多好處，尤其能針對生長落後的部位加強鍛鍊。

加速復原

在兩回合的健身之間進行此訓練，是加速肌肉恢復最好的方法。

增加肌肉的血流密度

生長落後的部位，在運動時肌肉幫浦的功能不佳，而一組 100 次訓練是絕佳的改善方法。

彌補先天不足

生長落後的肌肉通常是青少年時期就被忽略（運動不足）的部位，可用此訓練加速該處生長。

提升肌耐力

持續進行一組 100 次的訓練一段時間後，肌耐力會獲得提升，使得高強度訓練後身體恢復的速度更快。

強化肌肉清晰度

長時間的運動組有助於燃燒肌肉之間的脂肪 (Stallhnecht 等人 . 2007 年 . American Journal of Physiology—Endocrinology and Metabolism 292(2): E394-9)，還能促進局部血液循環，使得脂肪難以在該處堆積。

只要持之以恆訓練幾個月，就能雕塑較難訓練到部位的清晰度，例如腹肌、臀肌與背肌。此外用一組 100 次訓練數週後，會發現原本生長落後的部位對傳統訓練的反應變得更好。

一組100次訓練的應用時機

這樣的訓練顯然不適用於所有動作，我們應該針對生長遲緩的肌肉做訓練，並且是隔天的訓練不會動用到的部位。以下是實際的應用：

> 在背肌的訓練課程尾聲，加做一組 100 次的肩膀動作。

> 在肩膀肌肉的訓練課程尾聲，加做一組 100 次的背部動作。

> 在胸肌的訓練課程尾聲，加做一組 100 次的小腿動作。

> 在大腿肌肉的訓練課程尾聲，加做一組 100 次的胸肌動作。

以上只是許多應用方式中的一小部分，可以針對個人需求做調整，單關節動作會比複合動作適合；健身器材會比自由重量適合：因為一組 100 次反覆的困難度已經很高，沒有餘裕去維持自由重量的穩定度。

使用滑輪機單關節訓練背闊肌

使用滑輪機單關節訓練肱二頭肌

如何增進大腦-肌肉連結？

觸摸鍛鍊中的肌肉有助於增進對該部位的感知，並加速動作學習過程 (Rothenberg, 1995 年 . Touch Training for Strength. Human Kinetics)。某些動作可讓健身者自己觸摸鍛鍊中的肌肉，尤其是做單側的訓練，例如進行集中彎舉 ① 時，可使用另一側手掌扣住收縮中的肱二頭肌，以增強大腦與肌肉間的連結。

不過並非每個動作都能這麼做，假使訓練時有人陪同，可請協助者輕觸收縮中的肌肉，加強健身者對肌肉的定位，這是既簡單又有效的方法，非常適合用於各個生長遲緩的肌肉部位。

① 集中彎舉

復原：從快到慢的限制因子

復原的五個面向

要將訓練的效果確實反映在肌肉生長上，在訓練中適度穿插復原期非常重要，如同 p.23 所述，刺激肌肉生長最有效的技巧往往也是最具創傷性的，因此需要搭配較長的復原期來做平衡。

此外人體的復原並不是一下就能徹底達成的，而是有五個生理面向按照各自的進程

在恢復。了解復原的過程有助於避免過度訓練並加速進步，以下將依照復原速度從快到慢介紹這五個面向。

能量的復原

任何的身體活動都需要能量做後盾，所消耗的能量必須填充完畢後才能再度進行高強度的訓練。在營養補充足夠的前提下，能量的復原大約數小時即可完成。

荷爾蒙的復原

高強度的訓練過後，內分泌的平衡會受到干擾，使體內的可體松（cortisol）增加、睪固酮（testosterone）短暫增加後下降，此效應可持續數小時，並在 24 到 48 小時內回到正常的平衡。

然而健身者常常進行連續兩天的訓練，而每套訓練對內分泌系統造成的影響又很相似，因此第二天的荷爾蒙波動會與第一天的效應加成。

假使內分泌沒有在兩次訓練之間回復正常，荷爾蒙的不平衡會越來越大，這也是為什麼兩次訓練之間必須休息一至兩天的原因之一。

收縮系統的復原

經過中強度、非創傷性的訓練後，收縮系統（肌肉組織中的蛋白質與細胞）的恢復相對較快：

> 最細小的肌肉需要 16-17 小時。

> 最粗大的肌肉需要 24-48 小時。

這表示每處肌肉的復原時程都不相同，並不會同時回到最佳狀態。

在高強度訓練（特別是著重離心收縮的訓練）過後，復原過程會變為雙相（biphasic）的。舉例來說，在 Raastad 和 Hallen 的實驗中（2000 年，European Journal of Applied Physiology 82(3):206-14）測量了大腿肌肉在劇烈收縮後的變化：

> 肌力立刻降低 40%。

> 肌力在 5 小時內幾乎完全恢復。

> 休息 11 小時後，肌力再度下降了正常的 20%。

> 總共需時 33 小時才能完全恢復至正常。

在 p.45 會針對這種上下變化的復原模式做更詳細的描述。

關節與肌腱的復原

肌力訓練期間關節常常被過度使用，如果技巧不良會更加速其磨損與老化，假使在關節、肌腱或韌帶尚未完全復原前就再度訓練，短期內或許不會造成太大的問題，但長期忽略關節的復原，最終可能引發慢性疼痛。

神經系統的復原

肌肉收縮的命令，是由神經系統自腦部傳達至收縮系統，因此中樞神經系統的效率也會影響肌力的高低。除此之外，神經系統也是訓練後最快疲乏的組織。

神經系統與肌肉一樣也需要時間復原，由 Deschenes 的實驗（2000 年，Journal of the Neurological Sciences 174(2)：92-9）顯示，經過劇烈收縮後，大腿肌肉會有下列變化：

> 肌肉酸痛持續 5 天。

> 肌力減損持續 7 天。

> 神經系統的干擾持續超過 10 天。

這樣的結果,顯示神經系統的復原極為緩慢,甚至比收縮系統的恢復還慢,不過還是有方法可以加速神經的恢復,以及對部

分復原的肌肉做再訓練,將於 p.46 詳述。

結論:復原時間的長短與訓練強度、健身技巧(有無強化離心收縮)以及肌肉部位有關係,沒有單一固定的時程,只有健身者能決定自己最佳的恢復時間,並可透過本書的幫助達成目標。

神經系統過度激發

雖然神經的恢復緩慢,如果能瞭解其過程的獨特性,便可加以利用。根據 Schmidtbleicher 的研究 (2000 年 , Sportwissenchaft 30:249) 顯示了神經系統恢復的不規則性。受試的運動員分成兩組,各自完成五組沈重的仰臥推舉動作:

1 只做仰臥推舉的向心收縮部分。

> 肌力完全復原需要 3 天。

> 接著神經系統被過度代償,使得往後幾天肌力反而增加 21%。

> 最後肌力回到平常的基準點。

2 仰臥推舉的向心與離心收縮都做。

> 肌力的下降幅度較大、歷時較久。

> 然而透過神經系統的過度代償,使得肌力增加了 29%。

另外令健身的女性進行一組 10 次,共 10 組的股四頭肌離心收縮,發現:

> 訓練後的肌力下降 17%。

> 24 小時後肌力仍然低於平常的基準點。

> 48 小時後激勵反而比平時高了 15%。(Michaut, 1998 年 . 〔Minutes of the meeting of the Society of Biology and its affiliates 192(1):195-208〕)。

從這些數據的起伏看來,最重要的問題是:怎麼知道何時才能再度開始訓練?

> 在肌力下降的期間,最不適合進行相同部位肌肉的訓練。

> 較理想的做法是在神經系統過度代償的高峰期,進行第二波的訓練。

> 不過休息期間拖太長,可能錯失神經系統過度激發所帶來的效果。

肌肉痠痛

肌肉痠痛的程度是恢復過程的重要指標，因此我們要了解如何解讀肌肉痠痛的意義。

痠痛的原因

訓練帶來的微創傷，會導致細胞內的鈣離子流失，並引發發炎反應，這兩個現象會引發肌肉痠痛。它們發生的速度緩慢，因此痠痛總是在訓練後 1-2 天才出現。

雙相的復原

當訓練超過一定強度後，就有很大的機會引發痠痛，嚴重的肌肉痠痛通常會持續超過一週。

由於復原曲線是雙相的，痠痛的恢復需時較久，早期的恢復會被延遲性的（鈣離子流失造成的）傷害所遮蔽，也表示痠痛的程度可能和復原過程一樣起伏不定。

痠痛是否能促進肌肉生長？

「肌肉痠痛」是一個模糊的詞，涵蓋了數種不同概念。事實上肌肉痠痛可分為好幾種，每一種都可對同化作用產生不同的影響，有某些類型的肌肉痠痛確實可促進肌肉生長，而其他類型則沒有這樣的效果。

一般而言，疼痛若越集中於肌肉的中心，刺激生長的效果會越強。相反的，如果疼痛集中在肌腱與肌肉交界處，表示肌肉生長效果越差。

此外，如果肌肉完全不痠痛，也不代表刺激生長的訊號沒有釋放出來。

過度拉扯引發的肌肉痠痛

不同的動作會讓肌肉 - 肌腱交界有不同方式的拉扯，造成肌肉的傷害並引發痠痛，也因此剛練習新動作或不熟悉的動作時，常常會引發肌肉痠痛，發生的速度要比一般來得快，甚至有時候幾乎是立即發生。

這類的肌肉痠痛容易發生在肌肉與肌腱交界處，假使持續反覆該動作，並不會增加痠痛的嚴重度。

這種肌肉痠痛較少見於不易徹底伸展的肌肉，如肩膀側面，這表示雖然拉扯常會引發肌肉痠痛，但不表示拉扯對肌肉生長會有很大的幫助。

自由重量引發的肌肉痠痛

當習慣使用健身器材或滑輪機的健身者，改用自由重量時，會明顯感受到後者能引發較強的肌肉創傷，事實上自由重量提供的阻力並不像機器那麼的平順漸進。

因此從健身器材轉換至自由重量訓練的過渡期間，阻力型態的變化可以帶來強烈的肌肉痠痛，即使這樣的變化只是暫時性的，但對促進肌肉生長仍有很好的效果。

強力離心收縮引發的痠痛

假使在離心收縮期由協助者或彈力帶提供額外的阻力，那麼訓練完的隔天幾乎一定會有肌肉痠痛。

這種痠痛多半位於肌肉與肌腱交界處，有時也會發生在肌肉中心點，需要一些時間復原。

強力向心收縮引發的痠痛

肌肉收縮會造成形狀的改變，形變程度越大，引發的同化作用越強，從力學訊號（收縮）變為化學訊號（肌肉合成）的過程稱為「力學傳遞路徑」。

以膀胱收縮為例：當尿液儲積越來越多，膀胱壁的張力（力學訊號）越來越強，經過力學傳遞路徑誘發神經傳導物質（化學訊號）的分泌，進而產生尿意。

當肌肉收縮強度越大，足以引發痠痛時，轉換出來的化學訊號也越強，越能刺激肌肉合成。這種型態的痠痛通常位於肌肉中心，所需的復原時間較離心收縮來得短。

肌肉燃燒引發的痠痛

當我們感到肌肉燃燒時，意味著酸性物質（乳酸）正在產生，大量的酸性物質會刺激肌肉纖維，引發痠痛感。

與一般人既有的觀念不同的是，其實痠痛產生前，乳酸早就被代謝掉了，並非乳酸堆積在肌肉細胞中才引發痠痛的，兩者發生的時間並沒有重疊。

肌肉燃燒引發的痠痛比離心訓練與大重量訓練造成的痠痛來得快也去得快，位置通常在肌肉的中心點。這種特性讓肌肉燃燒成為肌力訓練的熱門技巧。

而超級組（對同一群肌肉連續不間斷地進行數種訓練動作）與遞減組，則是追求肌肉燃燒很常用的好方法。

管理身體的復原力

肌肉生長的基本原則有兩個看似互相矛盾的特色：一方面越常鍛鍊的肌肉所接收的生長刺激訊號越強，另一方面是兩次訓練間肌肉的恢復期越久，對生長越有利。

復原的瓶頸

訓練中的肌肉會先發生異化作用，一段時間後為了要修復訓練帶來的創傷，同化作用才會開始，假使有足夠的復原時間，肌肉就會開始生長。

然而實際狀況中，在第一組肌肉完全復原前，第二組肌肉的訓練就已經開始，導致整體的異化作用增強，減緩了同化作用的速度，也就是復原被拖慢了。

如果將復原比喻為預付卡上的點數，訓練量越大，所花掉的復原點數也越多，要讓生長落後的肌肉跟上，就必須盡可能投入更多的點數，因為它們的復原速度往往比較慢。

要增進復原速度有兩個方式：

1 完全休息一天，可促進同化作用，並抑制異化作用，讓復原點數加滿。

2 靈活調配復原點數，減少生長良好肌肉的訓練量，例如背肌強壯但肱二頭肌生長落後者，可以減少背部訓練的頻率，用休息（填充復原點數）或肱二頭肌的訓練來取代。

當屠弱的肌肉落後越多時，就需要犧牲更多其他肌肉的訓練，等待落後的部位跟上生長速度。

許多健身者害怕一旦停止常規的訓練，原本強健的部位會萎縮。但其實這些生長良好的肌肉，在暫停訓練後只會變軟、肌力下降，肌肉的外觀並不容易有太大的改變。待加強訓練弱小肌肉數週後，就可以回復訓練那些暫時被忽略的強健肌肉，而它們的成長速度會變得很快。

這種重新分配復原能力的策略非常有效，看看那些專門訓練手臂肌肉的人就知道，他們的肌肉體積通常很大。

本書的第三部分將提供訓練課表範例，協助健身者重建訓練不易的肌肉部位。

⚠ 注意傷害的風險

當針對弱小肌肉的訓練強度與頻率都增加時，肌肉、肌腱和關節的創傷會變得越多，而復原時間卻剩下越少，這樣的變化會提高受傷的風險，因此弱小肌肉重新分配復原能力的特訓期，最多只能幾周的時間，不可長期進行。

加速恢復的策略

要讓肌肉、關節、神經和內分泌系統感到疲累並不容易，可以盡管放手去訓練，然而人體的復原能力卻極度有限，這才是限制訓練進度的門檻。

面對這樣的兩難，我們可以選擇被動地順著自然過程恢復，也可以採取一些措施來加速恢復：

> 利用低強度的運動做動態恢復

> 將恢復的進度提前

為什麼恢復這麼慢？

恢復緩慢是因為身體的同化作用速度，在訓練後會快速下降。研究顯示：訓練後的 8 小時內恢復效率很好，超過 8 小時後恢復速度就下降了，組織的再生速度也顯著地減緩。

舉例來說，假使要達成徹底的恢復需要 48 小時的時間：

> 那麼在頭 24 小時就已達成 85% 的恢復程度，

> 剩下的 15% 則需要另外 24 小時才能達成。

如果恢復的效率能維持不降低，那麼只需要 4 小時就能完全恢復了。不幸的是人體的恢復效率總是衰退得太快，來不及將大部分組織修復就已經疲乏。

動態恢復的概念

在運動後的恢復策略中，要提升恢復效率的方法，首先就是利用非創傷性的低強度運動，來激發組織的恢復力。

低強度運動

利用幾組簡單的運動來刺激恢復中的肌肉，特色是強度低且持續，是提升同化作用速度的最佳方式。

相對於被動的等待漫長恢復，低強度運動可以對恢復中的肌肉作適度的再訓練，只要不造成更多的損傷，就不會有負面效果。

相反地，如果肌肉又因此產生損傷，則會拖慢整個恢復的進度。Sayers 等人 (Medicine & Science in Sports & Exercise 32(9):1587-92) 研究發現，在高強度的肱二頭肌訓練後，每天進行一組 50 個反覆的低強度運動，可有效將恢復速度提升達 24%。

如果希望對恢復中的肌肉再訓練，又要避免帶來創傷，以下原則必須注意：

1 單關節運動優於複合（多關節）運動，讓注意力更能集中在個別肌肉上。

2 健身器材或滑輪優於自由重量，後者較難針對個別肌肉，創傷風險較高。

3 使用較輕的重量做多次反覆，目的是希望盡可能將血液集中至肌肉。

4 運動時注意姿勢的正確，避免受傷。

5 運動強度要低，每次不超過三組為原則。

運動後伸展

伸展運動也可強化衰退中的同化作用，執行起來比較輕鬆，不過刺激生長的效果當然也稍低一些。

低強度運動和伸展運動穿插運用，可以達到最佳效果，但千萬不要過量，太多的組數反而會讓肌肉疲勞，失去原有的功效。

一開始先以 2 到 4 組的靜態伸展，每次持續 15 至 20 秒為基準，再視情況做調整。

動態恢復的時機

低強度運動和伸展運動可以融入日常訓練中，作為暖身或緩和運動的一部分，每次健身的前後都可以進行。

提前恢復進度

這個策略是讓肌肉在部分恢復時就可以開始訓練，既可提高訓練頻率，又能避免過度訓練，主要對象是針對有恢復問題的舉重老手。

實務上是每次只做單一動作訓練某個肌肉，下次訓練仍然針對相同肌肉但換另一個動作練習。

每次訓練應包含幾種運動？

針對特定肌肉來安排訓練內容時，可以：

1 選擇 2 到 3 種不同動作，或者

2 只挑 1 種動作做到底。

必須了解兩種方式的差異，才能做出適當的選擇。

判斷是否適合做數種動作

同一個動作做完 3 到 5 組之後，如果肌力已不勝負荷並開始感到無趣，不妨試著換第二種甚或第三種動作來訓練，如果因此而能提振精神和肌力表現，就代表每次訓練採用 2 到 3 種不同動作是正確的決定。

但假使轉換動作後所能負荷的重量，明顯低於過往水準，表示你並不適合在一次訓練中採用多種動作，最好每次只用一種動作就好。

大腦-肌肉連結的轉變

有些人能夠一直用相同的動作訓練，有些人卻不行。如果做同一個動作，有時相當能感受到受訓練的肌肉，有時又毫無感覺，那就是屬於後者。這種有感與無感之間的大轉變，一開始可能會讓你驚訝與困惑，但隨著訓練持續，就會漸漸習慣了。

這種現象是因為每次訓練都用相同的運動，所動用到的神經肌肉迴路也相同，經過一定時間之後，這個迴路就會疲勞而反應遲緩，表示改變訓練運動的時機到了。

1 划船

單一動作訓練

從訓練策略的角度來看，每次訓練只使用單一動作來操練特定肌肉，有很多的優點，尤其有利於恢復作用。而且前後兩次訓練同一個特定肌肉時，更換不同的單一動作，可讓神經迴路有更多的恢復時間。

舉例來說，背部肌肉的訓練第一天只用划船 1 單一動作，第二天則改用引體向上 2 單一動作，第三天以後照相同順序輪替動作。由於划船所動用的神經肌肉迴路與引體向上不完全相同，無須等到前者百分之百恢復就能進行第二天的訓練。不過，再度進行划船動作前，該神經迴路則要完全恢復才行。

持續輪替不同的單一動作訓練，可讓我們動用不同的神經迴路，來訓練同一個肌肉，縮短同一個肌肉等待恢復的時間。

2 引體向上

但如果在同一次訓練既做划船動作也做引體向上，那麼就必須等到這兩個神經肌肉迴路完全恢復後，才適合再訓練背部肌肉。

單一動作訓練的缺點是容易覺得無趣，不管是動力、熱情或樂趣都會隨著時間而降低，最後因此難以為繼。所以安排訓練日程時，也必須將心理因素（需要求新求變）的影響考慮在內。

轉換動作的時機

對入門者來說，即使連續訓練數周都做相同的動作，也能有顯著的進步，那就應該持續這樣的訓練直到肌肉生長效果完全顯現。太頻繁的轉換動作反而會有不良影響，包括延遲動作學習、妨礙負重與訓練強度的增加。

實際上初學者對訓練動作尚未熟練前，很難負荷到足以令肌肉快速生長的重量。而要提升負重的最好方法，就是增加每個動作的反覆次數。舉例來說，前一次深蹲訓練可負重 60 公斤做 10 次，那麼下一次訓練的目標就是相同負重做 11 次，動作必須標準。

然而隨著負重與反覆次數的增加，肌肉對生長刺激的反應也會趨緩，此時以單一動作訓練的好處就不再顯著，有時甚至每次訓練都需要更換動作，來鍛鍊相同的肌肉，但要確保動作更替的合理性。

將肌肉分節獨立訓練

人體肌肉可分為單關節與多關節兩種，以肱肌和肱二頭肌為例說明：

> 肱肌的兩頭分別附著在前臂與肱骨上，只跨過一個關節，屬於單關節肌肉。

> 肱二頭肌附著在前臂和肩膀上，跨過兩個關節，屬於多關節肌肉。

要將多關節肌肉的各部位獨立出來，可根據「長度與張力」關係作切割，至於單關節肌肉，則必須用較人為的方式作分割。

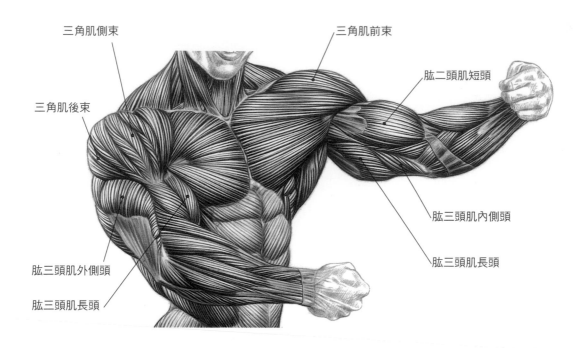

三角肌側束　　　　　　　　　　　三角肌前束

三角肌後束　　　　　　　　　　　　　　　肱二頭肌短頭

肱三頭肌外側頭　　　　　　　　　肱三頭肌內側頭

肱三頭肌長頭　　　　　　　　　　肱三頭肌長頭

肌肉的「長度-張力」關係

一條肌肉的張力（肌力）並非固定不變的，在極度延長或收縮到最短的狀況下，肌力會明顯降低，因此可以推論在這兩個極端中間，有一個特定長度能讓肌力發揮到最大程度。

每條肌肉都有自己的「最佳長度」，當肌肉長度和最佳長度相差越多（不論是延長或縮短），肌力表現就會越差，意即肌纖維「徵召」不易，無法做有力的收縮。

這種長度會影響肌力的概念看似抽象，但對於理解多關節肌肉的收縮是非常重要的，例如訓練肱二頭肌、肱三頭肌、腿後肌群和小腿肌群。

肱二頭肌的分節

肱二頭肌由兩個部分組成（長頭與短頭），分節的概念就是獨立訓練其中一部分，同時讓另一部分獲得休息，然後再交換訓練與休息。這樣的策略能讓肱二頭肌在尚未完全恢復前，就開始下一次的訓練，有效增加訓練頻率。

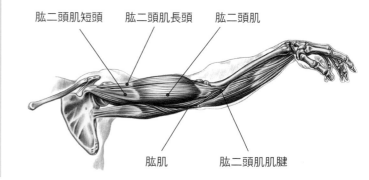

肱二頭肌短頭　　肱二頭肌長頭　　肱二頭肌

肱肌　　　　　　肱二頭肌肌腱

落實到訓練動作上，當手肘朝背側接近時，肱二頭肌長頭的長度-張力關係較有優勢，而短頭部分的長度-張力關係則不佳。結果會令長頭主導整個收縮，短頭則無法展現太大的肌力。代表性的動作就是上斜啞鈴彎舉 (incline bench curl)，椅背越平越好。

相反的，如果手臂位於身體的前側，可令肱二頭肌短頭處於有利的長度-張力關係，而長頭則無法貢獻太多力量，大多數的肱二頭肌訓練機或史考特彎舉椅都是做這樣的訓練。

因此只要改變肱二頭肌的伸展程度，就能調整長短頭的訓練比重，每次訓練時可以用單一角度，或兩個角度都練習。假使一次針對一種角度，那麼必須長頭與短頭交替訓練。

肱三頭肌的分節

肱三頭肌的長頭（內側）部分是多關節肌，另外兩個部分屬於單關節肌，若要讓長頭有更好的肌力表現，必須要延展到適當的長度，因此選擇會讓手臂靠近頭部的動作為佳。

下一輪訓練則選擇讓手臂貼近身體，同時手肘盡可能向後延伸的動作，可使另外兩頭表現出最大肌力。

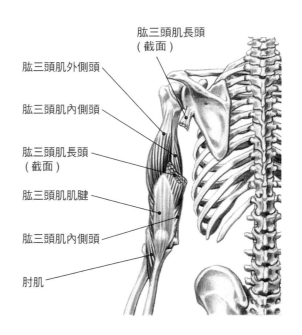

肱三頭肌長頭（截面）
肱三頭肌外側頭
肱三頭肌內側頭
肱三頭肌長頭（截面）
肱三頭肌肌腱
肱三頭肌內側頭
肘肌

肩膀肌肉的分節

三角肌雖然屬於單關節肌，仍可分成三個部分：

> 前束
> 側束（中間部分）
> 後束

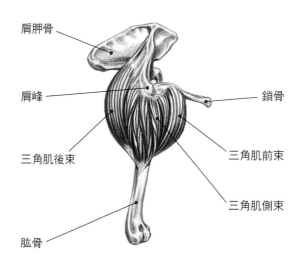

肩胛骨
肩峰
三角肌後束
肱骨
鎖骨
三角肌前束
三角肌側束

訓練週期依次為先針對三角肌前束，第二輪訓練針對三角肌後束，第三輪則針對側束，接著照同樣次序輪替下去。

背部肌肉的分節

大多數的健身者將背部的運動區分為兩類：

> 增加寬度的運動（主要針對背闊肌）

> 增加厚度的運動（主要針對斜方肌和菱形肌）

儘管這是人為的區分方式，應用在肌肉分節的概念上是行得通的，相對於傳統上每次訓練都包含引體向上和划船動作，我們可以在第一輪訓練進行引體向上，以增加背部寬度，第二輪再練習划船動作，以增加背部厚度。

胸部肌肉的分節

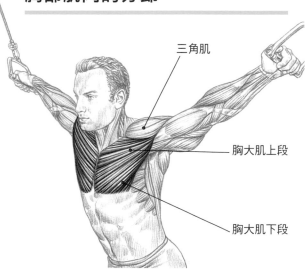

三角肌

胸大肌上段

胸大肌下段

胸部肌肉可分為上下兩段，一般健身者常希望能同時訓練這兩部分，然而若能一次針對一部分的肌肉，訓練效果會更顯著，學習如何將上段的胸肌分離出來，才能完全發揮分節訓練的精髓。最簡單的方式是運用低強度的滑輪運動，將最靠近鎖骨的胸大肌獨立出來。

腹部肌肉的分節

腹部肌肉的分節相對明確，可區分為腹部上段與下段，因此交替進行這兩部分的訓練動作非常簡單。

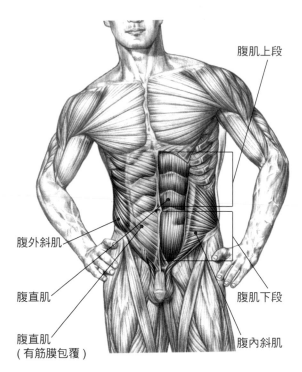

腹肌上段

腹外斜肌

腹直肌

腹直肌
（有筋膜包覆）

腹肌下段

腹內斜肌

小腿肌肉的分節

腓腸肌屬於多關節肌，而比目魚肌則是單關節肌。如果採坐姿訓練，會令腓腸肌放鬆，肌力表現變差，膝蓋打得越直，則腓腸肌的收縮效率會越好。

理想狀況下應該將身體前傾，使腓腸肌位於最佳的長度 - 張力狀態下，如同驢子提踵（donkey calf raise）或腿推舉（leg press）時的姿勢，可先以腿部伸展的姿勢做第一輪訓練，再以腿部彎曲的姿勢做第二輪訓練，如此交替進行。

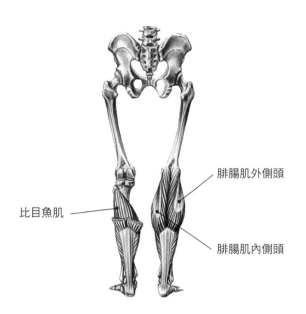

比目魚肌

腓腸肌外側頭

腓腸肌內側頭

先針對膝蓋彎曲的功能做第一輪訓練，再針對軀幹打直的功能做第二輪訓練，如此交替進行。

股四頭肌的分節

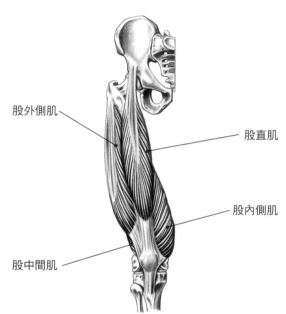

股外側肌

股直肌

股內側肌

股中間肌

腿後肌肉的分節

大腿後側肌肉有兩種功能：

> 可使膝蓋彎曲（例如進行腿部彎舉動作時）

> 可使軀幹打直（例如進行硬舉動作時）

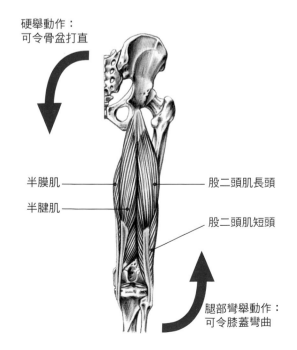

硬舉動作：
可令骨盆打直

半膜肌

半腱肌

股二頭肌長頭

股二頭肌短頭

腿部彎舉動作：
可令膝蓋彎曲

肌肉分節的策略不適用於股四頭肌，因為很難將這塊肌肉的功能切分開來，不過可以改用健身機和槓鈴交替訓練的策略，主要是以下三個動作輪替：

> 深蹲 (Squats)

> 腿推舉 (Leg press)

> 哈克蹲舉 (Hack squats)

與其每次訓練都做兩到三種動作，不如每次訓練只專注在一個動作上會更有效。

運動傷害的處理

健身族群中大約有 30% 的人受過運動傷害，並使得訓練中斷 (Kolber 等人，2009. J. of Strength and Cond. Res. 23(1):148-57)。醫學數據則顯示，肌力訓練的受傷風險大約是每兩百小時有 1% 的機率。

若按照受傷機率高低統計，各身體部位排名如下：

> 肩膀受傷佔 30%

> 手臂受傷佔 14%

> 膝蓋受傷佔 12%

> 背部受傷佔 11% (Graves, 2001. Resistance Training for Health and Rehabilitation. Human Kinetics)

如果按照動作種類排名，最受歡迎的訓練常常也最容易與受傷有關：

> 16% 的受傷與腿推舉有關

> 14% 的受傷與肩部推舉有關

> 10% 的受傷與深蹲有關 (Eberhardt, 2007. J. of Phys. Ed. And Sports 51(51): 40-4)

分析受傷原因，其中多半可歸咎於：

> 熱身不足（約佔 45%）

> 或高估自己的能力（約佔 35%）

傷害也可能在日復一日的訓練中逐漸發生，這是因為過度使用加上恢復期太短所致。

如果在別人進行高負重的仰臥推舉時，將手掌墊在他的手肘下方，可以感受到肌腱好像要爆開來的強大張力。由於肌腱復原能力比肌肉低，日常訓練所帶來的微小傷害對於肌腱更是一大問題。

肌力不平衡

訓練會讓肌肉強度顯著增加，但關節強度提升的幅度就少得多。舉例而言，拿舉重冠軍和久坐的一般人比較，前者的股四頭肌體積足足大了 30%，力量也多了 26%，但膝關節軟骨的厚度卻只多了 5% (Gratzke 等人，2007. American Journal of Sports Medicine 35(8):1346-53)。

此外舉重冠軍的腿後肌力只比一般人高 11%，凸顯了其與拮抗的股四頭肌間存有極大的不平衡。

此外經過數年的訓練後，軟骨構造不會持續增強，反而會開始退化，如此就不難理解為何受傷的風險會逐漸增加。

結論：肌力的差異與不平衡，會增加運動員受傷的風險，因而中斷日常訓練，是很棘手的狀況。因此預防重於治療，訓練時就要顧慮拮抗肌之間的平衡：

> 肩膀前後肌肉

> 斜方肌上下段肌肉

> 背闊肌與胸肌

> 前臂伸肌與屈肌

> 股四頭肌與腿後肌

促進關節修復

要促進關節的恢復有兩種技巧：補充營養與減壓治療。

補充營養

攝取天然的營養補充品，加速關節軟骨的修復與潤滑。

以科學實驗為例，將具有膝關節問題的頂尖運動員分成兩組，每天分別給予安慰劑或 1.5 克的葡萄糖胺，連續 28 天後發現，葡萄糖胺組的髖關節活動度恢復速度比另一組快了 40% (Ostojic 等人, 2007. Research in Sports Medicine 15(2):113-24)。

減壓治療

減壓技巧最早源於職業美式足球隊，顯然此運動的關節受傷機會很高，為了讓受傷球員能盡早回到場上比賽，會針對疼痛的關節做減壓治療。

有些健身者習慣在訓練結束後懸吊在單槓上拉背，這就是一種減壓的動作，假使這種方式對脊椎放鬆有效，並且能加速恢復時程，相同的原理應該也能使用在全身的關節上。

減壓治療的時機應該緊接在訓練結束後，藉由牽拉動作釋放關節的壓力，並促進血液循環和組織恢復。但要注意，只能利用重力做牽拉，不能用外力或突然猛烈的動作來帶動。

脊椎減壓技巧

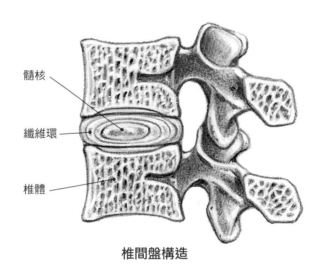

髓核

纖維環

椎體

椎間盤構造

同一個人的身高在下午測量會比早上矮 0.9 到 1.9 公分，這是因為重力的作用，將椎間盤內含的液體擠壓出來。實際上椎間盤的作用有如海綿：受到擠壓時，中間富含的水分就流失，直到晚上平躺休息時才再度回到椎間盤內。

而肌力訓練會壓迫脊椎，因此訓練結束後可以考慮懸吊在單槓上至少 30 秒來減壓 1 （下頁）。

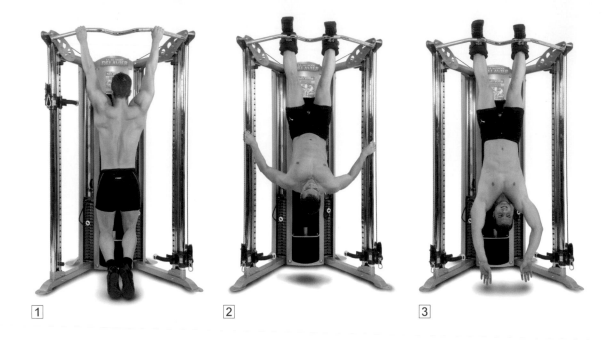

1　　　　　2　　　　　3

另一種更激進的方法是頭低腳高倒懸在單槓上，可以紓解脊椎壓力，減輕下背疼痛 (Leslie 等人，2009. Journal of Science and Medicine in Sport 12S:S11) 2 3。這樣的姿勢也能促進淋巴回流，對於大腿訓練後的恢復特別有幫助 (Cerniglia 等人，2007. Clinical Physiology 27(4):249)。

最初幾次嘗試倒懸時可能會不太舒服，感覺眼睛和臉部充血腫脹，就像太空人在無重力狀態下的頭幾天，也會有類似症狀。此時心跳、血壓和眼壓都會上升，顯示身體還不習慣這種姿勢，因此有幾點要注意：

> 要逐漸增加懸吊時間，讓身體慢慢適應直到症狀消失。

> 身體不適時切勿嘗試。

> 結束較激烈的訓練後，先休息幾分鐘再進行懸吊。

等到習慣倒懸的姿勢後，即使連續懸吊數分鐘都不會不舒服，但仍要不時將上半身抬高數秒鐘，中斷一下再復位。

脊椎減壓機可以讓雙腳懸空，對於背痛的治療效果很好，研究顯示椎間盤厚度每增加 0.1 公分，疼痛約可減輕 30% (Apfel 等人，2009. Journal of Science and Medicine in Sport 12(S1):S11)。

因此我們可以推論：脊椎受壓迫越大，背痛的風險越高。

⚠ **注意!**

脊椎減壓只適用於健康狀況良好的人，任何患有高血壓或懷疑有動脈瘤的人則不得嘗試。

注意：在無重力狀態下，太空人的脊椎沒有重力影響，可能會因為椎間盤過度膨脹而引發背痛，只要不是太嚴重，椎間盤非常飽滿總好過受壓迫磨損。

當椎間盤的含水量下降時，會變得更脆弱、更不穩定，自然受傷風險更高。然而有時含水量高的椎間盤，可能會發生更嚴重的損傷，就是膠狀的髓核向外突出而壓迫到脊神經。

關節減壓技巧

當我們用雙手吊單槓時，受到伸展的不只脊椎，包括手腕、手肘和肩關節也都可以得到減壓，並獲得組織修復的效益。

4

而用雙腳懸吊時，則腳踝、膝蓋和髖關節也一併受惠，將恢復的時程提前了數小時，因此這種頭低腳高的姿勢，非常適合在下半身的訓練後進行。

⚠ 注意!

研究也顯示脊椎的牽引會暫時降低大腿的肌力 (Proulx 與 Gallo, 2010. Journal of Strength and Conditioning Research 24(Suppl. 1):1)，因此減壓的動作不應在訓練前進行。

嬰兒姿勢

這是倒懸姿勢的變化型，雙腳懸吊在單槓上，同時雙手也抓握著單槓 4，這種姿勢使身體蜷曲有如嬰兒，可同時為全身關節減壓，不限於下半身。

由於頭部又回到正位，可以避免頭下腳上引發的不適。此外雙臂抓握單槓可連帶伸展脊上肌和脊下肌（兩條訓練中常承受高量負荷的肌肉），預防肌肉痙攣和疼痛，同時加速恢復。

如果要加強伸展的力道，可以小心地放掉單邊手臂，只用一隻手抓握單槓，停留約10 秒後換邊繼續。

受傷時多利用交叉訓練

對於右撇子來說，用右手寫字輕而易舉，但要換成左手寫字也不是不行，只是沒辦法寫得很工整，雖然從來沒有練習過怎麼用左手寫字，卻依然可以勝任，這種現象是右手練習的成果部分轉移至左手的關係，稱為交叉訓練效應。

類似的轉移現象也發生在肌力訓練時。和寫字一樣都是神經系統驅動肢體的過程，即使只對右側肢體做訓練，左側也可以變強壯，肌力增幅大約是右側的 10% 到 15%。

看起來增加得並不多，但在傷後的恢復期有一側無法訓練時，就顯得很重要。只要持續對健康側做訓練，就能幫助患側盡可能保留肌力，爭取時間，等到傷癒重啟訓練時才不至於落後太多。

憋氣發揮最大肌力

訓練時是否該憋氣？

普遍的觀念：憋氣意味著在呼氣時將喉部氣道關閉，以免肺內氣體散逸。從科學觀點來看，憋氣並不符合人體生理，並且可能衍生輕重不一的問題，包括頭暈、昏厥、流鼻血，甚至是誘發心臟病。

實際的狀況：對於有既存心血管問題的人來說，憋氣確實有一定的風險，因此投入肌力訓練課程前最好取得心臟科醫師的允許，訓練時的負重量也要緩慢增加，給身體足夠的時間適應越來越困難的呼吸。

話雖如此，對年輕的運動員來說，負荷量越重，正確呼吸的方法越重要，絕對不要憋氣是說給一般人聽的，因他們並沒有機會應付極大的負重。

其實肌力訓練時憋氣有許多好處：

> 可提升力量：憋氣時，肌肉能表現出它們最強的力量 (Nelson 等人, 2006. Medicine & Science in Sports & Exercise 38(5):S284)。

> 避免感到無力：吸氣時反而是肌肉強度最弱的時刻。

> 可縮短反應時間、提升動作精準度。

和古老的迷思相反，新近的研究顯示，當負重接近自身的極限時，禁止憋氣反而帶來更多危險 (Keating & Toscano, 2003. Strength and Conditioning Journal 25:52-2)。

直觀來看這是很合理的，因為負重時憋氣是很自然的反應，而自然反應往往有其存在的理由，憋氣的影響包括：

> 增加腹內壓力，保護脊椎。

> 降低腦血管壓力 (Haykowsky 等人，2003. Medicine & Science in Sports & Exercise 35(1):65-8)。

> 有助於保護心臟 (Haykowsky 等人，2001. Chest 119:150-4)。

基於上述理由，負重大時會產生憋氣的反射動作，只是並非每個人都能察覺。這並不代表運動時憋氣完全無害，而是不憋氣也有相當的風險。

不管怎麼呼吸，提起重物本身就是危險的，進行肌力訓練的人必須善加了解並控制這些風險。

而運動時憋氣也有壞處，包括：

> 加速重大負荷帶來的窒息現象。

> 增強肌肉與腦部的疲勞感覺。

要控制這些負面的效應，必須學習正確的呼吸方式，憋氣的時間盡可能越短越好，也就是在訓練動作最困難的時刻憋住呼吸，然後一點一點的吐氣。

一般人運動時會著重某個動作該吸氣或吐氣，這裡再度強調：「一般原則並不適用於極大負荷做訓練的狀況」，提起重物時傳到身上的強大壓力可能讓呼吸肌肉癱瘓，此時要能平順吸氣並不容易，同時也會使肌力暫時無法完全發揮。

倒不是說連輕鬆的暖身運動都要憋氣，而是在適當時機運用憋氣提升表現。不過說得容易，但做起來難，真的要熟練呼吸技巧需要長時間的練習。

注意頭部姿勢

頭部位置會影響姿勢型肌肉的張力，進而改變身體平衡，即使肌張力改變幅度不大，仍然是不可避免的。因此抬頭向上看時，身體容易向後傾，而低頭看下方時，容易向前傾。

運動的過程中應該要隨時注意頭部位置，避免影響身體平衡，以下提供基本原則供參考：

> 除了一些單側的動作外，千萬不要將頭轉向側面，轉頭不只沒有益處，還會妨礙正常的肌肉收縮，引發頸部問題。

> 盡量不要讓頭部上下晃動太厲害，雖然難免會有小幅震動。

> 全程保持頭部的靜止。

> 當動作難度變高時，避免下意識地晃動頭部，相反的，保持身體的硬挺才有幫助。

另外針對特殊肌群的鍛鍊有不同的建議：

> **腰部**：頭部微向上看可得到較好的肌肉收縮。

> **腹肌**：頭向下看著腹部。

> **胸部**：進行臂屈伸動作時頭向下看，以免干擾神經迴路，造成手掌的刺麻感。

> **股四頭肌群**：進行深蹲動作時頭部微向上看，可以改善平衡並保護脊椎。

防護裝備

市面上有不少防護裝備，對肌力訓練導致的關節創傷有預防的效果，本節將介紹各種裝備的功效與適用狀況。

舉重皮帶

針對 19 至 46 歲的族群調查顯示：

> 久坐族群中高達 1/3 有脊椎退化現象。

> 而高階運動員更有 75% 具脊椎退化現象（Ong 等人, 2003. British Journal of Sports Medicine 37(3):263-6)。

因此保護脊柱是訓練時的重要考量，舉重皮帶 ① 是環繞在腰上的皮帶，構造非常簡單，可用來支持腰椎，不過其影響是好壞參半，在健身的使用上仍無定論。

使用舉重皮帶的優點

可保護背部

根據研究，進行高強度的多關節運動（例如硬舉、深蹲和划船動作）後，受試者的脊椎高度減少幅度為：

> 未使用舉重腰帶者 0.36 公分

> 使用舉重腰帶者 0.28 公分（Bourne 與 Reilly, 1991. British Journal of Sports Medicine 25(4):209-12)。

可增進軀幹的硬挺

豎脊肌群負責將大腿的力量轉移至軀幹，假使豎脊肌軟弱無力，可達成的訓練組數就會減少。

舉重皮帶對脊椎的作用是間接的，它可預防腹部向前傾，並將腹內壓力提升達 25~40%，達到使脊椎硬挺的效果（Renfro 與 Ebben, 2006. Strength and Conditioning Journal 28(1):68-74），這表示皮帶的前側必須較寬（不能太窄）。

① 左側為健力舉重皮帶；右側為健身皮帶

舉重皮帶也能減低脊椎側向位移的風險 (Georcelli 等人, 2001. Spine. 26:1794-98),讓軀幹保持挺直,而不會左右晃動。

可提升表現

舉重皮帶藉由穩定背部,協助脊椎周邊肌肉,讓健身者在拉抬高負重時可發揮較大力量。

舉例來説,訓練有素的舉重選手用最大負重的 90% 進行深蹲時,穿上舉重皮帶可提升達 8% 的肌力 (Zink 等人, 2001. Journal of Strength and Conditioning Research 15(2):235-40)。

可預防精索靜脈曲張

精索靜脈曲張是指睪丸內的靜脈曲張,可能導致不育,較常發生在左側睪丸,不同族群發生率如下:

> 久坐男性約 20%。

> 不使用舉重皮帶,規律進行深蹲訓練的健身者約 67%。

> 使用舉重皮帶的健身者約 33% (Rahimi, 2004. Athens 2004:Pre-Olympic Congress, p.520)。

由上可知,使用舉重皮帶有助於保護睪丸,但無法完全預防。

注意:對於進行肌力訓練的男性,如果用力憋氣時感到睪丸疼痛,可能就是精索靜脈曲張的症狀。

使用舉重皮帶的缺點

許多老練的舉重者,明知舉重皮帶有好處,卻仍然停止使用,因為也會帶來一些壞處:

> 皮帶會提高軀幹的硬挺度,相對也阻礙了身體的動作。

> 皮帶會使呼吸動作不平順,特別是超過 12 次反覆的動作,這時候皮帶不要繫太緊,只有進行負重高、反覆次數少的組才能將皮帶繫緊。

> 舉重皮帶並非對所有人都有幫助。

理想狀況下,只要本身腹部與背部肌肉夠強壯,就算沒有舉重皮帶的輔助也不影響表現。

使用舉重皮帶的反思

使用舉重皮帶固然可以提升表現,但別高興得太早,靠舉重皮帶得來的肌力增加越多,卻也意味著原本的核心肌群越弱,終極目標應該是補足肌力的缺陷,最後脫離對舉重皮帶的依賴。

舉重皮帶與憋氣

如前述,憋氣是動作進行中的自然反射,但使用舉重皮帶會更提高腹內壓力,假使繫得太緊,超過心臟與腦部血管的負荷,憋氣反而會帶來危險。

如何調整皮帶

皮帶的鬆緊程度要隨著負重作調整：

> 負重越大，皮帶應該繫得越緊。

> 暖身時就提前繫緊皮帶是沒有意義的。

> 每組動作之間必須卸下皮帶休息。

> 進行某些不會對脊椎施壓的動作時（例如坐姿小腿訓練），就沒有理由使用皮帶。

> 皮帶的鬆緊度要慢慢調整，不能短時間內拉緊太多。

總而言之，使用舉重皮帶要循序漸進並遵循基本原則。

腕帶

如同在腰部綁上皮帶的作用，我們也可以使用具彈性的腕帶來強化手腕力量 ①②，特別是以極大負重進行訓練，會對手腕直接施加壓力時，例如肩上和胸前推舉、肱二頭肌和肱三頭肌訓練動作等，進行負重最大的動作組時，腕帶可以保護手腕不受太大壓力。

腕帶的選擇最好挑強度最高（會被健力比賽禁用的那種），但長度最短的，這樣才不需要繫得太緊就能提供手腕足夠保護，頂多在進行負重最大的動作組前，再多拉緊一些就好，效果遠比使用強度較低的腕帶，必須不斷用力繫緊好得多。

護膝

護膝目的在維持關節穩定度，以提供相應的保護，但由於束綁的效應，在蹲舉時可以提高負重達 15-50 公斤，雙腳越長，表現提昇就越明顯，當腿部肌肉完全活化時，護膝確實能將股四頭肌的力量轉移至臀部，但從肌力訓練的角度來看並不是一個好的再分配。

①   ② 固定腕帶的正確位置

拉力帶

有時候訓練動作無法做完預定組數，是因為手掌無力抓握，只好提前終止，常見於背部大肌肉的訓練，例如引體向上、划船動作、硬舉或聳肩動作。

要補強手掌抓握的能力，可以使用拉力帶輔助，就像多了一隻手的幫忙 ③ ④ ⑤。

不過即使拉力帶能有效彌補抓握力的不足，卻會犧牲掉一部分的前臂力量。

對於手掌大而有力、或有弧形掌骨（像猿猴一樣）的人，天生就能將桿子牢牢抓握，那麼使用拉力帶便顯得多此一舉，不過對於手掌小或握力不足的人卻有很大的幫助。

使用時必須確認拉力帶在正確的位置，如果手掌位於桿子的前方，拉力帶就要先朝桿子後方纏繞，常見的錯誤是把帶子朝手掌的方向纏繞。

③

④

⑤ 固定拉力帶的正確位置

主要肌群的
訓練動作

鍛鍊強壯的肩膀肌肉

局部構造

擁有強壯結實的雙肩，立刻就能讓身材脫穎而出。肩膀的三角肌是單關節肌肉，協助手臂朝各方向活動。這塊肌肉通常被人為地畫分成三個部分：

1 前三角肌：由前束肌肉構成，令手臂向前抬高。

2 側（中）三角肌：是由許多肌束所構成，令手臂向側面抬高。

3 後三角肌：由後束肌肉構成，將手臂向後拉動。

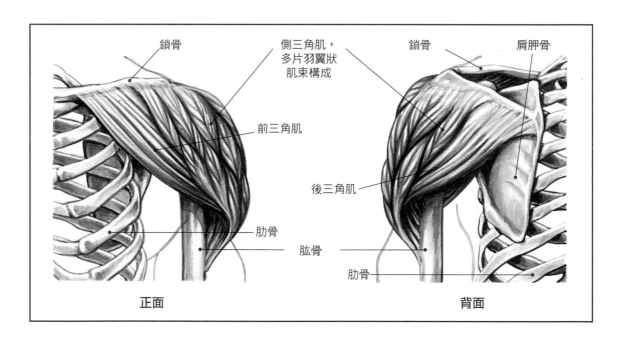

鎖骨　　側三角肌，多片羽翼狀肌束構成　　鎖骨　　肩胛骨

前三角肌

後三角肌

肋骨　　肱骨　　肋骨

正面　　　　　　　　　背面

開發肩膀的五個阻礙

肩膀太窄

一般而言，鎖骨越長，肩膀也越寬大，天生窄肩膀的人無法改變鎖骨的大小，因此只能盡力鍛鍊三角肌來改善。

肌肉太薄弱

如同所有的肌肉群一樣，肌肉份量太小，是健身路上的主要潛在問題，對於天生窄肩膀或粗腰的人來說，三角肌的份量更顯得重要。

前後失衡

除了天生肌肉薄弱的問題外，三角肌也鮮少能均衡的增長，根據 Jerosch 的研究 (1989. Deutsche Zeit Sportmedezin 40(12):437)，常見的狀況是肩膀前側肌肉發達，側面肌肉一般，而後側肌肉則貧弱瘦小。和少運動的族群相比，健身者的三角肌特色為：

> 前三角肌是一般人的 5 倍大。
> 側三角肌是一般人的 3 倍大。
> 後三角肌則只有大上 10-15%。

這種失衡的狀況並不是故意造成的，Jerosch 的研究統計發現，前後三角肌進行的平均訓練組數其實不相上下，事實上，後三角肌確實比其他部位還要難以鍛鍊，主要是因為該處肌肉非常難以定位，也就很難在訓練中被徵召。

三角肌 / 斜方肌失衡

對於鎖骨不寬的人，進行肩膀鍛鍊時，斜方肌的徵召程度反而比三角肌來得高，而肥厚的斜方肌又會讓肩膀看起來更形窄小，解決方式就是限制斜方肌的訓練，讓三角肌有機會可以增長。

肩膀疼痛

和其他關節相較，肩膀特別容易發生各種痠痛，侷限了訓練成果和肌力的提升。

肩膀容易受傷的主要原因如下：

> 為了讓手臂能做出各種方向的動作，肩關節的不穩定度相對較高，保護機制也少。
> 三角肌經常被過度使用，幾乎所有上半身的訓練動作都有這種情況，許多下半身動作（例如深蹲、硬舉）也是如此，因此訓練的空檔很難有足夠的時間讓三角肌恢復。
> 肌力訓練時，健身者很少會主動保護肩膀，他們可能毫不遲疑地做出不安全的肩膀動作，只為了能盡可能抬起最大重量，例如仰臥推舉、肩上推舉、引體向上等動作。
> 肩膀的肌力不平衡，是非常普遍的現象（見下頁的框）。

⚠ 單側受傷時，進行雙側訓練要小心！

當單側肩膀感到疼痛時，我們會傾向用對側三角肌來代償，以完成槓鈴仰臥推舉或肩上推舉等雙側動作。時間一久，這種肌力的失衡，讓原本健康的對側也會因為過度使用而引發傷害。

不平衡會增加肩膀受傷風險

根據 Jerosch 的調查，超過三分之一的健身者曾有過肩膀問題，這些傷害又有很大部分可歸因到肌力的不平衡，以下便列舉出健身者常見的不平衡狀況：

> **脊上肌肌腱可能增加至兩倍大** (Jerosch, 1989)。
> 肌腱的生長程度反映出肌肉的肥大，脊上肌原本的活動空間就不多，如果越肥大，就越有可能受到肩峰擠壓而引發疼痛、發炎，並限制肌肉活動，時間一久最後可能會因摩擦導致肌肉撕裂傷。

> **另外兩條穩定肩膀的肌肉（脊下肌和肩胛下肌）肌腱周長幾乎沒增加**，突顯了這兩條肌肉的無力。

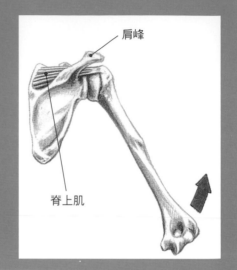

肩峰

脊上肌

肩旋轉肌群

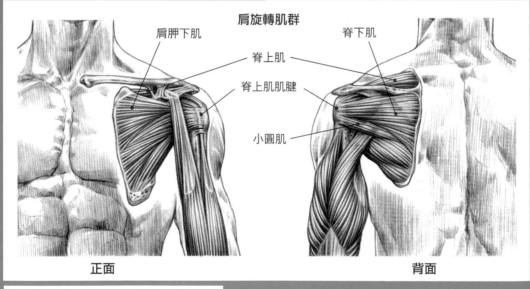

肩胛下肌

脊下肌

脊上肌

脊上肌肌腱

小圓肌

正面　　　　　　　　　　　　　　　　背面

斜方肌

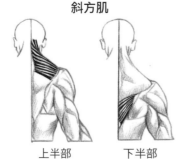

上半部　　　下半部

> **若以力量比率**（最大肌力除以體重）**做比較，上斜方肌的肌力平均高出 27%，而下斜方肌則少了 10%**（Kolber 等人，2009. J. of Strength & Cond. Res. 23(1):148-57），但下斜方肌對維持肩胛骨及肩膀的穩定又特別重要。

> **肩膀的關節活動度減少了 15%** (Kolber, 2009)，進一步增加受傷的風險。

結論：

某些時候肌力訓練造成前三角肌太過肥大，而後三角肌、脊下肌和下斜方肌又太小，可能影響肩膀的活動度，增加肩膀脫臼的可能性，如果上述的不平衡狀況都發生在脆弱的肩關節，受傷的風險就大大提高了，所以不要遲疑，現在就盡全力矯正肌肉的不平衡吧！

⚠ 可能讓肩旋轉肌群受傷的肩膀訓練動作

三角肌運動可能會對肩旋轉肌群帶來兩個衝擊：

1 肱骨內旋時： 當手臂抬起而肱骨內旋時（例如側舉或站立划船動作），脊下肌會與肩峰摩擦，這種劇烈的摩擦可能導致肌肉撕裂

2 肱骨外旋時： 當手臂抬起而肱骨外旋，也就是肩上推舉手肘向外的動作，此時脊上肌會與肩峰摩擦，程度更甚啞鈴側舉所造成的摩擦，也可能導致肌肉撕裂。

脊下肌與肩峰摩擦處

當脊上肌引發疼痛（上斜方肌深層的痛）時，應該將肩上推舉動作調整成手肘朝前 (p.81)，以減少脊上肌的壓力，使疼痛緩解。

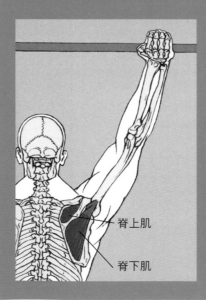

脊上肌

脊下肌

脊上肌與肩峰摩擦處

可能讓肱二頭肌受傷的肩膀動作

進行頸後推舉或側舉之類的肩膀動作時，肱二頭肌的長頭會與肌腱溝（結節間溝）擠壓摩擦，可能會傷害肌腱 (p.197)。想要降低機械阻力、改善肌腱的滑動，在進行肩膀訓練前，要徹底地讓肱二頭肌熱身活化起來。

⚠ 警告

肱二頭肌長頭肌腱的發炎可能會與肩膀疼痛混淆，但成因其實不同，必須仔細區分 (p.197)

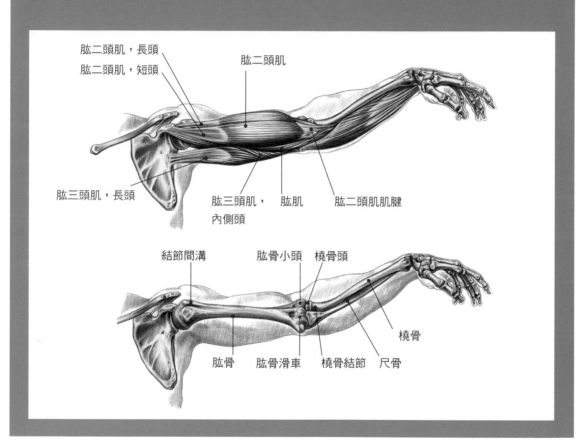

鍛鍊肩膀肌肉的策略

如何增大三角肌

鎖骨的長度無法改變，因此要擁有寬大肩膀唯一的方法就是鍛鍊三角肌，尤其是中間部分，具體的方法有下列四點：

優先訓練

要訓練側三角肌（中三角肌）應該不難，只要將訓練動作排定優先順序，減少各種推舉動作（訓練前三角肌），專注於側舉動作（訓練側三角肌），剩下的就只是時間和毅力的問題了。

有效針對側三角肌

側舉的目的是要徵召側三角肌，而非不計代價的提高負重，因此要將注意力集中在「使用側三角肌的力量將手臂舉起」，而不是徵召斜方肌或前三角肌來幫忙。

進行單側訓練

要局部增強孱弱肌肉的訓練，進行單側訓練是一個很棒的技巧，對於側三角肌也不例外，一次只做單邊動作，讓注意力更能集中，有助於肌肉的定位，避免斜方肌阻礙三角肌的徵召。

使用遞減組訓練

遞減組 (drop sets) 可以有效提升強度，是最熱門的肩膀訓練技巧，讓健身者可以：

> 在高負重時進行代償運動，徵召其他肌肉幫忙完成動作。
> 在低負重時以標準姿勢和良好的關節活動度完成動作。

遞減組對於側三角肌和後三角肌的訓練一樣有效。

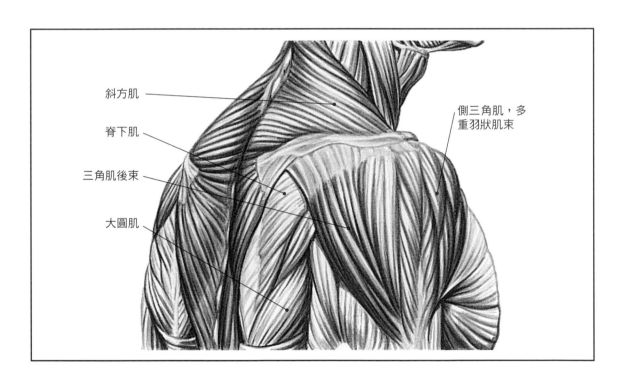

斜方肌
脊下肌
三角肌後束
大圓肌
側三角肌，多重羽狀肌束

如何有效訓練肩膀後側

肩膀後側肌肉常常定位困難而不易訓練，可能的因素包括：

1 動作進行太快，急著提高負重，或者

2 徵召其他肌肉來代償，特別是肱三頭肌、斜方肌或背闊肌。

對於背部肌肉發達的健身者來說,肩膀後側的訓練常常較為困難,因為大部分的工作都會被背肌代勞,可以試著在每一次反覆後都用力使肩胛骨向中間靠攏,那麼即使三角肌並沒有太用力,依然可以鍛鍊到肩膀的後側肌肉。

對於一個非常難以徵召的部位,訓練時總是盡可能增加負重並不是個好方法,重點在如何把注意力集中在孱弱的肌肉上,而先使用較輕的負重才能讓健身者有餘裕感受、定位該肌肉,進而熟悉動作模式。

各個擊破

為了加速肩膀後側的肌肉生長,可以將後三角肌分成三部分,交替使用三種不同的訓練策略,以期在不過度訓練的狀況下盡量提升訓練頻率。

側 - 後三角肌交界

從側三角肌的前半部開始,肌肉對訓練的反應就不太好了,越往後方的肌肉越弱,造成肌力不平衡的原因包括:

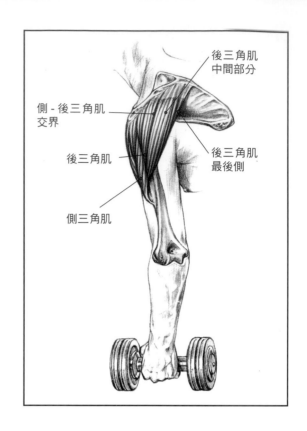

1 前傾側舉

> 側三角肌的前半部在各種推舉動作中都扮演重要角色
> 執行側舉動作時,側三角肌的前半部(較強壯)出力比後半部(較無力)多得多,這樣才能抬起更大的重量。

要令側舉動作能訓練到側 - 後三角肌交界處,可採取下列方法:

> 將上半身向前傾 10 到 20 度角,如果使用啞鈴 1 或滑輪機會比較容易。
> 一開始先將小指側微朝上,而不是所有指頭都與地面平行,這樣當手臂用力平舉時,啞鈴稍微向前側靠攏,小指位置會比拇指更高,好像用水瓶倒水的動作,可防止三角肌作不必要的轉動。

身體的前傾和手掌的位置會影響肌力表現，卻可有效將側－後三角肌交界處獨立出來訓練。

後三角肌中間部分

這是肩膀後側肌肉最重要的部分，訓練該處最好的動作是俯身側舉，細節可參照 p.95。

後三角肌最後側

要強化肩膀最後側的肌肉最好的方法就是使三角肌增厚，然而光用傳統肩膀動作很難成功徵召此處的肌肉，反而是脊下肌 (p.136) 的運動 ② 可以訓練到，要強化訓練效果，最好將注意力集中在收縮期，而非伸展期。

② 滑輪旋肩

三個部位的訓練整合

如同其他較不發達的部位一樣，肩膀後側的訓練越頻繁越好，但不表示要隨時以最大負重做最大組數，適度的以輕重量組和大重量組交替進行，能讓健身者幾乎每天訓練卻不至於超過負荷。訓練的軸心大約包含 5 到 10 組的大重量組即可，事實上對於難以徵召的肌肉，極大重量、超低組數的策略從來都不是最好的解決之道。

善加利用肌肉的痠痛

通常肌肉痠痛會在訓練隔天發生，此時繼續訓練痠痛的部位是強迫重建肌肉徵召模式的策略之一，可以強化大腦與肌肉的連結，有助於健身者感知標的肌肉，並學習更有效率的徵召它，可以透過以下兩種方法來進行再訓練：

> 肌力夠強的人，可以使用大重量做再訓練，但是要比前一天更集中針對痠痛的肌肉部位；

> 肌力不夠強的人，只要做幾個較長的恢復組即可。

肌肉破壞的頂峰通常發生在大重量、破壞性訓練後的 48 小時左右，這個時候可以採用下列的因應方式：

> 假使該處肌肉已筋疲力竭，就停止再訓練；

> 假使仍有餘裕，可以做 2 到 3 組的輕重量組，促進血液循環並加速恢復。

重複上述的循環就能構成一個訓練周期，並且記得在每個循環開始（大重量訓練）的前一天讓自己完全休息。

建構個人化的訓練周期

將肩膀後側三個部位的動作循環一次,就能建構一個完整的訓練周期,這些動作輪流進行有助於:

> 避免肩膀後側肌肉的過度訓練,
> 並加速訓練效果的展現。

第一周期

大重量訓練:前傾側舉,針對側–後三角肌交界部分。

其後數天進行恢復組,應包含俯身側舉(針對後三角肌中間部分),以及脊下肌運動(針對後三角肌最後側)。

第二周期,間隔 3 至 5 天後

大重量訓練:俯身側舉,針對後三角肌中間部分。

其後的恢復組應包含前傾側舉和脊下肌運動。

第三周期,間隔 3 至 5 天後

大重量訓練:脊下肌運動。

其後的恢復組應包含前傾側舉和俯身側舉。

鍛鍊肩膀後側肌肉的技巧

1 引體向上

先期疲勞法

先期疲勞法適用於小肌肉群的訓練,例如肩膀後側肌肉,要配合背部肌肉訓練一起進行。這種策略無法兩者得兼,因此要做一點取捨,如果鍛鍊的優先部位是肩膀後側,則背肌的鍛鍊效率就會有所犧牲,但這只是暫時的,當新的(肩膀後側)肌肉徵召模式被建立起來後就會回到正常。

有兩種不同的先期疲勞策略可以選擇:

> 在進行引體向上 1 訓練背闊肌前,先做一個肩膀後側的運動,例如俯身側舉;
> 在進行划船 2 運動前,先做一個脊下肌運動。

2 划船

只要在進行背肌訓練的日子完成 5 組先期疲勞組後，就可以繼續進行原本的背肌訓練了。

短期衝擊

在訓練肩膀後側肌肉時，必須做到肌肉疲勞為止，理想上甚至會有明顯的肌肉燃燒感，採用遞減組的模式可以迅速到達疲勞的目標。緊接著再進行背肌訓練，此時背部和手臂會支援肩膀後側的肌肉來完成動作，可加速肌肉燃燒並提升血流量，而後三角肌僅剩的一點力量也會被用盡，達到肌肉疲勞的效果。

注意： 使用先期疲勞的技巧時，背肌的肌力損失程度可能超過預期。

長期動作模式的改變

持之以恆地進行這樣的超級組訓練，會對原本的肌肉徵召模式產生重大影響，經過數週的先期疲勞訓練，再進行傳統的背肌訓練動作時，肩膀的後側會感到強烈的痠痛，這不是其他訓練策略所能帶來的成果。

原因很簡單：肩膀後側的肌肉會竭盡所能地參與背肌的動作，但因為已經先達到疲勞狀態而徒勞無功，等到停止先期疲勞訓練後，等於阻礙消失，此處肌肉的徵召反而比先前更強大，也就是說過去數週的先期疲勞訓練，可以幫助肩膀後側肌肉建立新的動作模式。

表現出來的結果就是重新鍛鍊背肌後，肩膀後側的肌肉徵召會比之前大得多，為日後該處肌肉的增長奠下重要基礎。

肩膀運動

✂ 訣竅

> 在進行肩膀運動前,應該讓脊下肌、肱二頭肌與肱三頭肌徹底的暖身。

> 訓練中肩膀肌肉可能有燃燒感,假使組與組之間手臂垂在身體兩側,會延長痠痛時間並影響肌肉恢復。要促進乳酸的排除,可以將雙臂懸在單槓上,或簡單做幾下引體向上,利用重力加速三角肌內代謝廢物的排除。

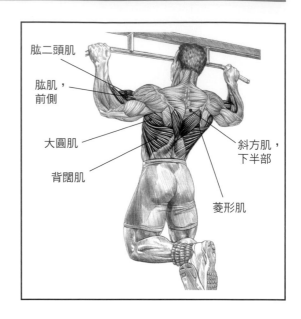

肱二頭肌
肱肌,前側
大圓肌
背闊肌
斜方肌,下半部
菱形肌

前三角肌運動

1

肩上推舉

特色:目標肌群為三角肌前側、肱三頭肌與上半部胸肌,屬於多關節運動,也可以使用啞鈴或健身器材做單邊動作。

該使用槓鈴、啞鈴、健身機或史密斯架?

肩上推舉可使用槓鈴、啞鈴、健身機或史密斯架 1 來進行,不同的方法各有利弊,健身者可根據個人需求做選擇,當然也可以在不同方式間變換,但最好同一天的訓練就只用一種方式,以免造成神經訊號的混淆。

②槓鈴肩上推舉

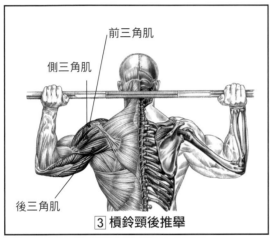

前三角肌

側三角肌

後三角肌

③槓鈴頸後推舉

槓鈴推舉

槓鈴雖然取得容易，幾乎每個健身房都有，但是使用上缺點多過優點，肌力訓練中較常用的推舉有兩種，不過加上槓鈴都不是效果最好的方式：

> 槓鈴肩上推舉 ②：槓鈴位於頭部前方，臉部（特別是下巴）容易阻礙槓鈴移動的路徑，很容易不自覺將背部拱起。
> 槓鈴頸後推舉 ③：槓鈴位於頭部後方，可能讓肩膀受到突然的拉扯。

由於雙手握住橫槓，不像啞鈴往上舉時雙手可以靠攏，會限制關節的活動度；另外光是抬起槓鈴放到正確的起始位置就有一定難度，當重量大時還需要另一個協助者幫忙。

啞鈴推舉

啞鈴 ④ 有許多地方優於槓鈴，由於雙手能自由舉到鎖骨兩側，可以：

> 避免肩膀受到不當拉扯，
> 避免因為要躲過臉部而做出多餘的動作，
> 並讓前三角肌處在最佳的動作位置。

啞鈴推舉容許肩膀有更大的關節活動度，雙臂打直舉到高點時可彼此靠攏，使肌肉收縮更完全，而雙手可自由移動以接近自然的位置，通常雙手大拇指會朝向頭部，但也可以轉動朝向背後或外側，這些自由度都是使用槓鈴所無法達到的。

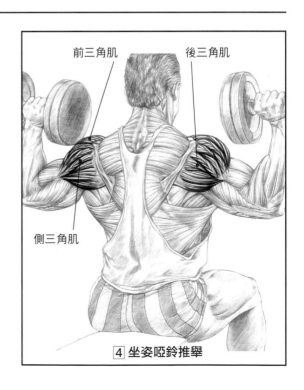

前三角肌　　後三角肌

側三角肌

④坐姿啞鈴推舉

不過使用啞鈴也有一些缺點：

> 必須使用相當重的啞鈴才有效。

> 使用前必須先將啞鈴從地上提起，放到起始位置，訓練結束後又要放回地上，如果啞鈴夠重的話，這個過程可能會帶來受傷風險。

> 當啞鈴舉到最高處時，要隨時留意不讓手臂鬆弛軟掉，否則一對很重的啞鈴在頭部上方會非常危險，當肌肉疲勞時身體可能會失去平衡。

啞鈴推舉，正手抓握

變化型：對握法

健身機推舉

設計良好的胸部推舉機應該有下列的特色：

> 握把位置就正好在肩膀高度，訓練前不用再花額外力氣讓握把就定位。

> 握把的移動範圍近似啞鈴推舉時的關節活動度。

> 最好的機器移動軌跡會恰好位於肩膀兩側。

> 機器設計可避免身體失去平衡。

> 可讓推舉的重量大過啞鈴推舉的極限。

不幸的是，設計優良的推舉機不容易取得，但粗製濫造的機器卻到處可見。有些人不喜歡用機器輔助，認為雙手的移動軌跡不能隨意調整，然而這是為了避免使用槓鈴或啞鈴可能引發的各種意外與傷害而設計的。

史密斯架推舉

史密斯架是介於槓鈴和推舉機之間不錯的折衷，使用上一樣可以將槓鈴架在頭部前方或後方，其餘的缺點則和傳統槓鈴相同。有種方式是將動作起點提高至頭頂高度 [1]，雖然會犧牲一些活動幅度，並且要小心不讓橫槓砸到頭，但這樣的策略可讓健身者：

> 將動作軌跡維持在正確軸線上，確保肩膀能受到最大鍛鍊。

> 舉起更大的重量。

> 避免肩關節超過負荷。

只要能精確並熟練地執行這個動作，就能快速增進三角肌的體積。

注意：有些史密斯架可幫助使用者更安全地調整活動幅度，降低推舉的風險。

重點提示：進行推舉時不一定要將槓鈴或啞鈴降到最低點，許多人喜歡停在耳朵的高度 ②，低於這個位置關節可能會有受到拉扯的感覺 ③，每個人的極限不同，取決於下列原因：

> 柔軟度：柔軟度越差，越無法將重量放低。

> 鎖骨寬度：鎖骨越窄，越無法將重量放低。

> 肩胛骨活動度：活動度越差，越無法將重量放低 ④。

> 前臂長度：前臂越長，將重量放低就越危險 ⑤。

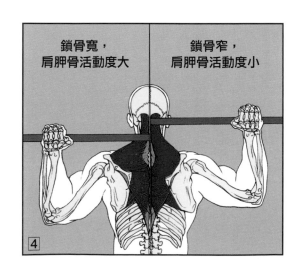

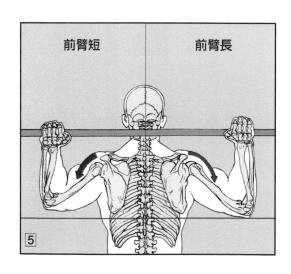

⚠ 肩峰太寬的影響

有些舉重者手臂無法舉過頭太多,大約四成的人有此問題,原因包括:

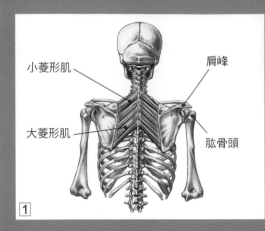

小菱形肌
肩峰
大菱形肌
肱骨頭

1

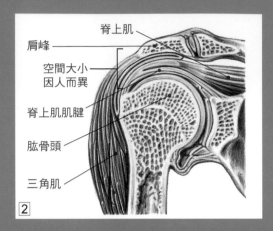

脊上肌
肩峰
空間大小
因人而異
脊上肌肌腱
肱骨頭
三角肌

2

> 肩峰距離太寬 1 ,以及

> 肩峰和肱骨頭間的空間有限 2 。

所以當手肘朝外側進行肩上推舉時,到一定高度就舉不上去了,此時不用強迫手臂向上伸直,否則會夾擠肩峰和肱骨頭間的脊上肌肌腱,久了就會產生傷害。

當肩上推舉動作受到限制時,可以採取以下做法:

> 一次只舉一個啞鈴,身體微向對側傾斜 3 。

> 在極限的高點暫停,保持肌肉張力 4 。

> 手肘改朝向前方進行啞鈴推舉 5 。

3

4

變化型

1 推舉可採坐姿或站姿,而健身者最好採坐姿以保持更大的穩定度。

2 在動作的高點刻意保持手臂微彎,以維持肌肉張力,感到疲勞時則打直手臂數秒讓肌肉休息,就能多做幾個反覆。

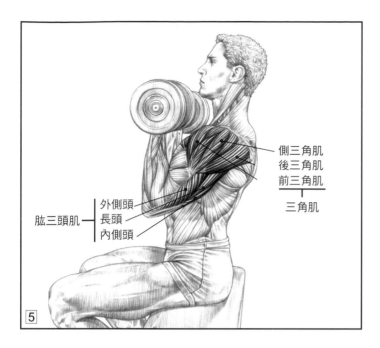

側三角肌
後三角肌
前三角肌

三角肌

肱三頭肌 — 外側頭
長頭
內側頭

⑤

3 進行槓鈴肩上推舉時可以調整手肘位置，手肘朝前可讓肱三頭肌出力多些，也能降低脊上肌疼痛的風險。

優點：單一動作就能徵召許多肌肉，推舉也可訓練側三角肌的前半部。

缺點：除非肩膀前側肌肉真的生長遲滯，否則並沒有必要針對此處做鍛鍊，特別是已經做了許多胸肌運動的人，最好將重點放在肩膀的外側和後側肌肉。

風險：當手握自由重量高舉過頭時，手臂就處於很容易受傷的位置，只要重量稍往後偏就可能造成嚴重傷害，因此要確保動作的穩定度，從頭到尾都能完全控制重量。

進行推舉時，背部容易自然向後拱起，使得上半胸肌也能貢獻部分力量，如此雖能讓力量表現更好，卻也剝奪鍛鍊肩膀的機會，同時會增加腰椎受傷的風險。

前平舉

特色：針對前三角肌與上胸肌的單關節運動，也可單側進行。

步驟：站姿或坐姿皆可，雙手各持啞鈴或合持槓片，可採傳統正手抓握（拇指相對）或對握（掌心相對），只要感覺舒服就好，運用肩膀力量將手臂抬至雙眼高度 **6**。

假使不覺得吃力，可以將手臂抬得更高 **7**（到頭部前上方或正上方），舉得越高，負重極限就越低。

要根據肌肉收縮的程度來決定手臂該舉多高，沒有單一規則可適用於所有的人。

⑥　　⑦

重點提示：對於難以將前三角肌獨立出來的健身者（通常是肩膀窄而胸肌發達者），比較適合使用鎚式握法令拇指位於上方，此時肱骨外旋，可讓前三角肌位於最佳工作位置，但也容易因慣性造成軀幹的前後移動，需盡可能維持正確姿勢以確保前三角肌受到鍛鍊，可以背貼著牆或坐在 90 度角的上斜推舉椅上避免發生代償。

1   2   3   4   5

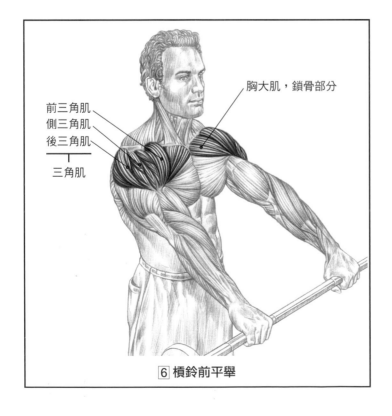

胸大肌，鎖骨部分

前三角肌
側三角肌
後三角肌

三角肌

6 槓鈴前平舉

變化型

1 此動作還有數種常見的不同變化：

> 可使用低位的滑輪機單側 1 2 或雙側進行 3 4 5，滑輪機所提供的阻力較平順一致，可減少關節的傷害。

> 可使用長槓的槓鈴進行雙側前平舉，讓兩邊肩膀的動作同步 6。這種方式優點最少、缺點最多，因為雙手的活動完全被限制住了，可能導致肩膀、手肘和手腕的傷害。

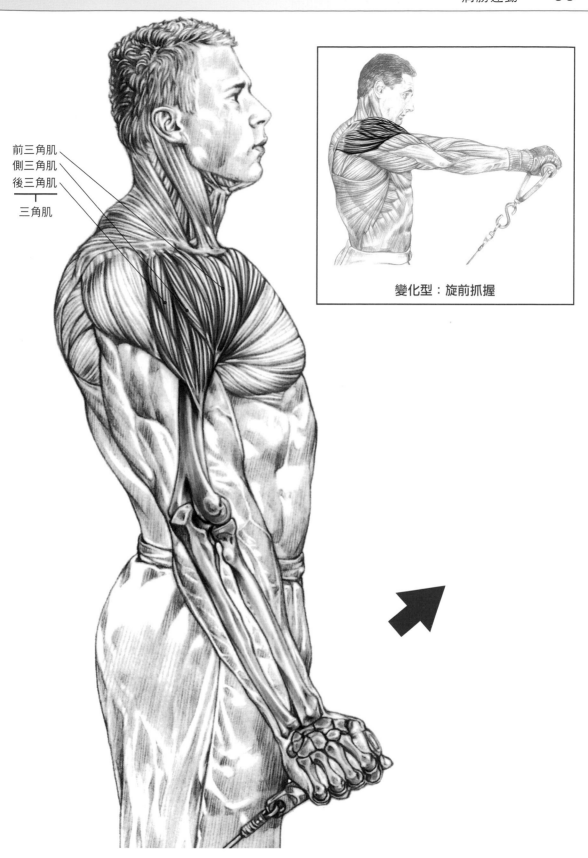

前三角肌
側三角肌
後三角肌
三角肌

變化型：旋前抓握

低手滑輪前平舉

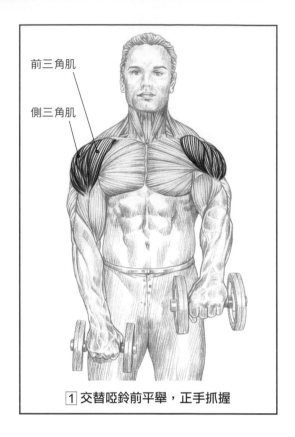

1 交替啞鈴前平舉，正手抓握

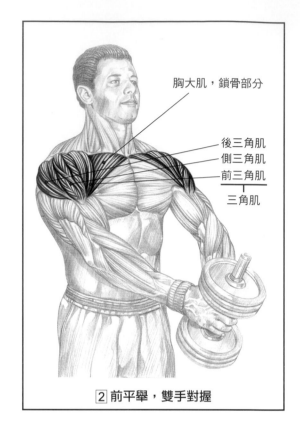

2 前平舉，雙手對握

2 使用啞鈴的話，可以雙手同步或左右交替 1 進行，左右手交替可舉起較大的重量，此外也可以雙手對握（拇指朝上），一只啞鈴 2 做平舉，這個版本非常容易上手，很適合初學者練習。

優點：一般推舉運動中，肱三頭肌會限制三角肌出力的多寡，這個動作可有效將前三角肌獨立出來，不受肱三頭肌的干擾。

缺點：假使訓練日程已包括胸部推舉和肩上推舉，再增加前平舉的話就太過頭了，對於因手肘疼痛無法做肩上推舉者，再用前平舉作為多關節三角肌運動的替代動作即可。

風險：當舉起的重量越大，自然將背部拱起的傾向越大，正確做法應該是微向前傾，背部完全打直，這樣的姿勢可能會影響舉重上限，但卻能幫助標的肌肉分離出來，並降低受傷風險。

肱二頭肌的主要功能之一是抬高手臂，因此也會參與前平舉動作，準備舉起大重量前，最好先針對肱二頭肌至少做一組暖身運動。

注意：如同所有肩膀的單關節運動，前平舉也適合以遞減組方式進行，例如先舉兩個啞鈴，直到肌肉疲乏之後再改舉一個啞鈴。

直立上提

特色：這是一種多關節運動，可徵召前側與外側的三角肌，包括肱二頭肌和斜方肌也參與其中，雖然單側動作也無不可，但沒有特別好處。

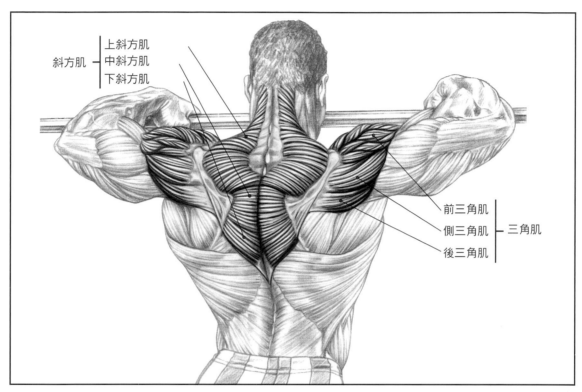

斜方肌 ─ 上斜方肌／中斜方肌／下斜方肌

前三角肌／側三角肌／後三角肌 ─ 三角肌

步驟：身體直立，手提槓鈴 ③、啞鈴 ④ 或以正手抓握（拇指相對）滑輪握把，雙臂彎曲向上抬高，動作全程雙手要盡可能靠近身體。

注意：直立上提可藉由槓鈴、啞鈴或低手滑輪來進行，這些方式的動作都一樣，差別在於對關節的衝擊力道不同。如果想去除斜方肌的影響，針對三角肌做鍛鍊，雙手的間距要適當，距離越寬則斜方肌的貢獻越小。

③　　④

重點提示： 雙手不一定要直接舉到頭部高度，有些人的肩膀無法承受如此大的旋轉角度，可以把高度稍微降低一些。有些人甚至舉到胸口就是極限了，再高就可能會受傷，或只是依賴斜方肌的力量，也有些人可以輕易地就舉過頭。

變化型

1 如果槓鈴是直槓，那麼手腕不自然的角度可能會影響負重的極限，可改用 EZ 槓（曲槓槓鈴）來避免這種問題 **1**。

2 最輕鬆的版本就是躺在地上，使用 EZ 槓加上低位滑輪機做上提 **2**，優點是手肘可自然下垂，有助於將（徵召困難的）側 - 後三角肌交界分離出來，也可以減輕對脊椎的壓力。

3 調整手肘的位置，可以改變被徵召的肌肉部位：

> 將手肘轉向後方，可以針對後三角肌訓練。
> 將手肘轉往前一點，可以針對前三角肌做訓練 **3**。

4 藉由史密斯架的幫助，可以避免槓鈴或啞鈴的晃動 **4**，使健身者更專注於三角肌的徵召。

優點： 這是唯一不需依賴肱三頭肌的肩膀多關節運動，假使覺得肩膀訓練成效被肱三頭肌限制住，改作直立上提會有幫助。可以考慮推舉和上提動作連續進行（先後順序不拘），變成一個超級組。

缺點： 並非所有人都能安全地做完這個動作，假使自己的的肩膀和手腕無法承受，就無須太過勉強。

風險： 為了降低手腕扭傷的風險，可以用啞鈴進行直立上提，使用最自然的握法抬高啞鈴，假使感覺不適或遭遇困難，就不用勉強為之。

側三角肌運動

側平舉

特色：這個動作針對肩膀外側肌肉，是要增大肩膀體積最佳的單關節運動，也可單側執行。

該使用啞鈴、滑輪或健身機？

側平舉動作可使用啞鈴、滑輪或健身機來進行，以下將簡介各種方式的優缺點，選擇最適合自己的方式即可。

啞鈴側平舉的缺點

啞鈴是經典的健身器材，但對於側平舉來說，並非最好的選擇，理由如下：

1 活動範圍受限：若以啞鈴提供阻力，動作的起始（前15公分）會比較依賴脊上肌，而非三角肌，過了這個範圍後，才（有點突然地）由三角肌接替後續動作，直到手臂舉高成水平為止，此時側三角肌仍在做等長收縮，接著會由斜方肌接替。

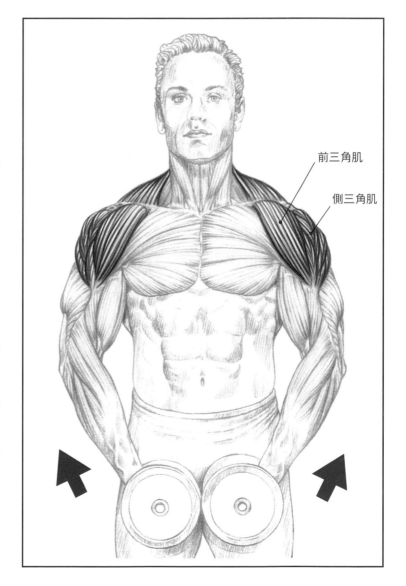

前三角肌

側三角肌

2 脊上肌出力過多：由於阻力並非來自側面，脊上肌反而比三角肌貢獻更多肌力，因此脊上肌會變得肥大，但不一定是好事，因為這塊肌肉越大，越有可能與肩峰產生摩擦 (p.68)，亦增加其發炎和撕裂傷的風險。

3 阻力結構不良：手臂舉得越高，啞鈴所提供的阻力越大，但肩膀肌力也越弱，這種狀況下阻力和肌力恰成反比，並非有效鍛鍊肌肉的阻力結構。

4 三角肌伸展不足：由於啞鈴所提供的阻力，在雙臂向身體靠攏時會快速消失，三角肌並沒有受到足夠的拉扯，而側三角肌恰好是最難延展的部位，在側平舉的三種變化型中，啞鈴能提供的被動伸展最少，因此最不具生長刺激的效果。

5 無法適用每個人：由於身體結構的先天差異（鎖骨長短、肩胛骨活動度、肩峰寬度等），不同的人進行相同動作的感受亦不盡相同，假使做啞鈴側平舉覺得不到位，或無法將三角肌獨立出來，就該考慮改用滑輪機訓練。

滑輪側平舉的優缺點

1　　　　　　　2　　　　　　　3

比起使用啞鈴，滑輪側平舉有下列四個優點：

1 阻力結構較貼近三角肌的訓練：滑輪機的發明就是為了順應特定肌肉的運作方式來提供阻力，不像啞鈴只能提供重力方向（向下）的阻力，對於側三角肌而言，從側面來的阻力會優於朝下方的，更能發揮鍛鍊效果。

理想狀況是機器上的滑輪可調整高度，將高度設置在比膝蓋稍高處，就能沿著側三角肌作用的軸線提供最大阻力 **1** **2**。

假使滑輪高度貼近地板，所產生的阻力就不是來自側面，側三角肌將無法發揮最大肌力 **3**，此時訓練效果就不會比啞鈴高多少了。

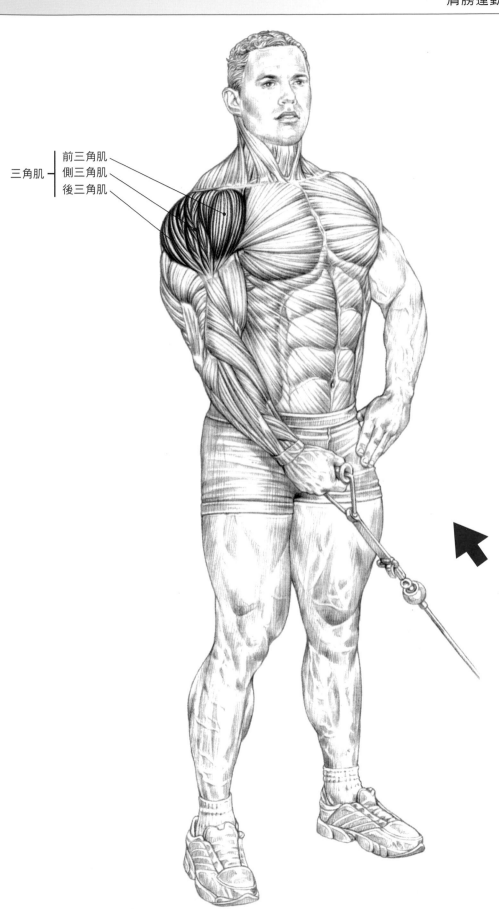

三角肌 { 前三角肌
側三角肌
後三角肌

2 脊上肌活化程度較低：由於滑輪機的阻力來自側面，脊上肌被徵召的程度比啞鈴低，也就不容易肥大，進一步降低受磨擦與撕裂傷的風險。

3 動作幅度較大：由於滑輪高度適當，提供正確的阻力方向，使得右手臂就算跨中線擺動到身體左側也能感受阻力（也有鍛鍊效果），反之亦然，肩關節的活動角度比起使用啞鈴多了將近 45 度，多了這一段前伸展將有助於提升側三角肌後半部的徵召比率。

4 阻力變動的模式較佳：當手臂舉到接近水平時，滑輪纜繩持續移動但提供的阻力卻沒增加，因此做到最後會覺得比較省力，比起啞鈴在肌肉收縮越多時提供阻力越大，滑輪機的阻力模式會比較好。

缺點：滑輪側舉雖然也可雙側進行，但卻不切實際，最好一次訓練一邊以發揮單側動作的最大效果（提升肌力、加大活動範圍、較好的肌肉感知與專注力）。

機器側舉的優缺點

設計良好的側舉機有下列三項優點：

1 提供側向阻力：雙臂必須向兩側推出以抵抗機器阻力，這樣的用力方向可讓側三角肌達到最佳的徵召率，而使用啞鈴或太低位的滑輪只能提供向下的阻力，無法達到最佳肌肉徵召。

2 凸輪提供阻力變動：在動作的起始處三角肌已可發揮相當的肌力，而機器也立即提供高度的阻力，隨著手臂越接近水平，機器提供的阻力值迅速下降，以維持三角肌的良好收縮。

3 動作軌跡受規範：由於機器既定的動作軌跡，可避免手臂的前後位移，是啞鈴和滑輪機無法達到的穩定度。

雖然小幅移動在肩膀健康時不至於構成威脅，但在肩膀疼痛時就可能使問題惡化，此時最好使用側平舉機確保動作軌跡的穩定，一台設計良好的機器甚至可讓健身者在肩膀疼痛時也能持續訓練。

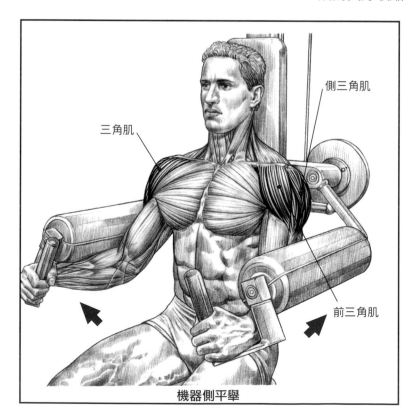

側三角肌

三角肌

前三角肌

機器側平舉

然而使用側舉機也是有缺點：

> 現實生活中總是有較高機會遇到不盡理想的機器。

> 側舉機提供的活動範圍較滑輪機小，因此肩膀的關節活動角度也較小。

> 無法將上半身前傾以針對側 – 後三角肌交界處做訓練。

> 凸輪的設置仍然無法完全配合肌力變化來提供阻力。

> 雙臂旋轉動作的軸心間距無法自由調整。由於雙臂的轉軸間距與使用者鎖骨長度相關，一台機器不可能適合所有的人

> 對於壯碩的健身者，制式的側舉機可能覺得太窄，使用起來不舒服，

> 對於瘦小的健身者，機器空間相對較大，手臂舉起時可能會覺得要長一點才夠用。

對策：如果要將不盡理想的機器發揮最大效用，可以單側進行訓練，這樣就能將肩膀確實固定於旋臂的軸心，並避免空間大小不合的問題。

受傷風險的管理與平衡

啞鈴和滑輪機或側舉機所提供的阻力結構有著根本的不同：

> 滑輪機或側舉機的阻力改變是平順而漸進的，對於肌肉或關節不會造成太大的傷害，又稱為「軟阻力」。

> 啞鈴所產生的阻力變化就突然得多，可以瞬間改變很大，不只對肌肉和肌腱，對關節也容易造成傷害，又稱為「硬阻力」。

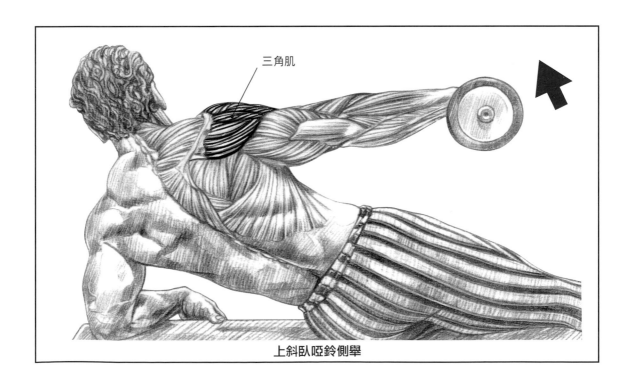

三角肌

上斜臥啞鈴側舉

以肌肉生長角度而言，藉硬阻力訓練的效果比較好，但是對於肌腱、韌帶和關節而言，卻有更高的受傷風險。因此如果為了避免讓既有傷勢惡化，採用軟阻力訓練較為適合。另外在兩段例行訓練之間進行的低負荷肌力動作，也應採用傷害較小的軟阻力為宜。

結論：因為三種器材都無法達成完美的訓練動作，健身者可以考慮三者交替進行，確保最佳的訓練結果。

重點提示：側舉可採坐姿、臥姿或站姿進行，一般而言，坐著或躺著會比站著做更困難，可以考慮先採坐姿，直到肌肉疲勞後改成站姿，還可以藉著慣性多做幾次。

變化型

1 單側或雙側進行？對於動作熟練、肌肉感知明確的人，採用雙側訓練無妨，但假使斜方肌比三角肌還有存在感的人，最好只做單側動作，以確保能夠：

> 克服骨骼結構差異。
> 更專注在標的肌肉，強化感知。
> 舉起較大重量。
> 將軀幹微向對側傾斜，要找出最適合個人的角度，以增進本體感覺。

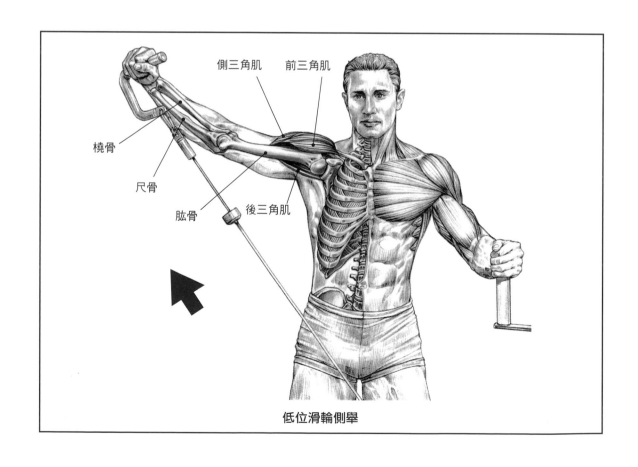

側三角肌　前三角肌

橈骨

尺骨

肱骨

後三角肌

低位滑輪側舉

2 手臂打直或微彎？假使側舉過程手臂是彎曲的，

> 可以讓健身者舉起較大重量，
> 但會讓前三角肌干擾動作，影響側三角肌的鍛鍊。

假使手臂完全打直，與鎖骨齊平，

> 較能針對側三角肌鍛鍊，
> 但相對也會影響肌力表現。

折衷辦法如下：

> 先手臂微彎舉大重量，肌肉疲勞後改為手臂打直舉較輕重量，
> 或者先手臂打直舉輕重量，直到肌肉疲勞後，手臂微彎再多做幾次。

每個人都需要找出最適合自己的姿勢與組合。

直臂側舉

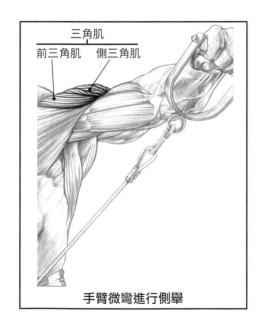

三角肌
前三角肌　　側三角肌

手臂微彎進行側舉

彎臂進行側舉

⚠ **警告！**

有些人的手臂天生無法完全打直，此時應該在不強迫肘關節的狀況下盡可能伸直。

注意： 大多數側舉機的設計都需要手臂彎曲操作，只有少數可以容許手臂打直，使用機器時，手臂彎曲與否影響並不大，重要的是應該確保肱骨與側三角肌的方向一致，以得到最好的肌肉獨立效果。

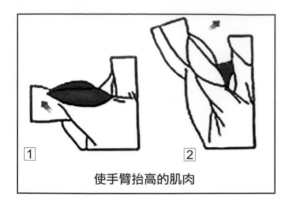

使手臂抬高的肌肉

3 手臂該舉多高？使用啞鈴或滑輪機側舉時，手該舉到與地面平行 1，還是越高越好呢 2？

這兩種側舉方式有相當的差異，當手臂從水平位置往上舉至垂直的過程中，是由前三角肌與斜方肌合力完成的，而側三角肌則保持在等長收縮狀態，因此會迅速產生燃燒感。

如果要側舉到最高處勢必會令負重減輕，但是從最高處往下降的過程卻是一個很好的離心收縮，可以請協助者用手阻擋提供額外阻力，更能增加刺激生長的效果。

⚠ **警告！**

當手臂舉到水平高度以上時，必須慢慢將拇指往後方轉動，使雙臂舉到最高點時掌面相對，在下降過程中手腕則往反方向轉回原處。

結論

> 想要增大三角肌，必須控制側舉動作的組合，至少八成的組數是舉至水平高度就停止，而舉到最高處的組數不得超過兩成。

> 假使主要問題是前、側三角肌發育不足，那麼側舉至最高處會有最大的幫助。

> 以極輕的重量做側舉，是最適合肩膀的熱身動作，也是很棒的低負荷肌力動作。

> 為了避免肩膀旋轉肌群的慢性磨耗，有下列狀況時應避免將手臂抬至水平以上：
>> 鎖骨間距太窄 (p.79)
>> 肩胛骨活動度不足 (p.79)
>> 肩峰距離太寬 (p.80)

4 啞鈴側舉時，應採坐姿或站姿？

> 使用站姿時可舉的重量較大，因為軀幹可藉慣性產生些微代償。

> 使用坐姿時軀幹移動幅度較小，就不容易產生代償，但可舉的重量會變小。

坐姿比站姿更能專注於生長遲緩的肌肉部位，可以先從坐姿開始，等肌肉疲勞後再改成站姿，增加上半身參與的程度，以多做幾次反覆。

5 上半身的最佳角度為何？身體越往前傾 3，越能鍛鍊到側 - 後三角肌交界部位。

注意： 至少在最初的幾次反覆次數，手臂舉高與地面平行時，要能明確地停住 4，假使控制不住，很明顯是借助慣性來完成動作，表示所舉的重量太重了。

優點： 可以將三角肌完全獨立出來，使遞減組訓練能發揮最大效果，不至於受到肱三頭肌或其他較易疲勞的肌肉限制。

缺點： 側舉雖然能將三角肌做獨立訓練，卻會使肌力表現打折扣，健身者為了對抗重力可能會動用其他部位來代償，反而增加受傷風險，並且不利肌肉生長。

風險： 使用其他肌肉代償的程度越高，引發下背痛的風險越高，並且越有可能徵召到脊上肌，這兩個不良後果都是必須盡量避免的。

抬高手臂是肱二頭肌的主要功能之一，因此某種程度上也會參與側舉動作，理想上要舉起大重量前，必須針對肱二頭肌完成至少一組熱身組。

後三角肌運動

俯身側舉

特色： 針對肩膀後側肌肉的單關節動作，也會徵召到斜方肌和肱三頭肌，可以單側進行。

該使用啞鈴、滑輪或健身機？

使用啞鈴做俯身側舉的缺點

利用在俯身側舉時，啞鈴有下列三個缺點：

1 伸展不足：後三角肌可以很容易的伸展，但是在身體前傾時舉啞鈴伸展幅度就會降低。要增加肌肉的伸展幅度，必須要將左右手朝對側肩膀移動，但這樣一來後三角肌就無法感受到啞鈴的阻力了，因此這樣的動作無法兼顧伸展與出力。

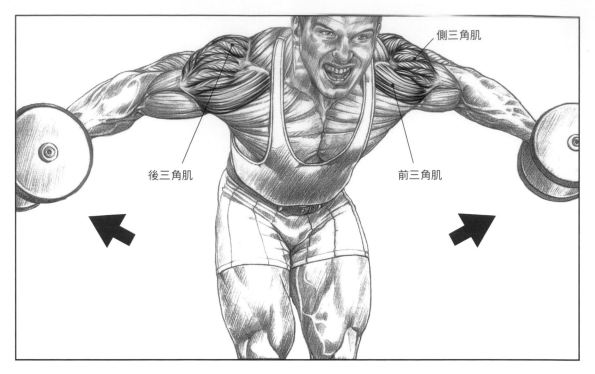

動作結束姿勢

2 阻力結構不佳：在手臂位於低點時肌肉幾乎沒有受到伸展，隨著啞鈴越舉越高，提供的阻力也越大，是最能刺激肌肉生長的時候，但此時肌肉力量的表現卻越來越差，因此動作範圍最後的數公分會特別吃力，也就是啞鈴的阻力和肌力變化趨勢無法配合。

3 活動範圍不夠：使用啞鈴進行俯身側舉時，在動作的低點沒有阻力，在動作的高點又很費力以至於抬不高，表示這個動作雖然帶給肩膀後側很重的負荷，但因為動作範圍受限制，並不利於肌肉成長。

使用滑輪做俯身側舉的優點

當後三角肌生長落後時，利用滑輪機作俯身側舉可更有效的刺激生長，而上述三個啞鈴的缺點，正好是滑輪機的優點。

③　④

⑤　⑥

1 提供足夠的伸展：選擇可調整滑輪高度的機型，才能得到最好的伸展效果，將滑輪高度定在膝蓋上方，可使手臂幾乎貼緊軀幹，得到最大的伸展幅度 ① ② ，如果滑輪高度無法調整，則會損失一些側向的伸展 ③ ④ 。

如果手邊只有固定式的滑輪機，可以改成跪姿配合滑輪高度，用對側手撐地以穩定上半身 ⑤ ⑥ 。

如此提高穩定度，才能避免其他部位肌肉的代償，將後三角肌完全獨立出來訓練，等到肌肉疲勞後再回復站姿，可藉由身體的慣性再多做幾次。

2 全程阻力恆定：使用滑輪提供阻力，動作最後階段的難度會比使用啞鈴低，使得手臂較有可能抬得更高。

3 活動範圍較大：由於滑輪機可提供較徹底的伸展與收縮，因此動作範圍會比啞鈴俯身側舉更大。

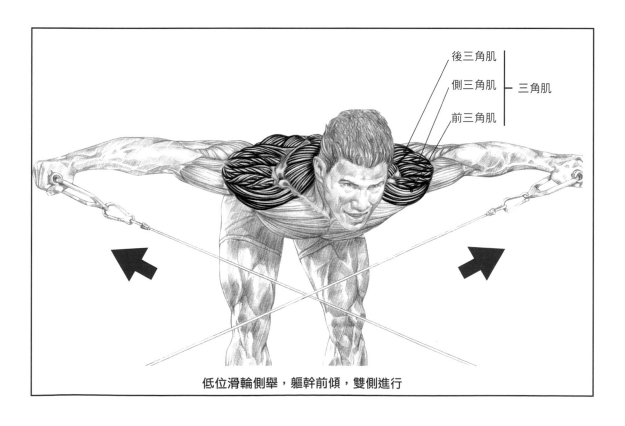

後三角肌
側三角肌　三角肌
前三角肌

低位滑輪側舉，軀幹前傾，雙側進行

健身機的優點

對於俯身側舉而言，使用設計優良的健身機比滑輪和啞鈴都來得有效。

1 避免延伸的姿勢：大多數鍛鍊肩膀後側的健身機都是採坐姿進行，比起彎腰的姿勢來得安全和穩定，尤其使用很重的啞鈴做俯身側舉時，軀幹前傾會影響重心的分佈，額外徵召到脊柱周邊的肌肉，並且使胃部受到擠壓。而使用滑輪機進行單邊的側舉時，至少還有一隻手可以撐住大腿或地面提供支持。

2 提升肌肉收縮效率：得利於機器凸輪的設計，可以將最有刺激肌肉生長效果的動作範圍再擴大幾公分。

3 增加活動範圍：機器比啞鈴可提供更徹底的伸展與收縮。

不過也不是每台健身機都能完全符合這樣的需求：

> 現實生活中要找到完美的健身機總是不容易，

> 而且凸輪的設置與肌肉收縮的模式常常無法完全吻合，

> 健身機帶來的三角肌伸展程度不比高度適當的滑輪機來得好，

> 如同側舉機一樣，使用健身機做俯身側舉也會有無法符合各種身材使用者的問題，可用單側進行來避免動作的誤差。

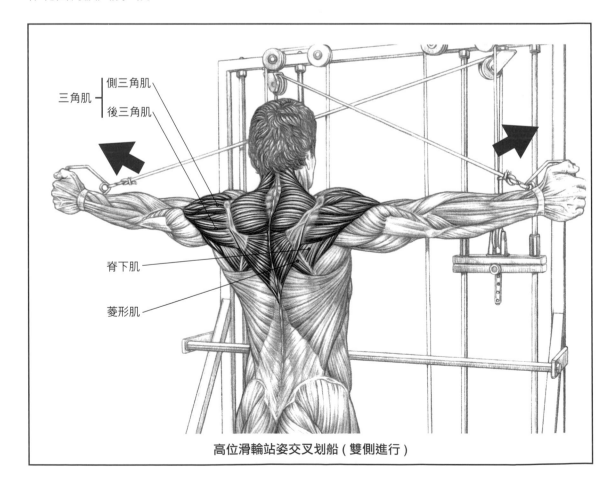

三角肌 ─ 側三角肌
       後三角肌

脊下肌

菱形肌

高位滑輪站姿交叉划船（雙側進行）

變化型

1 手臂要彎曲或伸直？對於後三角肌訓練困難的人，這是很重要的問題。後三角肌無法完全獨立收縮，總是會與肱三頭肌的長頭一起被徵召，最壞的狀況是肱三頭肌強而後三角肌弱，肱三頭肌可以獨力完成整個動作，三角肌則被完全忽略，肩膀後側就不會增大。

一般而言在手臂彎曲時肱三頭肌所出的力就越多，整體展現的肌力也越強。因此訓練目標就是盡可能降低肱三頭肌的參與，讓後三角肌徵召至最大程度。

長頭是肱三頭肌中唯一橫跨多關節的部分，會參與手臂上舉的動作，已知多關節肌肉一端（近肩膀端）縮短而另一端（近手肘端）延長時，肌力會增加，因此側舉時手臂越彎曲，肱三頭肌越有力，後三角肌貢獻越少。類似的競爭關係也會發生在背肌訓練時，可以解釋為何肱三頭肌越發達，背闊肌就越難增大。

有些機器是用手掌握住把手操作，這種設計只能允許手臂伸直，另一種機器是有靠墊支撐手肘，就能選擇手臂伸直或彎曲操作。如果能使用後者進行俯身側舉，就可輕易比較出有無肱三頭肌干擾的差別。首先讓手臂打直進行，肱三頭肌長頭的兩端都縮短，處於不利收縮的位置，此時會覺得肌力大減，無法貢獻太多，才有空間讓後三角肌發揮。

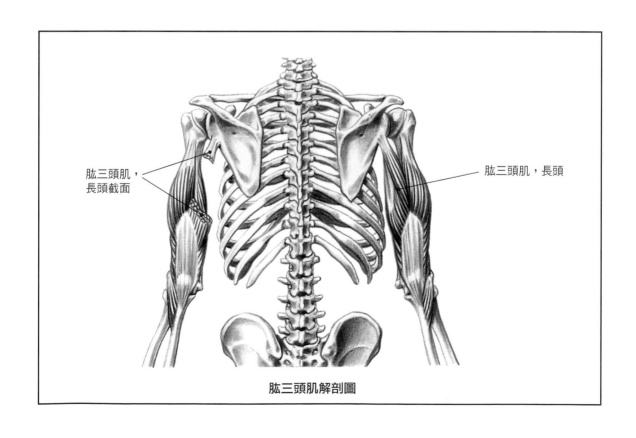

肱三頭肌，長頭截面

肱三頭肌，長頭

肱三頭肌解剖圖

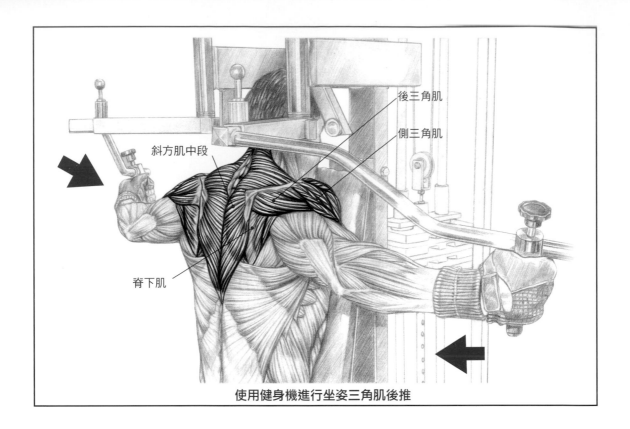

斜方肌中段

後三角肌

側三角肌

脊下肌

使用健身機進行坐姿三角肌後推

接著手臂彎曲再做相同動作,因為肱三頭肌的參與而肌力大增,但也會使後三角肌的訓練受限,不幸的是這兩條肌肉的力量無法加成,而是強的直接取代弱的,這是肌肉徵召模式中的階級組織問題,常發生在肌肉無力之處。

使用啞鈴進行俯身側舉時,手臂伸直和彎曲的差異很難感受得到,因為手臂越彎曲,啞鈴產生的重力越小,然而肱三頭肌的干擾卻是完全相同的。

2 如何善用此獨特的動作模式?首先打直手臂,使用機器後推至肌肉疲勞後,逐漸加大手臂彎曲程度,持續進行後推動作,使肱三頭肌的貢獻比例越來越大,而疲勞的後三角肌還能延長鍛鍊的時間。不過假使順序相反就沒有效果了:手臂先彎曲再伸直,可能整個後推過程中後三角肌幾乎沒有出力的機會。

如果是用啞鈴進行,一樣先打直手臂,疲勞後逐漸加大彎曲程度,直到手肘呈現 90 度彎角,而動作類似划船動作為止。

重點提示:要訓練肩膀後側肌肉,最好盡可能將手臂向身體兩側伸展,儘管手臂越靠近身體,側舉難度越低,但訓練的效果也明顯較差。

一開始頸部要完全打直,頭部微向上抬起,使雙眼直視前方、脊椎打直,但假使雙臂開始顫抖,可以將頭往前傾,使下巴朝胸口接近。

1

2

3

⚠ **警告！**

假使肱三頭肌沒有足夠的暖身就開始訓練，很可能在重量加大時令手肘受傷，因此要舉較大重量前至少先做一組肱三頭肌的暖身動作。

優點： 俯身側舉是鍛鍊肩膀後側的重要運動，可以頻繁地進行而不用擔心做得太多，每次都用遞減組訓練也可以。

缺點： 前傾的姿勢會令肌肉難以出力，因此切忌在吃飽後進行。

風險： 當軀幹前傾時背部受傷的風險大增，因此動作全程要確保下背部完全打直，欲減輕腰椎負擔可嘗試下列兩種方式：

> 俯臥在上斜 30 度的躺椅上進行 1，
> 或用大腿抵住胸廓 2，坐在椅子上會比較容易擺位 3。
>   如此一來訓練過程可以保持較佳的姿勢，也可以減輕脊椎壓力。

注意： 肩膀後側是很常被忽略的部位，每次訓練不一定都要包含肩膀前側的動作，但一定要包含肩膀後側的動作。如果平時肩膀與背部的鍛鍊分開在不同日子進行，可以在背部鍛鍊的最後用幾組俯身側舉做結尾，作為背部鍛鍊後的緩和運動。

肩膀的伸展運動

肩膀前側伸展

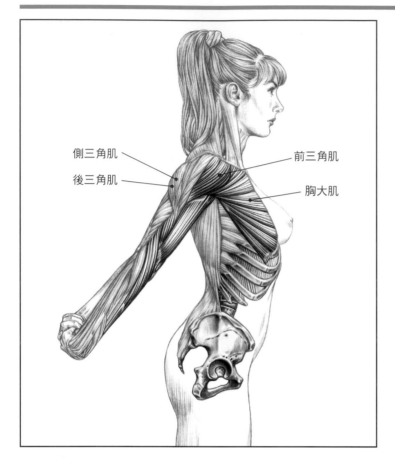

側三角肌

後三角肌

前三角肌

胸大肌

採站姿,雙手在身後互握,可請協助者幫忙托住雙手 [1],或靠在上斜推舉椅的後方,身體往下蹲,使雙臂在身後的相對位置抬高,蹲得越低,伸展強度越高。

[1]

肩膀後側伸展

採站姿,右手臂彎曲 90 度抬至雙眼高度,右手置於左肩上,用左手托住右手肘,左手用力使右手臂盡可能貼近頸部,暫停片刻後換邊進行。

變化型:將手肘抵住牆壁,運用身體重量進行伸展,或由協助者提供反向作用力 [2]。

注意:要伸展側三角肌非常困難,幾乎是不可能的事情,因為手臂的動作會被軀幹擋住。

[2]

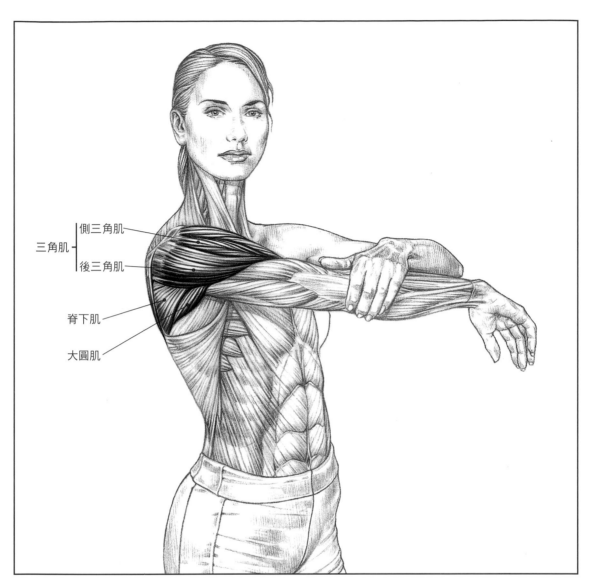

三角肌 {
側三角肌

後三角肌

脊下肌

大圓肌

脊上肌與頸部伸展

採站姿，單手握住啞鈴，另
一手插腰，頭部慢慢向啞鈴
的對側傾斜 ③。

要增加伸展強度，可以用沒持啞鈴的手幫
忙，將頭部推向啞鈴對側 ④。

③　　　　④

鍛鍊寬厚的背部肌肉

局部構造

背部由許多肌肉交疊而成,解剖構造較為複雜,此外鍛鍊時眼睛看不到肌肉的動作,都會提升鍛鍊的困難度。背部肌肉可分為五大肌群:

> 背闊肌   > 大圓肌   > 棘下肌   > 斜方肌   > 豎脊肌

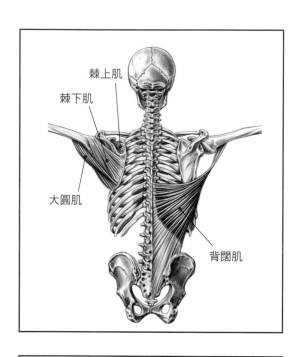

棘上肌
棘下肌
大圓肌
背闊肌

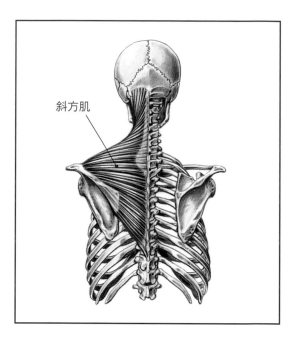

斜方肌

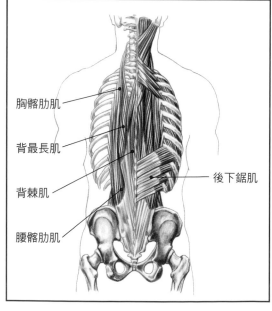

胸髂肋肌
背最長肌
背棘肌
腰髂肋肌
後下鋸肌

開發背肌的八個阻礙

背部肌肉通常較不發達

這是最主要的問題。與其他部位相比,背肌的生長較為緩慢,但不只是先天肌肉體積的關係,不同的背部肌肉對訓練的反應也不同,容易造成彼此間的落差。

要先明確界定出背部生長落後的肌肉,才有可能進一步增強訓練之。而想提升訓練的效率,必須對背部肌肉有詳盡的了解。

追求強健背肌的四個關鍵

除了先天條件不佳外，背肌訓練的問題可歸納成四個面向的失衡：

> 厚度－寬度的關係：背闊肌與大圓肌的發展要與棘上肌、豎脊肌和協方肌的發展成比例。

> 背闊肌－大圓肌的關係：兩者發展應均衡，不會凌駕對方之上。

> 上斜方肌－下斜方肌的關係：下斜方肌不應和上半部有太顯著的差距。

> 上背肌肉－下背肌肉的關係：下背部肌肉應與上背部（背闊肌、大圓肌、斜方肌）取得平衡。

只有中間厚

對於時常進行硬舉訓練的人，背部中間會變得很厚，這樣看起來也很好，但是會讓其它上背部的肌肉停止生長。在進行背部訓練時，總是強而有力的中間部分先被徵召，而背闊肌的周邊部分就失去了鍛鍊的機會，造成肌肉徵召模式的問題，解決之道是要訓練弱小的部位，學習如何快速的生長。

只練到背闊肌

和大圓肌、斜方肌比起來，背闊肌發達得多，也是因為肌肉徵召不均衡所造成的，最強大的肌肉（背闊肌）阻礙了大圓肌的活化，使後者只能退居協助的角色，必須先將大圓肌獨立出來，才能練習如何使其收縮。

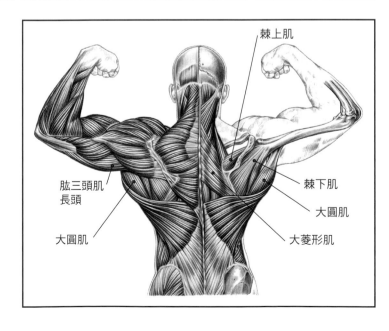

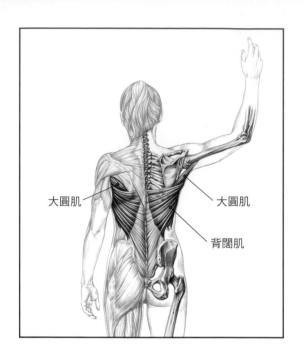

只練到大圓肌

和上一個問題相反，大圓肌過度肥大，主宰了背部的動作，使得背闊肌的徵召程度變低，影響到其發育。

背闊肌太高

當背闊肌太短，肌腹比例較長，看起來就好像背闊肌的位置很高，由於肌腹比例無法改變，只有盡可能將背闊肌「拉低」才能解決。

下斜方肌不夠發達

和上斜方肌 ① 相比，中段 ② 和下斜方肌 ③ 常常不夠發達，Kolber 在 2009 年針對業餘健身者調查，顯示上下斜方肌存在著很明顯的不平衡：

> 和久坐族群相比，健身者的上斜方肌力量高出 27%。

> 和上斜方肌相比，健身者的下斜方肌力量低了 10%。

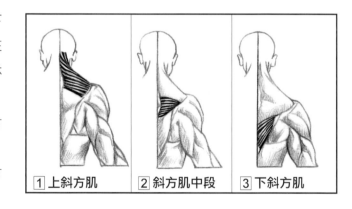

有在健身的人，上斜方肌鮮少是無力的，除非他們長期忽略這個部位不做訓練，然而中段和下斜方肌卻常常不甚發達。一般而言，這種問題較常發生在肩膀寬大的健身者，他們使用下斜方肌的程度較低，而肩膀窄的健身者則傾向較常運用下斜方肌，但這只是一種傾向，並非絕對如此。

為了盡速矯正這常見的肌肉失衡，多練習划船動作和俯身側舉有很大的幫助。

鍛鍊下斜方肌除了外觀考量外，更重要的是可以穩定和保護肩關節，如果這條肌肉無力，與上斜方肌不成比例，則有較高的風險會使三角肌受傷 (Smith, 2009. Physical Therapy in Sport 10(2):45-50)，因此訓練下斜方肌比訓練上斜方肌重要得多。

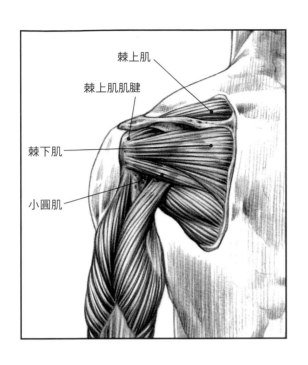

棘上肌
棘上肌肌腱
棘下肌
小圓肌

棘下肌沒有存在感

棘下肌狀似半圓形，左右背後各一，發達的棘下肌可以強化背部肌肉線條，然而背部的訓練動作多半無法強力徵召這條肌肉，而且健身者也鮮少特別訓練此處，造成大圓肌與斜方肌中間會出現一個「空洞」。與久坐族群相較，健身者的：

> 棘下肌肌力高出 5%。

> 棘下肌的拮抗肌卻高出 30% 的肌力 (Kolber, 2009)。

由於此肌肉負責穩定肩關節，這種不平衡的狀況最後會導致肩膀受傷 (p.136)。

腰椎失能

許多舉重者用硬舉來強化腰部，卻令腰椎受傷，雖然硬舉很有效，卻相對危險，假使先天條件不適合，就應該盡可能以其他較低風險的動作來訓練。

外觀的爭論：背部訓練著重寬度還是厚度？

普遍的觀念：背肌的訓練動作可分成增加寬度和增加厚度兩種，理論上要結合兩類動作，追求全方位的背部訓練。

實際的狀況：背部基本上是數條扇形肌肉以各種角度組合而成，與肱二頭肌之類走向一致的肌肉有很大不同 (p.198)，我們必須先釐清角度、增寬運動和增厚運動的概念。

增寬運動主要是鍛鍊背闊肌和大圓肌，當然也會有某種程度的增厚，但主要效果是使肌肉往外擴展，視覺上就好像背部增寬了。

但我們不應認為有某種運動能使背闊肌只有增厚或只有加寬的效果，背闊肌增大的模式是依循其解剖上的特性，而不是依循運動的種類。

至於增厚運動主要是鍛鍊腰椎旁肌肉、斜方肌和菱形肌，這三個肌群的肥大是朝後方而不會朝側面長，視覺上就相當於背部增厚了，寬度則不會有任何改變。

一個背部非常寬大的健身者，其背闊肌本身應該是又寬又厚的，假使背部整體並不厚，也是因為下斜方肌、棘下肌和豎脊肌不夠發達的關係。

而其他背部非常雄厚的健身者是因為下背部與斜方肌鍛練得很好，至於背闊肌與大圓肌則相對弱小，使得寬度沒辦法拓展。

注意：所有背部肌肉中，只有背闊肌、斜方肌和豎脊肌能從數種不同角度做鍛練，脊下肌和大圓肌則沒有角度，纖維走向是平行的。

背部運動有兩種

為了打破背部運動的迷思，可先將背部運動分成兩種類型：

1 手肘朝下朝外的動作：這類動作可刺激背闊肌與大圓肌的生長，使背部達到增寬的效果 **1**。

2 手肘往後拉的動作：這類動作鍛練斜方肌與腰椎旁肌，可增進背部厚度 **2**。

還有一些動作是介於上述兩種手肘位置之間，也是重要的背部訓練，可視為這兩類背部運動的變化型。

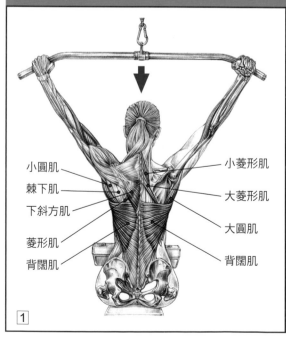

小圓肌　棘下肌　下斜方肌　菱形肌　背闊肌　小菱形肌　大菱形肌　大圓肌　背闊肌

1

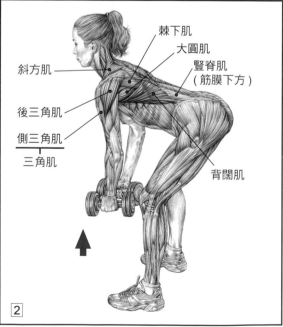

斜方肌　後三角肌　側三角肌　三角肌　棘下肌　大圓肌　豎脊肌（筋膜下方）　背闊肌

2

競爭式的肌肉交互作用

背部肌肉的生長問題常常和徵召模式異常有關，原本是要鍛鍊背部肌肉，卻讓其他部位的肌群過度參與，搶走了本該屬於背肌的工作，反而讓背肌得不到充份的鍛鍊。

舉例來説，對於手臂和肩膀後側肌肉強健的人，要徵召背闊肌的難度會變高，直觀的想會以為強健的手臂可以提升背肌表現，對背部訓練有幫助，但實際上卻剛好相反。反而是手臂肌肉不發達的人，可讓大部分的訓練火力從手臂轉移到背部，提升訓練效果。

有些人進行背部運動時會傾向運用斜方肌完成，結果就是在脊椎兩側創造更深的溝紋，但背部完全沒有變寬，只是加厚而已。

理想狀況下，斜方肌和背闊肌應該互相配合以產生最大的力量，在神經系統功能失調時兩者的協同作用會被破壞，反而開始互相競爭，而徵召比較簡單的斜方肌就成了主導的肌肉，減損了背闊肌的訓練程度。徵召越困難的肌肉，生長幅度自然較小，弱者恆弱，而且與其他肌肉的差距會越來越大。

如果狀況不會太嚴重，只需要加強背闊肌訓練，同時減少斜方肌訓練量即可。假使兩者生長差異極大，就必須完全停止斜方肌的運動，專心加強背闊肌的生長，雖然改變訓練的優先性並不容易，但這是唯一可行的解決之道。

要了解每一次對斜方肌的訓練，都是在強化其肌肉徵召的能力，藉由暫時完全的忽略才能改寫神經迴路，避免對背闊肌訓練的干擾。

兩條肌肉的競爭狀況需要一段時間才能消除，否則背闊肌的優先性永遠是次要的，假使訓練比重完全不做調整，可能會使問題越來越嚴重，永遠無法建立肌肉的平衡。

改變思考邏輯

要解決肌肉生長落後的問題，健身者的直覺反應通常是採用「老方法」：

> 使用更大的重量。

> 做更多的多關節運動。

如果其他部位的肌肉對這樣的策略都反應良好，對背部應該也行得通吧？

許多人相信要增進背部肌力，必須做很重的硬舉動作，但實際上這麼做只會增加背部痠痛的機會，並不會促進生長。

要促進弱小部位的生長，方法一定會和發達的肌肉不同，常常要採用完全相反的策略。針對徵召困難的弱小肌肉，重點應該放在大腦 - 肌肉連結的強化，而不是增加負重。

一個部位一種訓練

和其他部位的肌肉一樣，初學者應該先使用傳統方式進行背部訓練，也就是大重量的多關節運動，經過數個月後再檢視訓練的成果：

> 假使背部肌肉均衡發展，那麼就持續訓練不需改變，

> 假使各處生長不均，或根本沒有生長，就需要將整體訓練改為針對局部的策略。

在擬定局部強化的方法前，必須先辨別生長落後的肌肉，每一個落後的部位都有一種為其量身打造的運動，而且要採用一般或更輕的重量，而不是大重量訓練，才能提升訓練的精準度。

每次該訓練單一或多處肌肉？

一次訓練一個部位至少有下列三大好處：

1 只專注在單一特定的背部區域，讓健身者更能隨心所欲地訓練，最好能整個訓練都只做一個動作，但盡可能地多做幾組，一般至少約四到八組。

2 從神經控制的觀點，一次只應付一種任務最為簡單，最初先使用輕重量以求明確的感知目標部位，接著慢慢加大重量，同時保持最大程度的大腦-肌肉連結。

初期的輕量訓練有助於強化這樣的連結，以便勝任後期的大重量組。

3 這種方式也縮短了單一部位兩次訓練間的恢復期。第二輪的背部訓練可針對另一個部位加強，如此不斷輪替目標部位，就不須等到第一個部位完全恢復，才能增加訓練的頻率（有助於刺激落後部位的生長）。

舉例來說，第一輪訓練若針對下斜方肌，第二輪就針對大圓肌，就算此時下斜方肌尚未完全恢復，也不至於延宕大圓肌的訓練，而第三輪訓練再回到下斜方肌，或第三個部位。

了解神經系統的反應

訓練課程的設計有很大一部分須配合神經系統的反應，不僅是動作上的輪替，也會在不同的肌肉徵召模式間輪替，有些人換了動作後覺得肌力更增加，做得更順手；而另一部分的人則越換表現越差。

假使屬於後者，不用刻意違背自己的體質，與其對抗天生的條件，不如順勢而行，一次只專注一個動作即可。

不同的人有不同的反應，這是非常可以理解的，仔細觀察自己的神經系統對於動作改變的反應，就能知道採用何種訓練方式最恰當。

背部運動

訓練大圓肌

要使背部肌肉均衡發展，有賴於背闊肌與大圓肌的平衡，但兩條肌肉有相同的附著點，肌肉徵召的程度會互相競爭，影響到兩者的平衡。正常狀況下兩者應該要同時作用，但當其中一條肌肉被徵召，另一條肌肉就會被忽略。

大部分人的狀況是大圓肌的生長落後於背闊肌，因此訓練時總是背闊肌來完成大部分的動作，同時接受最多的生長刺激，這種現象若不解決，失衡的程度只會越來越嚴重。

解決之道是先獨立訓練大圓肌，在進行傳統背部運動時才能增進其徵召程度。

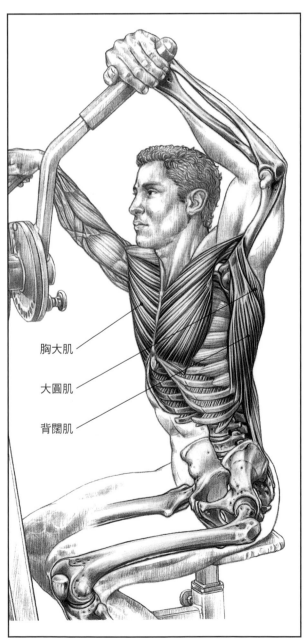

胸大肌

大圓肌

背闊肌

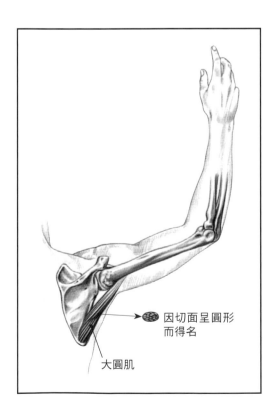

因切面呈圓形而得名

大圓肌

大圓肌單關節運動

要將大圓肌獨立出來，可以用滑輪機做手臂內旋運動。

使用可調式滑輪機：腰際高度

雙腳打開與肩同寬站立，滑輪機位於身體右側，右手臂彎曲 90 度，以對握法（拇指朝上）握住手把（調整至腰際高度）1，旋轉手臂使拳頭朝胸骨靠近 2，手掌接近身體的同時手肘要往外側移動，最後右手終止在胸大肌的下緣位置 3，在該處停留一至兩秒後，手臂往外旋轉，手肘再度靠近身體，回到起始位置。

1　　　　　　2　　　　　　3

使用固定式滑輪機：低位滑輪

如果手邊沒有可調式滑輪機，可以橫躺在地面，使滑輪機位於身體右側，右手握住手把 4，用低位滑輪進行相同的動作 5。

4　　　　　　5

要做幾組幾次？

大約反覆 20 到 25 次後，肩膀後側會開始有燃燒感，這是大圓肌開始活化的時候。

為了感受大圓肌的收縮，必須盡力維持局部強烈的肌肉燃燒感。任何一個重量無法撐過 15 次，就是太重了。遞減組訓練是個很好的技巧，能夠盡可能將燃燒感維持得更久。

訓練量的多寡取決於大圓肌的落後程度，一次訓練最少要完成三組，如此才會有至少兩組是在大圓肌疲勞狀況下完成的。

訓練的時機

如何將手臂內旋運動整合到既有的訓練中呢？

> 首先要盡可能頻繁地做內旋動作，才能盡快喚醒大圓肌，因為這個運動並非創傷性的，可以頻繁進行而不會引發恢復上的問題。
> 接著慢慢降低訓練頻率，直到最後就算不藉由這個動作，大圓肌也能完全的參與各種多關節背部運動。

確切的時機有下列幾種選擇：

1 在每一次訓練的開始，將手臂內旋運動作為肩膀的暖身運動。

2 在每一次訓練的結束，此時對於肌肉收縮的感知最為強烈。

3 在每一次訓練的開始與結束都做。

與其他背部訓練的整合

有兩種方式可以將大圓肌的運動整合到背部訓練中：

後期疲勞法

在確保自己對大圓肌的收縮有明確感知前，應該在背部訓練的尾聲再做大圓肌運動。

最好可以搭配一個背闊肌的多關節運動，例如引體向上，先盡可能做多次的引體向上，待肌肉疲勞後接著進行右側的大圓肌運動，再換左側進行。

下一組引體向上後，先做左側大圓肌運動，再換右側進行。

先期疲勞法

等到對大圓肌運動已完全熟練後，應該改為先期疲勞法來訓練。

首先將注意力放在大圓肌上，先做完手臂內旋動作後，接著進行大圓肌的多關節運動，目標是希望保持該肌肉的燃燒感，這是其他方式無法達到的效果。

訓練背闊肌

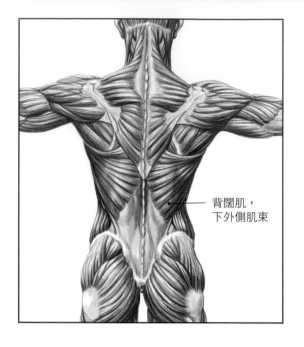

背闊肌，
下外側肌束

有些健身者大圓肌並不發達，而另一些人的大圓肌則太大，反而會妨礙背闊肌的發展，通常這類人的背闊肌看起來比較短，因此要加強鍛鍊以修正外觀。

這並非表示真的可以把背闊肌纖維「拉長」，只是加強其外下側肌肉的訓練，可獲得「看起來較長」的視覺效果，以下將從有別於傳統的角度，介紹一些實用的背闊肌運動。

手臂後旋

使用仰臥拉舉機

可以單側進行手臂後旋動作，讓身體順勢轉向鍛鍊的同側，增加該側手肘向後延伸的角度，使得背闊肌（尤其是下半部）的收縮更徹底，刺激生長效果也更好，這是雙側訓練無法做到的。

使用划船機或滑輪機

還有其他運動可以達到手臂後旋的目的，例如使用划船機或滑輪機進行單側划船動作 ⒈ ⒉，為了盡量加大動作幅度，可以在動作末期將身體微幅轉向訓練側。

1

2

使用啞鈴做單側訓練

手臂後旋也可以用啞鈴進行（p.126），但活動範圍會受限，因為身體旋轉太多會讓脊椎承受壓力，增加風險，健身者應該努力追求最大活動範圍，以強化背闊肌下半部的收縮，而不是努力增加啞鈴重量。為了讓標的肌肉盡可能延續燃燒感，可以嘗試以下兩種超級組：

> 先期疲勞：先做仰臥拉舉（pullovers），疲勞後改以滑輪機做划船動作（cable rows）。
> 後期疲勞：先以滑輪機做划船運動，疲勞後改作仰臥拉舉。

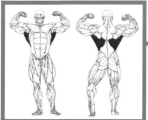

側彎動作

使用腹部前屈機

與正常操作姿勢不同，要採取側坐姿勢：使左側背闊肌靠著座位以訓練右方肌肉，右手抓住右側把手，右手肘頂住靠墊，運用背闊肌力量使身體朝右側傾斜，同時抗拒腹斜肌用力的慾望，身體要微向後方伸展並將胸廓完全充氣，才能將背闊肌徵召效率推到最高。

使用高位滑輪機

雙腳打開與肩同寬站立，使機器位於身體左側，右手越過頭頂握住纜繩上的把手 ③，身體向側面傾斜，並微向後傾，避免拉扯到腹斜肌 ④。

注意：為了盡可能刺激外側背闊肌的收縮，可將空閒的另一手放在背闊肌下半部，感受其動作。

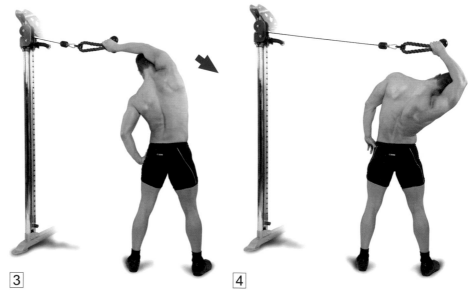

③　　　　④

使用引體向上機

雙手將身體懸吊在單槓上,雙腿抬高並將骨盆歪向右側 ① ② ,這樣的姿勢幾乎與腹斜肌的運動沒有兩樣 (p.319),只是此時要盡量避免徵召到腹斜肌。

完成一組右側的動作後,先調整呼吸再向左側彎曲,而不是一下右邊一下左邊交替做。

這個側彎動作難度很高,可以請協助者幫忙,用手支撐腿部並引導自己的動作 ③ ④ 。

背闊肌運動

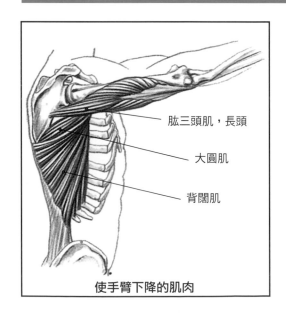

使手臂下降的肌肉

肱三頭肌,長頭

大圓肌

背闊肌

⚠ 警告!

背闊肌受肱三頭肌長頭的支撐,因此在背部訓練開始前,務必進行肱三頭肌的運動,令手肘充分暖身。假使沒有暖身就進行大重量的背闊肌訓練,雖然未必會感到疼痛,等到進行肱三頭肌訓練時,傷害也會表現出來,這也説明為何肌肉的疼痛與受傷的原因常常無法被正確的連結起來。

除了肱三頭肌外,包括肱二頭肌、前臂肌肉和棘下肌也都應該一併進行徹底的暖身。

背部訓練成功的關鍵在肩膀

進行背部訓練時常犯的錯誤是依賴手臂力量舉起重量，相反的應該盡可能使用肩膀力量帶動整個動作，不管是引體向上或划船動作都是如此，肩胛骨活動度較大的人，背部訓練的表現也會更好 (p.79 ④)，此外在增加重量前務必確認正確執行動作。

引體向上

特色： 屬於多關節運動，除了背部肌肉外，也同時訓練到肱二頭肌、前臂肌肉和一部分的肱三頭肌。除非特別瘦或特別強壯的人，否則很難以單手完成動作。

步驟： 雙手打開與肩同寬，使用反手抓握法（小指相對）握住橫槓，雙腿交叉並向前抬高 ⑤，運用背部力量引體向上，使前額越過橫槓高度，行有餘力可將下巴抬起頭部後仰，使脖子抬至橫槓高度 ⑥。

更有餘裕者可以再往上，使胸部抬至橫槓高度，頭部仍保持後仰。在最高點停留一秒鐘後，慢慢下降至起始位置，但手臂不要完全伸直，有助於維持肌肉張力並避免受傷 (p.121)。

變化型：

1 可以改用正手抓握（拇指相對）⑦ ⑧ 或對握（使用平行雙槓時，掌心相對）方式，改變動作起始的角度。

⑤　⑥

⑦　⑧

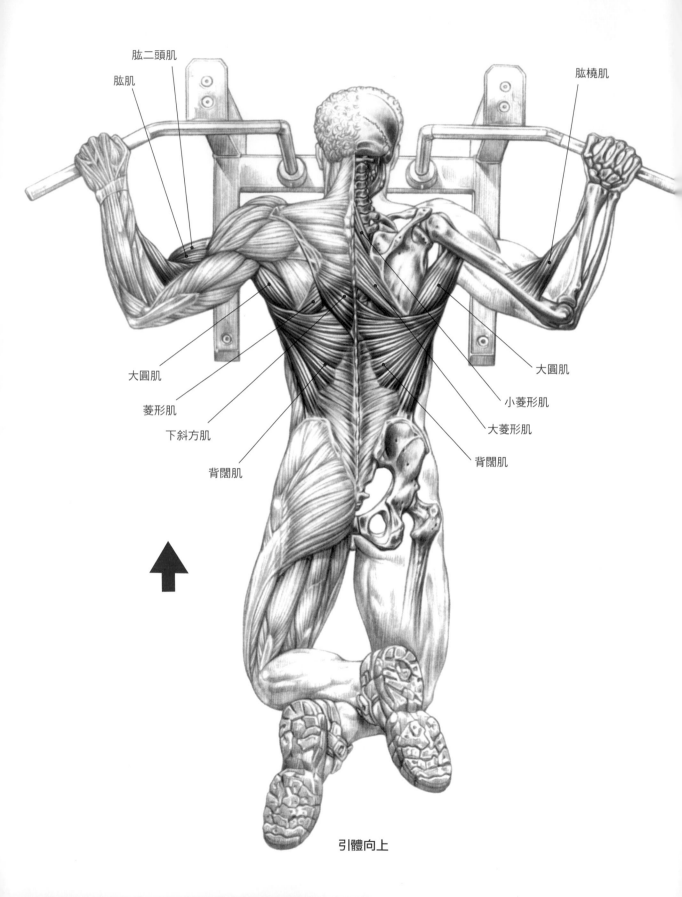

肱二頭肌

肱肌

肱橈肌

大圓肌

菱形肌

下斜方肌

背闊肌

大圓肌

小菱形肌

大菱形肌

背闊肌

引體向上

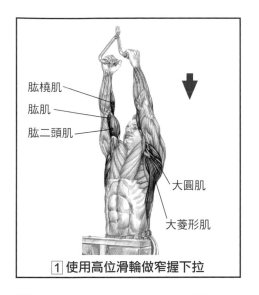

肱橈肌
肱肌
肱二頭肌
大圓肌
大菱形肌

1 使用高位滑輪做窄握下拉

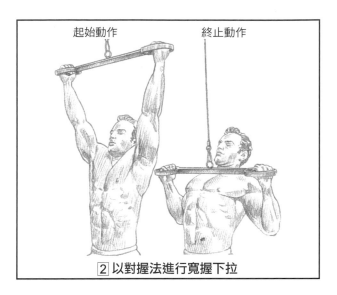

起始動作　　　　終止動作

2 以對握法進行寬握下拉

2 可以調整雙手抓握的距離 1 2，找一個最適合自己的位置，雙手距離越近，肌肉伸展程度和活動範圍越大。

3 使用正手抓握時，橫槓位於頸部前方或後方 3 皆可，後者的難度最高，對於肩關節的傷害也最大。

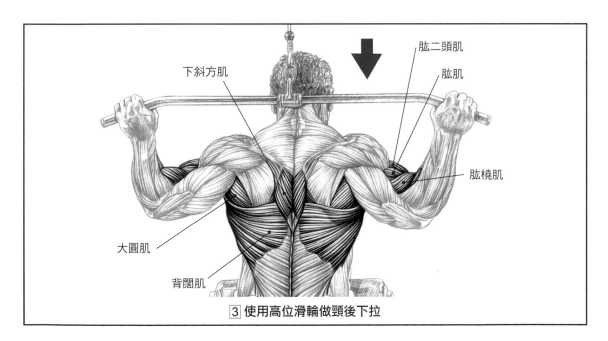

下斜方肌
肱二頭肌
肱肌
肱橈肌
大圓肌
背闊肌

3 使用高位滑輪做頸後下拉

對肌肉的影響

> 上半身挺得越直，就越能徵召背闊肌的外下側部分以及大圓肌，增加背部寬度。

> 上半身越向後傾斜，與划船動作越相似，則越能徵召下斜方肌、椎旁肌群（增加背部厚度）以及上半部的背闊肌。

重點提示：動作開始前務必調整好抓握姿勢，以免進行到一半因為手指無力而被迫中斷。假使手指肌肉無法負荷，可以利用腕帶來協助支撐 (p.63)。全程保持臀部夾緊，右腿抵住左腳踝，維持全身的一體性才能避免不必要的晃動。

使用健身機的優點

傳統訓練動作中，可能不容易感受背部肌肉的運作，推舉機 1 的問世是建立大腦肌肉連結的一大進展，其活動軌跡的設計可帶來下列好處：

> 比起使用橫槓（奧林匹克槓鈴或引體向上拉槓），使用推舉機更能促進動作模式的建立。

> 健身機可達成更好的肌肉伸展與收縮。

> 關節的活動範圍通常比傳統動作還大。

> 肢體移動的軌跡受到規範與引導，有利於初學者。

> 可應需求改為單手進行，雖然啞鈴也可單側進行，但引體向上拉槓就完全無法單邊完成。假使手邊沒有推舉機，也可以使用滑輪機做替代 2 3 4 5 6 7

優點：引體向上執行省時，對軀幹的主要肌肉都有鍛鍊效果。

缺點：有些人就是無法藉橫槓把自己身體往上抬，這種狀況下可以改用健身機或高位滑輪 (p.119) 代替。手臂天生過度旋前的人，則無法以直拉槓反手抓握完成引體向上 (p.201)，可以改用微彎的拉槓進行頸後引體向上。像這樣改良式的拉槓越來越多，可供各種身形條件的健身者選擇 (p.118)。

風險：如同所有下拉運動，過程中手臂都不應完全伸直，否則會讓肩膀和肱二頭肌處在脆弱的位置，增加受傷風險。

萬一兩次動作間手臂伸直了，應該避免用抽搐式的收縮來開始下一個動作，否則可能會拉傷肩膀韌帶、肱三頭肌長頭或肱二頭肌肌腱，這些部位都處於易受傷的狀態，理想狀況下，身體下降的全程都應保持好肌肉張力。

注意：引體向上有困難的初學者，可以採用窄握、反手握法，會讓動作容易一些，練到反覆 12 至 15 下也游刃有餘時，就可以將啞鈴固定在雙腿間增加重量 8，等肌肉疲勞後解下啞鈴，試著再多做幾下。

8 加重式引體向上

划船

特色：屬於背部的多關節動作，也可以訓練肱二頭肌與前臂肌肉。常常可以單手完成，可大幅增加活動範圍。

步驟：上半身向前傾，與地面夾 90 至 145 度角，以正手抓握（拇指相對）抓住橫槓，手臂沿著身體往上拉，一面拉一面彎曲，將重量抬得越高越好 (p.122 1)，在最高處停留一至兩秒，同時肩胛骨用力向中間擠，接著慢慢降低橫槓到起始位置。

重點提示：一般要求必須將橫槓拉至肚臍高度，不過有些人偏好拉高至接近胸部，有些則喜歡停留在大腿高度。

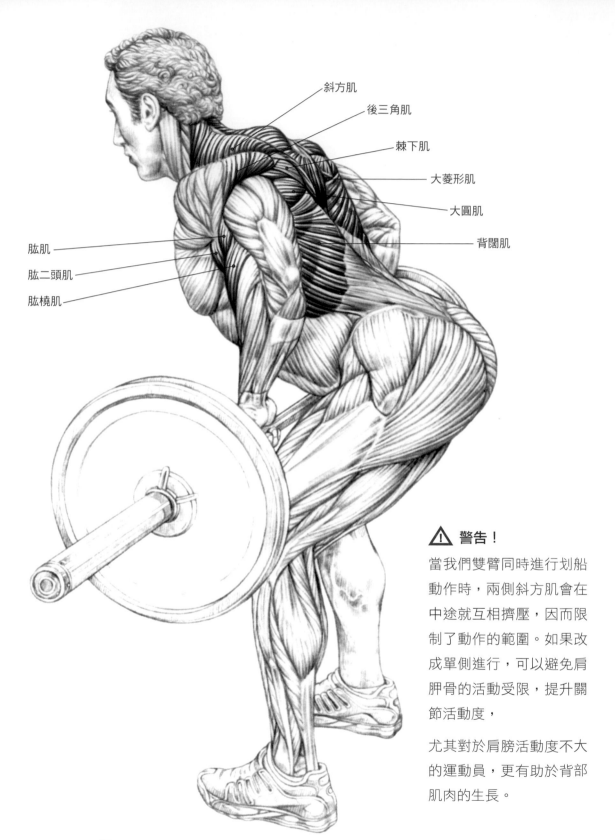

斜方肌

後三角肌

棘下肌

大菱形肌

大圓肌

背闊肌

肱肌

肱二頭肌

肱橈肌

⚠ 警告！

當我們雙臂同時進行划船動作時，兩側斜方肌會在中途就互相擠壓，因而限制了動作的範圍。如果改成單側進行，可以避免肩胛骨的活動受限，提升關節活動度，

尤其對於肩膀活動度不大的運動員，更有助於背部肌肉的生長。

1 使用槓鈴做划船

肩膀帶動手臂上拉

中段斜方肌的生長很大一部分是取決於兩側肩胛骨互相擠壓的能力。對於肩胛骨活動度很大的健身者，肩膀的前後移動範圍較廣，在進行划船運動時，三角肌會先向前移動，使中段斜方肌受到伸展，當肌肉收縮手臂上拉時，肩膀又可以移動到很後方，確保斜方肌的收縮到最大程度。

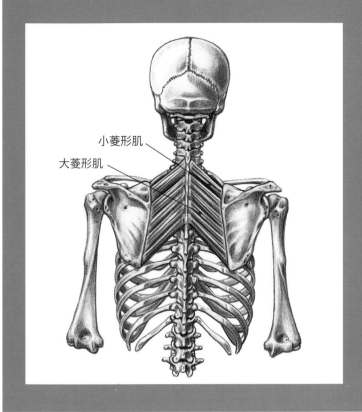

小菱形肌

大菱形肌

至於肩膀活動度不高的健身者，進行划船運動時雙臂看起來有在移動，但肩膀卻幾乎固定在原處，鍛鍊的效果就沒那麼好。影響肩膀活動度的因素包括：

> 身體構造：鎖骨較短者肩胛骨活動度較差，肩關節的活動範圍也小，假使肩膀硬要往後會導致疼痛。

> 重量大小：槓片的重量越大，肩膀的動作幅度越小，越重越好的迷思反而讓健身者只運用手臂力量，難以徵召中段斜方肌，造成反效果。

2

3

變化型

1 身體該前傾多少？大部分的人做划船運動時，上半身幾乎與地面平行 **2**，但若要更有效率的徵召中段斜方肌，應該前傾至與地面成 145 度角 **3**，而非 90 度。

我們可以做個實驗了解兩種姿勢的差別：在無負重的狀態下，上半身前傾 90 度，雙手下垂接近地面，試著收縮中段斜方肌將兩側肩胛骨靠近。

接著改為前傾 145 度做相同動作，會發現此時斜方肌的收縮簡單得多。

如果手臂毫無負重時差別已經很明顯，可以想像若握著槓鈴時兩者差異會更大，此外身體微向前傾的姿勢對脊椎壓力也小得多。

2 該怎麼抓握？不少人會出於習慣使用正手抓握 1 2，但會產生下列三個問題：

> 手臂處於無力的位置。當手臂彎曲時，反手握會比正手握來得有力，而且差異還頗大，由於划船動作越靠近最高點越困難，最好使用反手握以增強肌力表現 3 4。

> 肩膀的軸向不利於肩胛骨向中線擠壓，反手抓握時肩胛骨的擠壓動作比較容易 3 4。

> 正手抓握槓鈴沿大腿往上拉的難度較高。反手抓握時因軀幹位置較高，要控制槓鈴沿著股四頭肌方向比較容易，而平穩的動作路徑有助於專心在斜方肌的運作上。

1

3

2

4

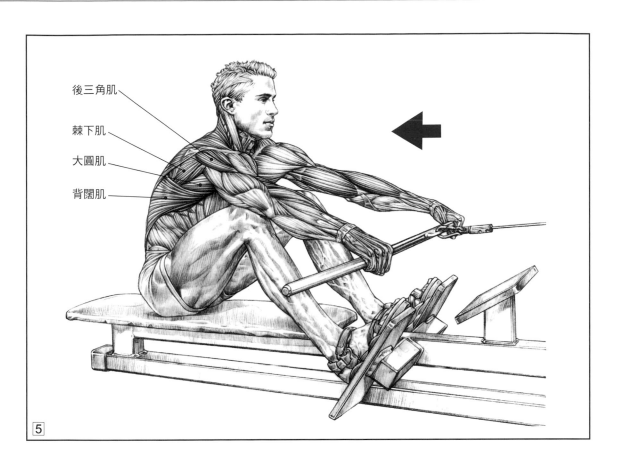

後三角肌
棘下肌
大圓肌
背闊肌

5

低位滑輪機 5 6 、T槓 7 、某些形式的划船機以及啞鈴都可以用對握方式（掌心相對）進行。啞鈴的大小會限制握在手中的位置，因此拇指的方向可以稍微朝外或朝內做調整。低位滑輪的抓握法有多種選擇：正握、反握、對握、甚至從正握（手臂伸直時）旋轉至反握（收縮位置）皆可，其中又以旋轉握法最理想。

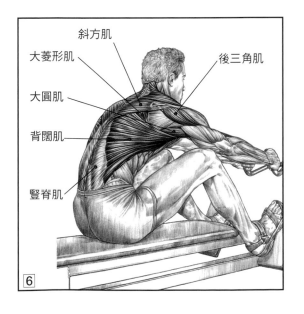

斜方肌
大菱形肌
大圓肌
背闊肌
豎脊肌
後三角肌

6

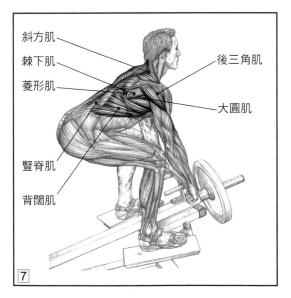

斜方肌
棘下肌
菱形肌
豎脊肌
背闊肌
後三角肌
大圓肌

7

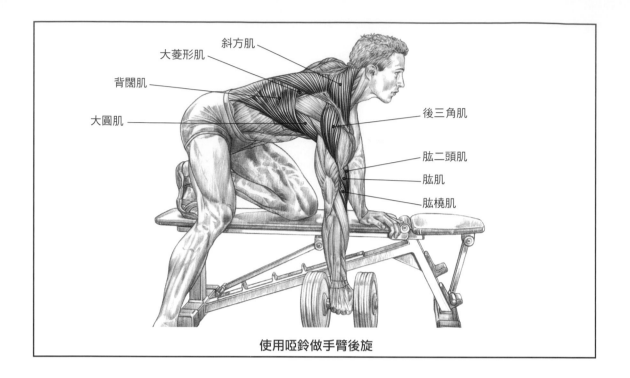

斜方肌

大菱形肌

背闊肌

大圓肌

後三角肌

肱二頭肌

肱肌

肱橈肌

使用啞鈴做手臂後旋

⚠ 警告！錯誤的迷思

因為反握時肱二頭肌最有力，就堅持以反握進行所有的背肌訓練是錯誤的，這樣的想法忽略了背部動作是整個手臂的貢獻，並非只有肱二頭肌在出力。

而整體手臂肌肉在對握時最強大、正握時最無力，反握提供了中等的肌力表現。在背肌訓練時，每個人應該找出最適合自己、最有助於肌肉感知的握法，而不是基於錯誤的迷思來選擇，此外也可以轉變握法以改變動作起始的角度。

3 該使用哪種橫槓？ 使用反握法與直槓訓練的人，手臂不能有外翻情況 (p.200)，並且前臂呈高度旋後 (p.201) 者才適用，不過這兩種身體條件並存的人很少見，因此用直槓做划船運動，並不適用於大多數人。

[1]　　　　[2]

為了避免訓練方式與身體構造相違背，傷害到手腕、前臂、手肘、肱二頭肌或肩膀，最好採用曲槓或 EZ 槓，讓多數的健身者都能輕鬆抓握 ⊡ ⊡。

⊡ 雙手間距該多寬？透過不斷的調整雙手間距，最後可以找到一個最舒服、最適合自己的位置。

> 兩手間距越窄，肌肉的伸展幅度越大，但是收縮的幅度可能變小，舉例來說，使用 T 槓划船訓練時，雙手施力的距離很靠近，因此會覺得手肘不容易抬高接近身體。

> 雙手間距越寬，肌肉的延展幅度越小，但手肘也比較能抬高到身後，增加收縮的程度。

⚠ 反手抓握的風險

當手臂伸直且位於旋後姿勢時，肱二頭肌受傷的風險會增加，因此要使用反手抓握時，千萬不要把槓鈴放在地上作為開始，否則相當於以旋後姿勢做硬舉，可能導致肱二頭肌的撕裂傷。

另一個問題會發生在一組動作結束後，要將槓鈴放回地上時，槓片的重量會強行伸展已經疲勞的手臂肌肉，可能造成重大的傷害。為了避免槓鈴起降時的風險，可以改變動作起始的高度，例如放在長凳或深蹲架上，盡量接近起始位置，只需輕輕一推就可以就定位，避免硬舉的動作，可以保留肌力並保護腰椎。

同樣的，每次動作的結尾也要避免將手臂打直，否則不只受傷風險增加，肌力也無法完全發揮，從頭到尾都保持一定的肌肉張力才是安全之道。

⊡

⊡ 單側或雙側進行比較好？假使用雙手進行划船時，無法感知肌肉的運作，那麼換成單側進行就能解決問題。單側訓練時肌肉的延展與收縮都比雙側訓練更徹底，動作幅度也較大，若使用划船機或低位滑輪，可以將身體微微轉向訓練側，以做最大範圍的活動 ⊡，另一側的手可以放在大腿或長凳上支撐下背部。

如果沒有胸部推舉機，也可以用啞鈴代替，上半身前傾與地面夾 145 度角（不是 90 度角）。也可使用上斜椅，這樣的角度可讓斜方肌徵召較好，提升肌力表現，並且保護腰椎。

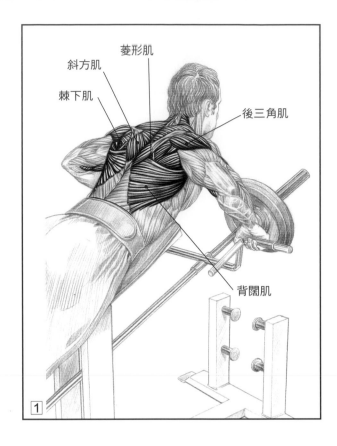

斜方肌

菱形肌

棘下肌

後三角肌

背闊肌

[1]

[2]

優點：划船是針對背部深層肌肉，背部增厚的效果明顯大於增寬，而引體向上則剛好相反，因此兩個動作對於背部訓練是互補的效果。

缺點：上半身前傾的姿勢會干擾呼吸，不適合做高強度運動，有些機器和滑輪機的設計可以用坐姿訓練，就能避免前傾姿勢。

風險：雖然前傾 45 度已經比前傾 90 度安全了，划船仍然會讓背部承受相當的風險，尤其是負重很大時，許多划船機使用胸部靠墊來支撐脊椎 [1]，但靠墊越大，胸廓所受的壓迫也越大，進而影響呼吸。

改良式的划船機則提供了折衷的辦法，以坐姿進行訓練，既可減輕脊椎負擔，也不會影響呼吸 [2]

注意：頭部要挺直，尤其是雙臂用力收縮時，並且要避免下意識的左右轉動。

超級組：划船動作可以和俯身側舉動作結合，針對中段斜方肌作訓練，用超級組的策略達到最大效果：

> 後期疲勞：先做划船動作，再接俯身側舉。

> 先期疲勞：先做俯身側舉，再接划船動作。

仰臥拉舉

特色：是針對背闊肌的單關節動作，對於胸部肌群和肱三頭肌也有一些作用，可以透過小幅的動作調整，讓單側訓練變得可行（細節見下文）。也可採用立姿做滑輪拉舉。

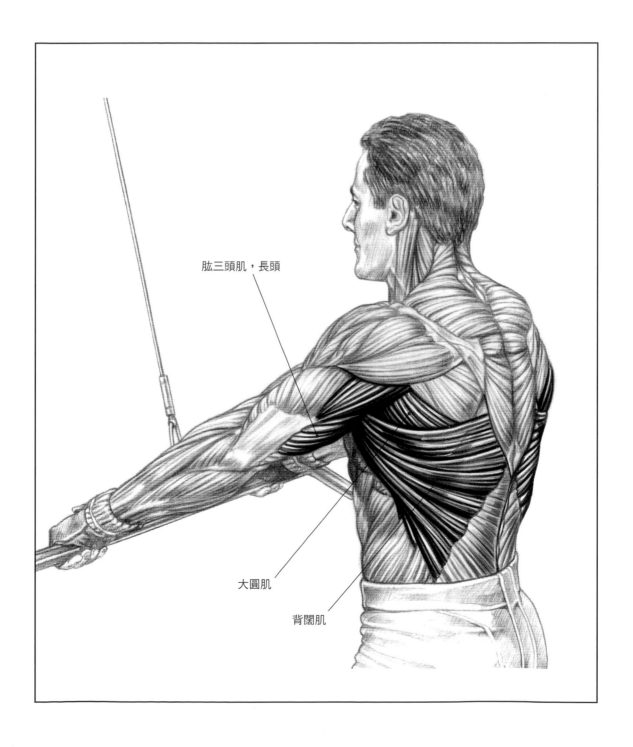

肱三頭肌，長頭

大圓肌

背闊肌

步驟：背部橫跨長凳向後躺，比起全身平躺在長凳上，這樣的姿勢可以增加活動範圍，並提升肌肉伸展的效率。雙手對握（拇指朝地）一隻啞鈴，雙臂抬高越過頭頂，並稍微彎曲使啞鈴位於頭部後方 1，先盡可能降低手臂高度，再用背闊肌的力量往上抬高 2，直到啞鈴位於雙眼上方時暫停片刻，再度降低回到起始位置。

動作學習週期

仰臥拉舉可以使肌肉得到完全的伸展，進而促進動作模式的學習，不需要強迫肩膀加大關節活動度，否則會引發疼痛，只要保持臀部與長凳齊平，而手臂在舒服的範圍內盡可能地降低，接著雙臂與啞鈴保持靜止，但慢慢放低臀部使身體呈現半圓形的弧度 1。

雙臂出力將啞鈴微微抬高（約 2-3 公分），然後再度降低回到伸展姿勢，如此反覆數次，除非是要休息才將啞鈴舉至正上方最高處 2，以免突然維持不住肌肉張力，不用特別去計算次數，重點是要感受得到背闊肌的伸展。

完成一組動作後稍微休息一下，接著進行引體向上 3，雙手使用寬握法令手肘微朝向背後，專注在仰臥拉舉培養出對背闊肌的本體感覺，並盡可能的頻繁進行訓練以強化大腦與背闊肌的連結。

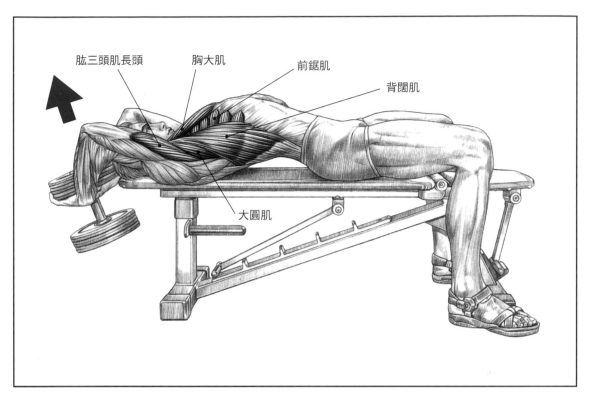

肱三頭肌長頭　胸大肌　前鋸肌　背闊肌　大圓肌

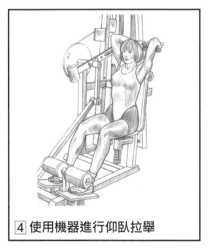

4 使用機器進行仰臥拉舉

5

6

變化型

1 雖然有專為仰臥拉舉設計的健身機 4，但設計不一定理想，理論上應該要使用反手抓握（拇指朝外），而非正手抓握，使大腦能更有效的感知背闊肌的收縮。

2 也可以使用高位滑輪機做仰臥拉舉：站在滑輪機前，正手（拇指相對 5）握住短槓（曲槓為佳），雙手距離越近，背闊肌伸展效果越好，手臂打直將纜繩朝大腿拉近 6，維持收縮1秒鐘後慢慢回到起始位置。

假使手邊有可調式滑輪機，使用跪姿進行拉舉效果更好，因為手臂要抬得比頭更高，可以加強背闊肌的伸展。

此外跪姿較能維持動作正確不變形，纜繩把手大約位於眼睛高度 ①②③，向後移動適當距離找到最舒服的角度，重複進行至肌肉疲勞後，改為站姿再多做幾次。

站立時其他的肌肉較容易產生代償作用，當動作的正確性和肌肉代償都兼顧時，就能使背闊肌維持更久的燃燒感，假使過程中肱三頭肌感到吃力，那表示手臂彎曲程度太大了。

對於仰臥拉舉動作而言，滑輪機和啞鈴並不能完全互相取代，兩者看似相同，實際上還是有差異，並有互補的功效。使用啞鈴可達到更好的肌肉伸展，但肩膀負擔也較大，使用滑輪機則能在收縮期間提供連續的阻力，這又是啞鈴做不到的。

① ② ③

背部一組100次的低強度訓練

滑輪機仰臥拉舉非常適合進行一組 100 次的訓練，既能維持背部的張力，又可排除前臂與肱二頭肌的干擾，不會因其他肌肉疲勞而提前結束。

一組 100 次訓練的功效包括：

> 促進動作模式的建立。

> 增加肌肉血流量，改善局部血液循環。

> 縮短兩次背部訓練之間的復原期。

3 假使做標準仰臥拉舉無法感知肌肉的收縮，可以改做單側的變化型：身體橫跨長椅上側躺，單手持啞鈴與身體成一直線並高舉過頭 **4**，臀部往下降朝地面接近以伸展背闊肌。啞鈴不要舉得太高以免手臂無法維持張力 **5**，空出來的另一隻手可以放在背闊肌上，強化對肌肉收縮的感知。

優點：可以避免肱二頭肌造成的干擾，尤其是在引體向上或划船運動時，只覺得手臂痠痛而背部卻無感的人，可以將仰臥拉舉當作背部訓練的熱身運動，在進行多關節動作前先將背闊肌獨立出來。

缺點：有些人在仰臥拉舉過程中，肱三頭肌一直有強烈的存在感，干擾了對背闊肌的感知，這種狀況下必須將所有的推舉動作（包括胸部、肩上、肱三頭肌推舉）放在仰臥拉舉之後進行。

風險：仰臥推舉的動作讓肩膀處於危險的姿勢中，理論上不應使用太高的長椅，此外三角肌應該完全靠在椅面上，不能在手臂伸展時懸空。

訓練的目標在增加反覆次數而非提升負重，追求緩慢平穩而非爆發性的動作，建立大腦－肌肉連結而非在意肌力表現。使用啞鈴的話，務必確認自己可以完全掌握重量，才不會失手砸到頭。

背部的伸展運動

背闊肌伸展

雙手距離與肩同寬，正握懸吊在單槓上 ⒈，也可使用單手懸吊以增加伸展程度 ⒉。

⒈　　　　⒉

⚠ **警告！**

使用單手懸吊時，一定要加倍小心以免肌肉（主要是肱二頭肌）和關節受傷。

下斜方肌與棘下肌伸展

雙腿微彎坐在地板上，上半身挺直，右手拇指朝下握住左腳，左腿可彎曲降低伸展難度 ⒊，再將膝蓋打直使肌肉徹底伸展，完成後換左手抓右腳重複相同動作。

⒊

背闊肌與大圓肌伸展

站姿身體前傾，雙手一上一下握住前方的牆面或支架，朝高位手臂的同側扭轉身體，雙手打直用力推支撐物，將扭轉幅度推到極限 ⒋。

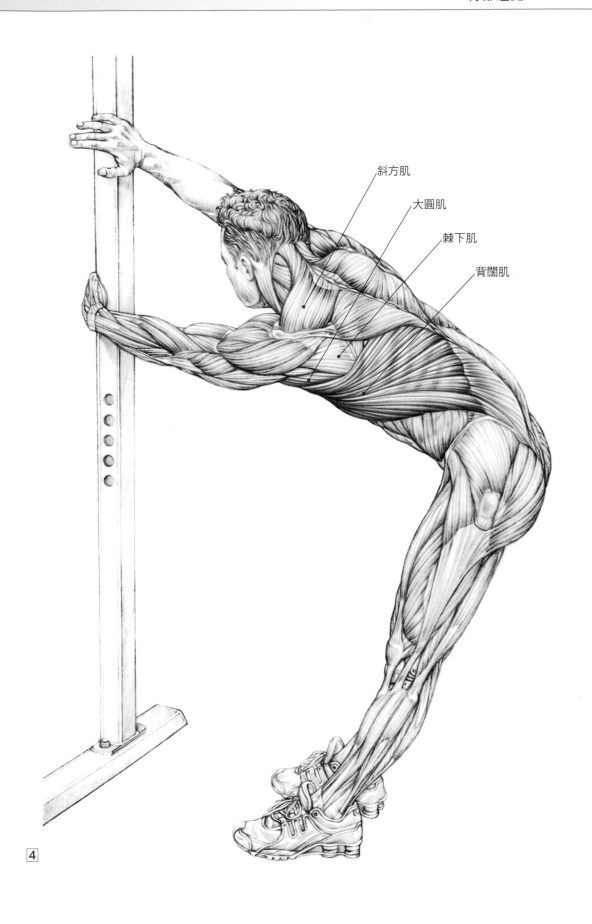

斜方肌

大圓肌

棘下肌

背闊肌

4

不要忽略棘下肌

棘下肌的重要性

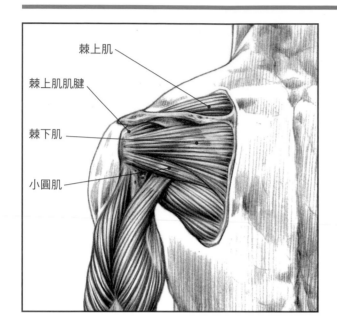

棘上肌
棘上肌肌腱
棘下肌
小圓肌

棘下肌是四條肩旋轉肌群的其中之一，包圍著肩關節並維持肩膀的穩定度，如果這些肌肉失去作用，即使最小的肩膀動作都可能造成脫臼。

棘下肌的功能包括下列三點：

1 使肩關節旋轉。

2 維持肩關節的穩定，避免肱骨被推出肩臼（例如做仰臥推舉時）。

3 是上背肌肉輪廓的重要界線。

棘下肌是否屬於背部肌群？

雖然棘下肌位置在背部，卻不能被視為背部肌群的一部份，雖然在做引體向上或划船等背部訓練時多少會動用到棘下肌，程度卻遠遠不夠其發育所需，如果冀望能用傳統的背部運動順便訓練到棘下肌，就是緣木求魚了。針對棘下肌的特定單關節運動，才是唯一的訓練方式。

先天不良的肌肉

眾多肌力訓練動作中，棘下肌應該是最常受到不當訓練的部位了。雖然它的體積不大，卻常在未經準備的狀況下承受相當的摩擦，說明了為何大部分的健身者都缺乏健壯的棘下肌。

然而未受善待的肌肉卻不一定會發出疼痛的警訊，只有用手指強壓局部時才會引發出人意料的疼痛。棘下肌若受傷會導致：

> 肩膀不穩定。

> 做推舉動作時難以維持正確的軌跡。

> 肌力會下降。

> 肩膀會疼痛。

棘下肌的吊詭之處

假使未受適當訓練，棘下肌會非常容易受傷，原因包括：

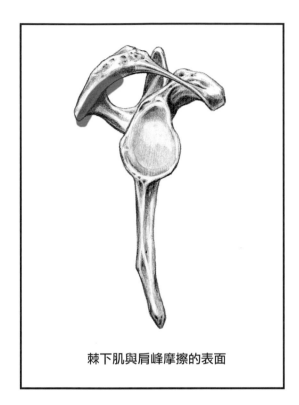

棘下肌與肩峰摩擦的表面

> 在肱骨內旋的狀態下，任何手臂的動作都會讓棘下肌與肩峰產生摩擦，例如仰臥推舉或側舉。
> 訓練前，棘下肌通常沒有足夠的暖身。
> 多數健身者都忽略強化棘下肌的重要性。
> 訓練時若發生代償，棘下肌很容易被不當使用。
> 棘下肌是脆弱的肌肉，在拉長的狀態下（例如仰臥推舉手臂打直時）又更容易受傷，發炎、提前磨損和肌腱撕裂傷的風險都更高。
> 棘下肌太常承受側向的剪力，延後肌肉復原的時程。

總之這條肌肉多半是慢性耗損中，很難自然強壯起來。

棘下肌的感知不易

針對棘下肌訓練的初期，很難感受到肌肉的位置與存在，或許會覺得背部發生某些變化，卻無法明確辨認出來。因此每組動作要延長反覆次數（大於 20 次），並使用輕重量，利用燃燒感來強化肌肉感覺，進而建立動作學習模式並將其獨立出來。如果使用太大的重量可能會造成：

> 大腦－肌肉連結快速消失。
> 關節活動度突然降低。
> 肌肉伸展時受傷風險提高。
> 令肩膀處於危險的位置。

如果使用啞鈴而非滑輪機，狀況會更糟糕。

提升訓練強度的策略

以下三種技巧可以提升棘下肌的訓練強度,並維持強烈的燃燒感。

單側訓練

任何時候想要加強無力的肌肉或發育不良的部位,最先想到的方法必定是單側訓練,一次只收縮單邊的棘下肌,對肌肉的獨立有極大的幫助,此外還可以空出另一隻手幫忙做強迫反覆。

1 划船

遞減組訓練

如果既想增加負重,又想延續燃燒感,使用遞減組 (drop sets) 訓練應該是最好的方式。

在負重較大的階段活動範圍會被犧牲,但重量逐漸下降後活動度又會回復。一般而言,輕重負荷交替訓練會比只使用輕負荷更容易感受肌肉的作用,這是因為高負重訓練產生了增強作用 (p.34)。

先期疲勞法

如果想要維持燃燒感越久越好,可以試著結合遞減組與先期疲勞訓練法,在肌肉累積滿滿乳酸的狀況下,即使是微幅的收縮都能強化燃燒感。例如先做滑輪旋肩,再接續划船 1。

肩膀後側同時受惠

進行棘下肌訓練時,會有另一個意想不到的收穫,就是對後三角肌也有同樣的幫助。不像傳統動作會動用整個後三角肌,棘下肌運動可以訓練到肩膀最後側的肌纖維,也是最難徵召的部位之一 (p.71)。

訓練時機

棘下肌的訓練並不是非常累人，不需要非常大量的神經訊號，就能產生強烈的燃燒感，這種特色可以應用在下列四種狀況下。

虛擬訓練

總是有些日子身心處於不太適合訓練的狀態，會想要多休息一天，但強迫休息又會影響鬥志，這時進行「虛擬」訓練（phantom workouts）是一個不錯的選擇，可以隨時視需要進行，針對疲弱的部位做刺激，又不致影響其他肌肉的恢復。

虛擬訓練提供一個能刺激生長的休息方式，對於容易被忽略的小肌肉（例如棘下肌）很有幫助。

交叉訓練

在訓練期間，可能在做第二或第三組運動時才發現標的肌肉尚未完全恢復，健身者可有下列三種反應：

> 咬牙撐完全程（這麼做很少有幫助）。
> 中斷訓練，沮喪地離開健身房。
> 改針對棘下肌（或其他生長遲緩的小肌肉）進行交叉訓練，但不至於壓縮到下一個訓練日程，完成後反而會有成就感，不會因無效的訓練而受挫。

作為暖身訓練

為了預防肩膀受傷，並確保棘下肌訓練夠頻繁，在每次胸肌、肩膀、背肌或手臂訓練前（甚至進行深蹲前），都應先完成兩到三組的棘下肌運動，少量的暖身動作就能為肩關節做好完美的準備。

作為緩和運動

大部分的健身者都是肩膀開始痛了才知道要強化棘下肌。假使暖身訓練的強度不足，或者肩膀仍有不穩定感，就表示需要更高強度的棘下肌訓練。這時應該在完成日常訓練後多做三到五組的棘下肌運動，同時棘下肌的暖身運動也不能省略。

結論：由於棘下肌並不強壯，應該避免過度訓練，也就是要避免承擔太大負重、使用其他肌肉代償、或者不當的伸展。

要了解強化肌肉的過程也是有受傷的風險，並認清棘下肌訓練的重要性，即使花了許多時間卻看不到明顯的肌肥大效果，也要像遵守紀律一般的規律進行，才能保護使用量大又容易受傷的肩關節。

棘下肌運動

棘下肌單關節運動

滑輪旋肩

特色：這是針對棘下肌的單關節運動，可以單側進行。

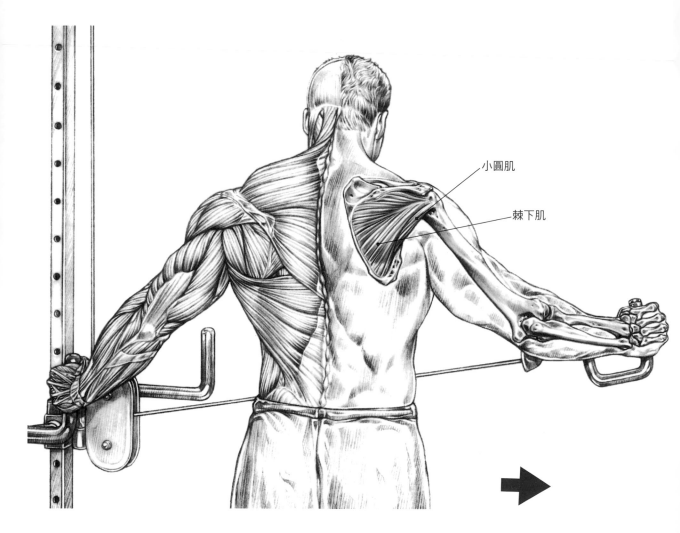

小圓肌

棘下肌

使用可調式滑輪機

滑輪機位於身體右方，雙腳微開站立，滑輪高度固定於腰際，左手握住（拇指朝上）纜繩的握把 ①，前臂旋轉比出搭便車的手勢，盡可能將握把移動到最左側 ②。

在收縮位置停留一至兩秒後，前臂慢慢回到右側起始位置。假使覺得快撐不住，手肘準備往上抬高時，就應立即停止伸展。完成一組左側動作後，換邊繼續相同動作 ③。

使用低位滑輪機

假使手邊沒有可調式滑輪機，可以用普通滑輪機躺在地上進行。令背部與滑輪機垂直，纜繩握把位於身體左側 ④，右手位於身體左側抓住握把，前臂停靠在腹部上方，肱二頭肌緊貼軀幹，旋轉手臂拉動握把至最右側 ⑤，然後回到起始位置。

重點提示： 每組至少反覆 12 次，手肘位置盡量固定不動，手掌向外側移動，使肩膀旋轉大約 80 度角，千萬不要讓手臂伸直。

變化型： 改變手把的握法，嘗試正握（拇指朝軀幹）或反握（拇指朝外）是否能讓肌肉收縮感覺更強。

🔡 訣竅

> 吸氣將胸廓盡可能膨脹開來，有助於感受棘下肌的收縮，這麼做會導致上半身微向後傾，理論上背部向後弓起對脊椎不好，不過這個動作是用較低重量緩慢進行，對於脊椎健康的人風險不大。

> 滑輪機的握把應選擇重量最輕的，否則肱二頭肌會為了支撐握把重量而收縮，更難感覺到棘下肌的存在。假使滑輪機的配重片有較輕量的可以選擇，一次增加一半的重量會比較適合棘下肌。

優點： 這是棘下肌熱身與強化最有效的運動。

缺點： 雖然棘下肌的訓練較花時間，但並不是浪費時間，只是訓練成果不會以大塊肌肉來表現。

風險： 受傷風險很低，只要避免突然或過度的伸展即可。

⚠ 警告！

常常有人使用啞鈴來做相同動作，但這對棘下肌一點幫助也沒有，因為阻力來自下方而非側面。

啞鈴旋肩

特色： 這是針對棘下肌的單關節運動，可以單側進行。

步驟： 左側躺在長凳或地上，右手臂向前方彎曲 90 度角，使肱二頭肌內側緊貼著身體，右手對握（拇指朝頭部）一隻啞鈴，前臂向外側旋轉（啞鈴向上抬）遠離身體，做出類似搭便車的手勢，在前臂快要與地面垂直前停止，接著慢慢降回原處。

重點提示：切勿持過重的啞鈴進行這個動作，應該把注意力集中在維持姿勢的正確，並盡可能感受棘下肌的收縮。

✖ 訣竅

每組至少反覆 20 次，延長每組的時間有助於身體更明確的感知棘下肌收縮。

變化型：可以試著改變手的方向，看看正握（拇指朝身體）或反握（小指朝身體）是否能產生更明確的收縮感，使用啞鈴可讓抓握姿勢有最大的自由度。

優點：就算這不是個完美的運動，也總比甚麼都不做來得強，應該盡可能維持持續的張力與收縮，而不是擔心負重不夠大。

缺點：啞鈴所提供的阻力並非最適合棘下肌的鍛鍊所需，會讓動作幅度變小，肌肉張力不穩定，對於原本脆弱的肌肉更具有破壞性。

風險：如果手臂的動作太突然或者啞鈴在肌肉延伸的狀態下降太低，棘下肌就有受傷的風險，必須小心將動作控制得平順而穩定，才能避免受傷。

注意：這個運動的強度很低，需要增加訓練量（組數多、訓練頻繁）來彌補不足。

應該使用啞鈴還是滑輪機？

滑輪機比啞鈴更適合棘下肌運動，理由包括：

> 啞鈴的訓練對於天生脆弱的棘下肌常常太過激烈，特別是此肌肉又被長時間忽略而狀況不佳時。

> 啞鈴提供的阻力結構與棘下肌的肌力變化不符合：

  > 旋轉剛啟動時阻力增加得太快。

  > 在肌肉完全收縮時（訓練最關鍵的位置）阻力又突然消失。

> 啞鈴可能會讓手臂處於伸展位置，令肩膀受傷的風險大增。

若改用滑輪機訓練，以上這些問題都會改善，並且可以每組動作都微調負重，若用啞鈴要增加負重，至少一次要增加好幾磅，比較不容易掌握。

棘下肌伸展運動

棘下肌伸展

要增加棘下肌的柔軟度,可以進行下列三種伸展運動:

[1]

1 雙腳微彎坐在地上,上半身垂直地面,右手拇指朝下抓住左腳,左膝可以彎曲以降低難度 [1],接著將膝蓋打直讓棘下肌完全伸展,做完換成左手抓右腳重複相同動作。

2 雙腳懸吊在單槓上,雙手同時握住單槓 [2],這個姿勢又稱為健身者的嬰兒姿勢 (p.57),可幫助因訓練而高度使用的關節減壓,當然也包括棘下肌和棘上肌。若要加強伸展的程度,可以小心地放掉一隻手,那麼另一側肌肉承受的張力就會大幅增加,在原處暫停 10 秒後,懸空的手重新握住單槓,改放掉另一隻手。

3 對於棘下肌痙攣或疼痛的人,可以使用啞鈴來伸展,將身體重量靠在靠墊上,單手抓住啞鈴手臂下垂懸空 [3],也是很有效的棘下肌伸展。

[2]

[3]

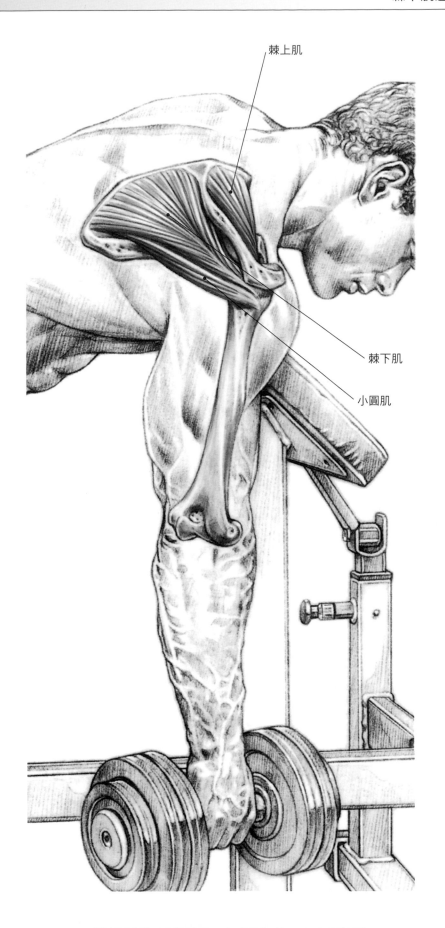

棘上肌

棘下肌

小圓肌

打造雄偉的斜方肌

斜方肌可以分為三部分：

1 上斜方肌，負責抬高肩膀 ⓵

2 下斜方肌，拮抗上斜方肌的作用並降低肩膀 ⓶

3 中段斜方肌，連同下層被部分遮蓋的菱形肌一起，負責讓肩胛骨靠攏 ⓷

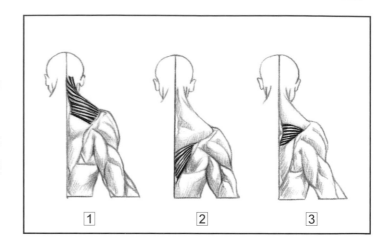

上斜方肌具有明顯的視覺效果，即使穿上衣服都能注意到，但是太過肥大的上斜方肌會讓窄肩看起來更窄，也可能在肩膀運動時干擾三角肌的徵召，因此要針對特殊需求打造合適的斜方肌訓練。

小心肌肉失衡

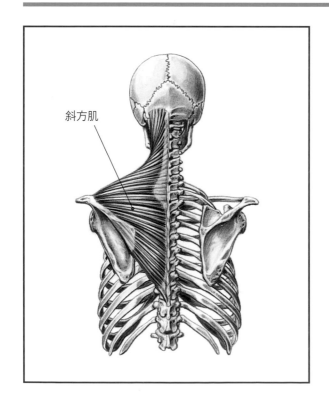

斜方肌

健身者應該盡力避免上、下斜方肌的不平衡。下斜方肌負責保護並穩定肩關節，假使沒有特別訓練，與上斜方肌不成比例，可能導致肩膀受傷 (Smith, 2009 年 . Physical Therapy in Sport 10(2):45-50)， 因此下斜方肌的訓練遠比上斜方肌重要。

聳肩運動是典型的上斜方肌訓練，硬舉 (p.158) 也會徵召上斜方肌，不過動作幅度較小，另一個斜方肌運動是窄握站姿划船。

進行後期疲勞超級組時，可以先作站姿划船 ④ 運動，待肌肉疲勞後馬上做聳肩運動。而先期疲勞超級組則以聳肩開始，站姿划船緊接在後。

④ 站姿划船

訓練時機

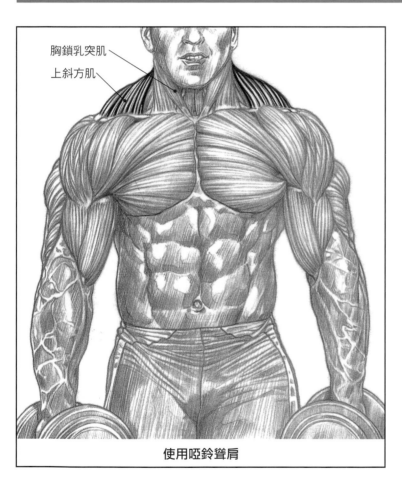

胸鎖乳突肌
上斜方肌

使用啞鈴聳肩

要將斜方肌運動結合日常訓練，可參考下列兩種方式：

1 傳統方式是把斜方肌運動與肩膀或背部訓練結合，除了讓斜方肌變肥大，還能反過來利用大重量聳肩加速軀幹肌肉的發育。

因為聳肩是很好的增強運動（p.34），以此作為訓練的開始可以暫時激發神經的訊號強度，進而提升肩膀、胸部、背部和手臂的肌力，不過要把重量加到越大越好，即使要犧牲一半的動作範圍並動用其他肌肉來代償。

使用這樣的超級暖身組作為增強技巧是最有效的方式，但是必須確保後續的鍛鍊不會受影響。譬如在斜方肌已有強烈燃燒感或大量充血時，就不要硬撐做完了，因此每次只要做一到兩組的增強組（不包括其他的暖身動作）就好。

2 假使不喜歡用斜方肌運動來做開場，也可以等訓練的結尾再做聳肩，特別是要做肩膀訓練的日子。

斜方肌運動

聳肩

特色：這是上斜方肌的單關節運動，可以使用啞鈴或健身肌單側進行。

步驟：雙臂垂在身體兩側站立，手握槓鈴橫槓 1 或兩隻啞鈴，也可以使用聳肩機。兩側肩膀盡可能抬高，想像自己要用斜方肌去碰兩隻耳朵 2，在收縮位置停留一秒鐘後，慢慢降低肩膀高度使肌肉伸展，但要注意不應該引發頸部的喀啦聲（因為頸椎小幅位移所產生）。

重點提示：動作開始時不要彎曲手臂，但聳肩到最高點後肱二頭肌可以稍微收縮，讓肩膀位置能抬得更高一些。

1

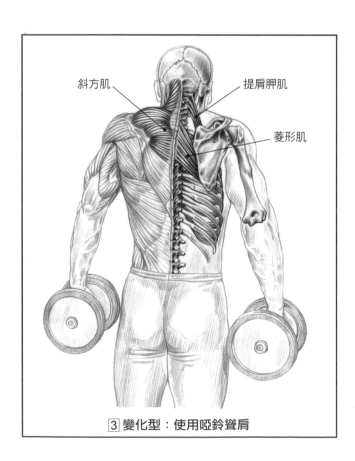

斜方肌

提肩胛肌

菱形肌

3 變化型：使用啞鈴聳肩

2

變化型

1 可以將啞鈴置於身體前方、後方或兩側 3 來做聳肩動作，以改變斜方肌用力的角度。若要讓肌肉在短時間內達到疲勞，可以嘗試以下的組合：雙臂置於身體稍後方，正握啞鈴（拇指相對）做聳肩動作。

4　　　　　5

變化型：雙臂置於身前

6　　　　　7

變化型：雙臂置於身後

當肌肉疲勞後，手臂改置於身體兩側（拇指朝前）降低動作難度，繼續做到再度疲勞後，雙臂改置身體前方（正握），靠代償作用再多做幾次，此時上斜方肌應該會迅速達到強烈的燃燒感。

2 如果使用槓鈴做聳肩，可以將手臂置於身前（正握）4 5 或身後（正握或反握）6 7。

3 如果使用健身機或槓鈴，可以改變雙手抓握的距離，讓斜方肌從非慣用的角度收縮：

> **窄握**可讓肌肉得到更大伸展，但降低收縮程度。

> **寬握**可促進肌肉收縮，但會降低伸展程度，這個姿勢還能訓練到上斜方肌最後側的纖維。

4 若要防止槓鈴的晃動，也可以使用史密斯架做聳肩運動。

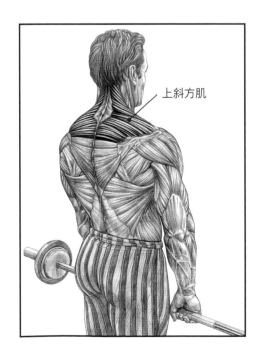

上斜方肌

優點：這個動作可直接訓練斜方肌，唯一的阻礙可能是手指無法握住太大的重量，這種狀況使用腕帶 (p.62) 就能完全解決。

缺點：上斜方肌的鍛鍊通常不難，難的是下斜方肌，這可能導致肌肉間的不平衡，與其一直訓練上斜方肌，不如多撥點時間來強化下斜方肌。

風險：因為上斜方肌很靠近頸椎，反覆的收縮可能引發頭痛，因此下巴不能抬得太高，以免壓迫頸椎神經。此外當負重很大時，對腰椎也會造成壓迫，要注意別讓背部受傷。

斜方肌鍛鍊機的優點

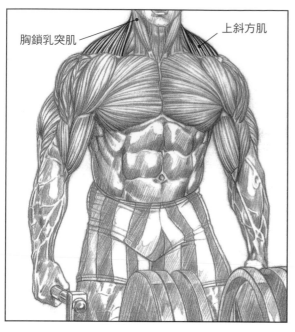

胸鎖乳突肌
上斜方肌

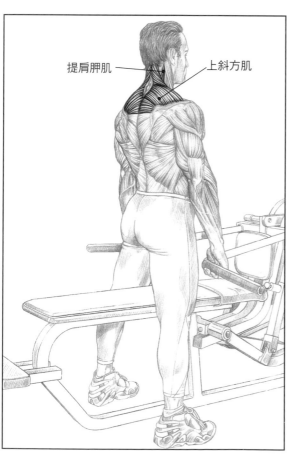

提肩胛肌
上斜方肌

聳肩機具備了槓鈴和啞鈴的優點,卻沒有兩者的缺點,其優點包括:

> 確保雙臂在身體兩側完全打直,讓斜方肌處在最好的收縮位置,如果使用槓鈴,必須把橫桿放在身體前方或後方,而啞鈴雖然能讓重量位於身體兩側,但容易摩擦大腿造成不適。

> 可以使用非常重的配重片,就像槓鈴一樣,可以任意放上各種大小的槓片,但啞鈴就很難重到提供足夠的阻力。

> 可以選擇不同的抓握位置,當然手部的位置不如啞鈴那麼自由,但仍然比槓鈴來得好。

> 讓動作更易於執行,手把都設計在適當高度,不需要先從地上把啞鈴抬起,或從架上把槓鈴搬下來。

> 增加活動範圍,機器運作時,重量降低可得到更好的伸展,肩膀聳高可得到更徹底的收縮。

假使手邊沒有專為聳肩設計的健身機,那麼附水平躺椅的仰臥推舉機會是個不錯的替代品。

另一個選擇是六角槓鈴,具備啞鈴的優點又能避免其缺點。

斜方肌 ┤
上斜方肌
中段斜方肌
下斜方肌

六角槓鈴

培養強壯的腰部肌肉

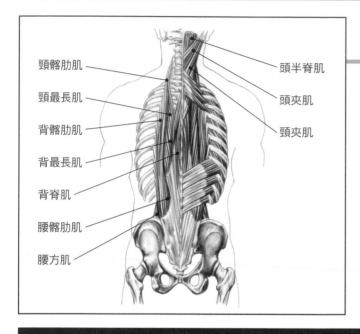

頸髂肋肌

頸最長肌

背髂肋肌

背最長肌

背脊肌

腰髂肋肌

腰方肌

頭半脊肌

頭夾肌

頸夾肌

腰薦椎肌肉的角色

此部位的肌肉有兩個主要功能：

1 支撐下半部的脊椎，如果肌肉夠強壯，可以幫忙卸除背部承受的壓力，避免轉嫁到脊柱上。

2 在身體前傾時負責拉直軀幹，這項任務要與臀部及腿後肌群合作才能達成。

⚠ 當心！

1 脊椎的構造很脆弱。

2 有相當高比例的人受背痛所苦，即使他們從未從事甚麼體育活動。

3 肌力訓練可能會讓椎間盤過度使用。

4 脊柱只有一條，一旦受傷了，能進行的訓練就非常有限，輕微的姿勢改變也可能導致劇烈疼痛。

多關節運動可能引發椎間盤突出

一般關於肌力訓練的書籍通常認為多關節運動（深蹲、前傾划船、硬舉、肩上推舉等等）是建立肌肉質量的唯一途徑，甚至會建議在同一次訓練中包含以上所有動作，但這種訓練方式下，受傷就不是機率的問題，而是時間早晚的差別而已。

有些人宣稱只要有精良的技巧就不會有風險，但是以下的事實卻不支持這種看法：

> 只有一小部分健身者的脊椎可以負擔這麼重的訓練。

> 即使在強化腰部肌肉的同時，也可能同時造成脊椎的傷害。

> 有些人可以輕易完成多關節運動，但更多人必須彎腰才能做到，此外有些人的身體結構就是不適合進行硬舉與深蹲之類的運動 (p.158、p.253)。

> 不幸的是，彎腰的姿勢會比背部打直有力得多，就算訓練一開始脊柱姿勢正確，多反覆幾次後很容易會以彎腰來代償逐漸降低的肌力。

> 有多少舉重的紀錄是在圓背的姿勢與利用高超但危險的技巧所創下的呢？顯然多數紀錄仍然是靠傳統正確的抬頭挺胸背部打直的姿勢與無懈可擊的動作所得來的。

用聰明的方式訓練腰部

硬舉的訓練效果非常顯著是無可否認的事，但這仍然是個充滿危險的動作。舉例來說，做完每組 20 次硬舉共 8 組後，椎間盤被擠壓的程度是：

> 比不使用舉重皮帶時短縮 0.32 公分。

> 比使用舉重皮帶時短縮 0.16 公分 (Reilly 與 Davies, 1995 年 Sport, Leisure, and Ergonomics. London: E & FN Spon, pp.136-39)。

不是親身做訓練的人總是可以盲目鼓吹硬舉的好處，但是關於腰部肌肉的訓練，相當需要動點腦筋慎重計畫，目標是能強化腰部又能避免脊椎受傷。

腰部運動

最有效的硬舉替代動作

羅馬椅背部伸展

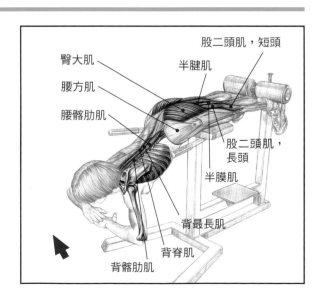

特色：這是背部肌肉、臀部與腿後肌的單關節運動，可以單腳進行。

步驟：趴在羅馬椅上，腳踝後方扣住海綿滾筒，上半身放鬆下垂與地面平行，腰背肌肉用力使上半身抬高，謹慎的改變脊椎角度上下移動，使訓練效果集中在豎脊肌群上，要放慢起降速度才能做到。

上半身要抬多高？

有些人主張身體最高只能與地面平行，但除非背部有傷或用力過猛，不然抬高到超過水平面也不會有問題。事實上恰好高於水平的位置，是肌肉收縮最有效率的時候，稱為過度伸展 (hyperextension)。

當人體直立時背部過度伸展或許對身體有害，但趴平時重力並未對椎間盤的髓核造成壓力，不至於造成問題。

當然也不是說應該盡量把背彎到上半身與地面垂直，而是尋找一個超過水平之後，背部肌肉再也無法縮短的臨界點，在最高處維持等張收縮一至兩秒，再回到起始位置。

變化型

弓背運動的變化型主要有兩類：

1 最常見的版本是由骨盆帶動整個動作，由腿後肌群負責大部分工作，臀部肌群貢獻少許，而腰薦椎的肌肉貢獻則微乎其微，以靜態的等長收縮為主，因為可以增進血流量與燃燒感，會使大腦覺得動作是由此處肌肉所完成。

這種等長收縮未必是壞事，因為豎脊肌必須要藉此維持張力與姿勢，比如進行深蹲時，腰椎肌肉從頭到尾都不會放鬆，而是維持等長收縮張力。

但從促進肌肉生長的角度來看，結合收縮與放鬆的訓練才是最有效的，等長收縮沒有離心收縮期，因此效果並不好。

2 要使用羅馬椅進行腰椎肌肉的動態訓練，背部以髖關節為軸上下彎曲。當雙腳位置越靠長椅後方，骨盆被海綿靠墊固定的程度就越高，如此一來動作的起始點就會落在下背部，當上半身抬高時脊椎也跟著向上彎。

也可以用單腳扣住海綿滾筒，另一隻腳輕靠在滾筒上，單側進行過度伸展，主要可以增加該側的腿後肌與臀部張力，但腰椎肌肉的收縮並不會有改變，因此這種變化形是針對腿後肌而非背部肌肉訓練。

優點：弓背運動可以鍛鍊腰薦椎肌肉，而不會傷害到脊椎。

缺點：只利用上半身的重量提供阻力，很難提升運動強度，就算能在頭部後方或下巴下方加上重量，身體重心也會被改變，使動作的進行變得不舒適，更增加腰椎肌肉的徵召難度。

要增加阻力的最好辦法是手握小型槓鈴或配重片 **1** **2**，如此一來這個動作會越來越像硬舉。無論是否使用槓鈴，都應該想像自己手上正握著橫槓，這樣的姿勢才能在低點時達到徹底的伸展而高點時有更好的收縮。

風險：突然讓脊椎過度伸展有其危險性，因此身體上升的速度必須緩慢，使豎脊肌在訓練時除了動態收縮外，也保有等長收縮（姿勢肌肉的特色所在）的狀態。

①動作起始位置

②動作終止位置
（過度伸展）

注意：頭部位置很重要，要讓豎脊肌達成有效的收縮，頭部必須在身體到達高點時向後仰 (p.59)，並且在動作全程都維持相同角度。

另一方面要讓腰椎肌肉達到徹底伸展，可以將頭部視為脊椎的延伸，與身體保持平直移動，並在最低點時頭部朝前。

頭部在身體上下動作時有可能會晃動，因此必須保持頸部穩定以避免震盪，也不要把頭前彎。

要選擇水平椅或上斜椅？

上斜椅的背部伸展

進行弓背運動的器材主要有水平長椅或 45 度上斜椅兩種，可以看健身房的設備與個人喜好決定。

不過上斜椅有一個缺點，在動作低點時無法讓豎脊肌或腰椎作有效的伸展，由於它所提供的特殊阻力型態，和腰部訓練相比，其實較適合進行腿後肌的訓練。

現代腰部運動

以下介紹兩種近年發展出來的腰部運動：反式腿彎舉（GHR：glute-ham raise）和直腿上擺 (reverse hyperextensions)，兩者都需要特殊的器材輔助。

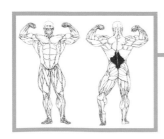

反式腿彎舉

進行反式腿彎舉的長椅與傳統的不同：

1 固定腿部的海綿滾筒旁多了一個金屬板供腳掌踩踏，可以提供額外的支撐，提升小腿與腿後肌肉的徵召程度。如果像傳統羅馬椅的構造，腳掌沒有固定，較無法有效率的運用腿部肌肉。

2 支撐骨盆的靠墊從扁平改為弧形，像駝峰一樣，當下腹部靠在弧狀墊子上，上半身的角度改變會更容易。

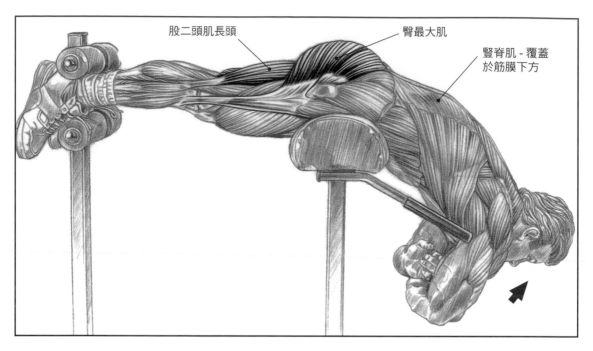

股二頭肌長頭　　　臀最大肌　　　豎脊肌 - 覆蓋於筋膜下方

反式腿彎舉在身體到達水平位置前，動作與傳統的弓背運動沒有兩樣，在此之後腳掌用力後推，腿後肌用力使腿部彎曲，直到上半身抬高至與地面垂直，除了增加腿後肌收縮的效果，更重要的是可讓腰部活動範圍加倍，因此肌肉進行等長收縮的時間可以持續更久。

這個動作可同時鍛鍊頸部至腳掌的所有肌肉，對於硬舉或深蹲來說是很好的準備運動。

直腿上擺

反式腿彎舉是固定雙腳來運動上半身，而直腿上擺則相反，是固定上半身來擺動雙腿。雖然可以徒手進行，但在機器的輔助下會更有效率，機器可以利用配重片施加額外阻力，令雙腿降至低於肚臍高度，對脊椎與腿後肌才有伸展的效果。

如果少了這個前伸展的預備動作，則肌肉收縮的效率會比較差，活動範圍也變小，身體要花更多的時間才能感知肌肉的運作。

如果實在找不到健身機，可以用彈力帶纏在腳踝提供阻力。直腿上擺最大的好處（尤其在訓練的結尾進行）是強迫腰椎減壓，如果安排在訓練一開始就進行，可能會因為脊神經受到擺動而感到暈眩。

可否使用坐姿後仰機？

大部分的坐姿後仰機設計都不太適合拿來訓練脊椎旁肌肉，理由如下：

> 採用坐姿並非腰薦椎肌肉收縮的最佳姿勢。

> 上半身挺直時並不適合進行腰部的過度伸展，尤其在脊椎有承受阻力的狀況下。

> 腰部訓練機的設計比較有可能壓迫脊椎。

> 因為腿部太過彎曲，很難負擔太大的重量。

> 脊椎缺乏支撐點，使得肌肉收縮較沒效率。

不過找得到設計良好的訓練機還是可以利用一下。

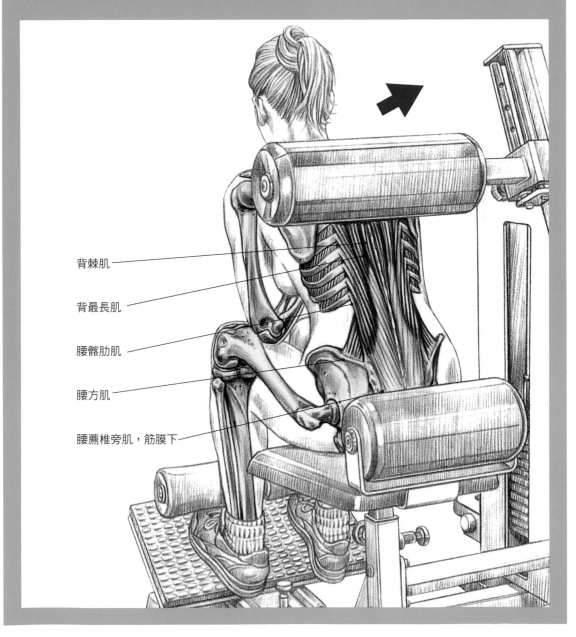

背棘肌

背最長肌

腰髂肋肌

腰方肌

腰薦椎旁肌，筋膜下

腰方肌運動

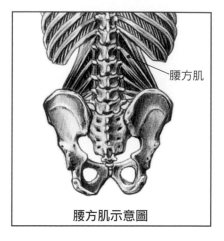

腰方肌示意圖

1

雖然腰方肌位於腰部深處，無法從外觀檢視，但這塊肌肉在支撐脊椎扮演很重要的角色，訓練時也不能忽略。

對腰部最好的訓練與減壓運動就是懸吊左右提腿 1，適合做為訓練的結尾，這個動作如同訓練下腹肌的懸吊提腿，只是雙腿不往正前方，改往左右兩側抬。

硬舉

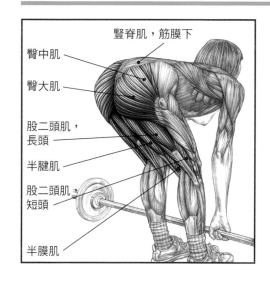

豎脊肌，筋膜下
臀中肌
臀大肌
股二頭肌，長頭
半腱肌
股二頭肌，短頭
半膜肌

特色：這是一種多關節運動，不只訓練腰部肌肉，也可訓練背闊肌、斜方肌、臀部和大腿肌肉，單側訓練是可行的，但需要借助一些特殊技巧。

步驟：雙腳打開與肩同寬或稍窄站立，彎腰向前抬起腳邊的槓鈴 2，背部盡量挺直，僅稍微向後弓起，雙腿向下推蹬背部向後拉抬，讓身體回到站姿 3，腿部與背部的收縮需盡可能同步，而槓鈴橫槓要剛好貼著脛骨與大腿往上 4，切勿先蹬腿再拉背，身體站直後 5，再度前傾彎腿回到起始位置。

2

3

4

5

6 變化型：正反抓握

重點提示：當腰部肌肉疲勞時，要維持背部自然的弧度會越來越困難，此時脊椎會向後弓起讓硬舉變得輕鬆一些，可以再多做幾下。但很多人不知何時該中斷這樣的代償，即使背部已經呈現非常危險的姿勢了，疲勞時仍堅持下去會讓椎間盤的排列惡化，因此當背部一弓起就應該休息。

變化型

1 傳統的硬舉，兩手的握法相反，也就是一手正握（拇指朝外）另一手反握（拇指朝內）6，這樣的姿勢可以防止橫槓滑動，使手掌握得更牢，但會使得反握手的肱二頭肌處於容易受傷的姿勢，肌肉撕裂傷很常見。

雙手正握可以避免這種狀況，但也更難抓牢槓鈴，可以用腕帶輔助解決握力不足的問題（p.62）。

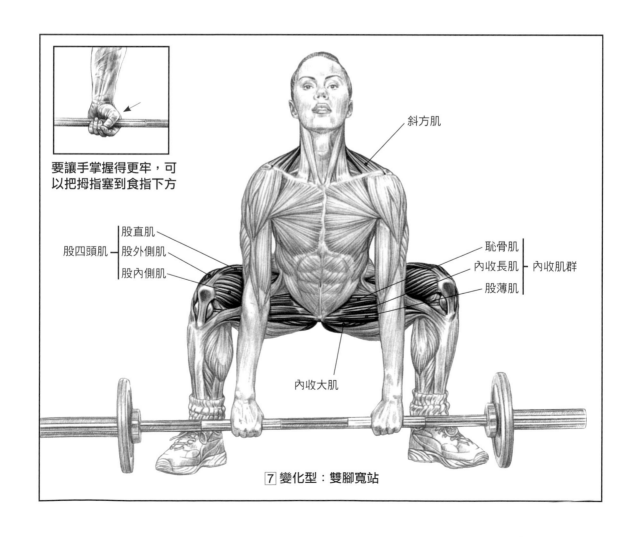

要讓手掌握得更牢，可以把拇指塞到食指下方

斜方肌

股四頭肌 ┬ 股直肌
　　　　├ 股外側肌
　　　　└ 股內側肌

恥骨肌 ┐
內收長肌 ├ 內收肌群
股薄肌 ┘

內收大肌

7 變化型：雙腳寬站

斜方肌

背闊肌

股直肌
股外側肌
股內側肌
股中間肌

股四頭肌

臀中肌

股骨大轉子

臀大肌

長頭
短頭
股二頭肌

⚠ 警告！

為了擁有最佳的腰椎穩定度，進
行硬舉前必須徹底執行腹直肌、
腹斜肌和豎脊肌的熱身運動。

變化型：使用六角槓鈴做硬舉

① 變化型：使用啞鈴

② 變化型：使用六角槓鈴

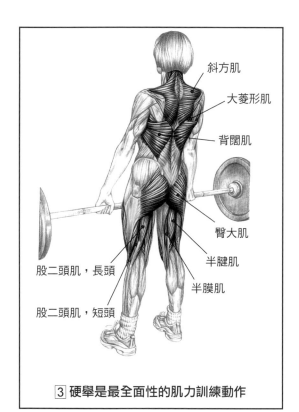

斜方肌

大菱形肌

背闊肌

臀大肌

半腱肌

股二頭肌，長頭

半膜肌

股二頭肌，短頭

③ 硬舉是最全面性的肌力訓練動作

② 可以任意調整雙腳間的距離，從腳掌併攏到雙腳大開都行（p.159 ⑦）

③ 使用啞鈴 ① 或六角槓鈴 ② 代替直槓槓鈴，可使手部抓握與重心的維持都更加自然，防止上半身發生傾斜，也可降低腰椎受傷的風險。

優點：硬舉是最全面性的肌力訓練動作，可在短時間內動用到最多肌肉 ③。

缺點：由於動用的肌肉繁多，練習硬舉會非常消耗體力，此外動作一開始就是向心收縮，肌肉無法累積彈性位能（深蹲也是如此）。

風險：脊椎在硬舉過程中承受很大壓力，即使背部處於正確的姿勢，椎間盤受壓迫的機會仍然很高，因此訓練結束後必須懸吊單槓進行徹底的伸展。

注意：對於腿部較長或手臂較短的健身者，必須彎著背才能抓到地上的橫槓，這對脊椎很不好，應該縮減動作範圍，使槓鈴最低不低於膝蓋高度 ④。

④ 利用史密斯架預防背部弓起

早安運動

特色：這是一種多關節運動，不只訓練腰部肌肉，也可訓練臀部和腿後肌肉，單側訓練是可行的，但是風險較高。

步驟：雙腳與肩同寬站立，將槓鈴停靠在肩膀後方（不是在頸部）①，雙腳應保持微屈，背部盡量挺直，使上半身逐漸往前傾，在伸展力道造成不適之前停止 ②。

一開始動作範圍可能只有 15 公分左右，只要持續練習很快就會增加。伸展到極限後，腰部肌肉用力將上半身拉回直立位置，為了讓肌肉張力持續，上半身不要完全打直。

重點提示：背部拱起可讓動作難度降低，但會大幅提高椎間盤受傷的風險。

變化型

1 雙腳間的距離可以任意調整，從雙腳併攏 ③ 到間隔很大（提高腿後肌和內收大肌的徵召程度）④ 都行。

2 可以讓雙腳成半彎曲狀態 ⑤，以提升腰薦肌肉的參與程度。

3 也可以改變上半身傾斜的角度，假使無法前傾太多，就增加肩負的重量，雙腿伸直的前傾角度絕不能大於半彎曲的前傾角度，否則背部必須拱起才能代償。

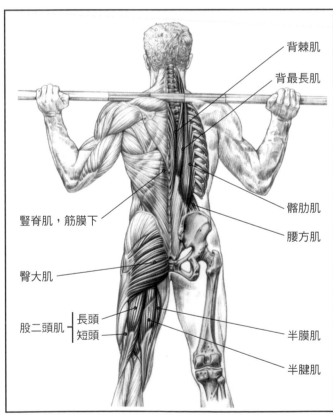

背棘肌
背最長肌
髂肋肌
腰方肌
豎脊肌，筋膜下
臀大肌
股二頭肌 ┤ 長頭 短頭
半膜肌
半腱肌

優點：可以做為硬舉和深蹲前的預備練習，同樣可在短時間內徵召許多肌肉。

缺點：進行早安運動時對平衡力是一大考驗，任何偏離軌道的小動作都可能讓人失去平衡，甚至受傷。

風險：這個動作讓脊柱負擔很大，有很高的風險會壓迫椎間盤，因此訓練結束前記得要懸吊伸展一段時間以釋放壓力。

注意：第一次進行早安動作應該先使用不放槓片的橫槓，光是橫槓本身提供的阻力可以確保訓練時的舒適。

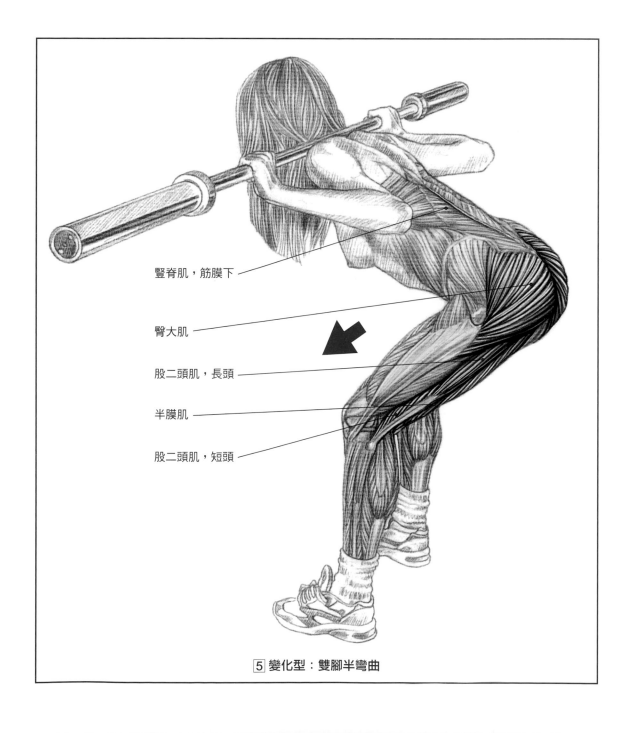

豎脊肌，筋膜下

臀大肌

股二頭肌，長頭

半膜肌

股二頭肌，短頭

⑤ 變化型：雙腳半彎曲

打造平衡發展的胸肌

局部構造

胸大肌是由三個部分的肌束組成：

> 鎖骨部，即上胸　　　> 胸骨部，即胸肌的中段　　　> 腹部，即下胸

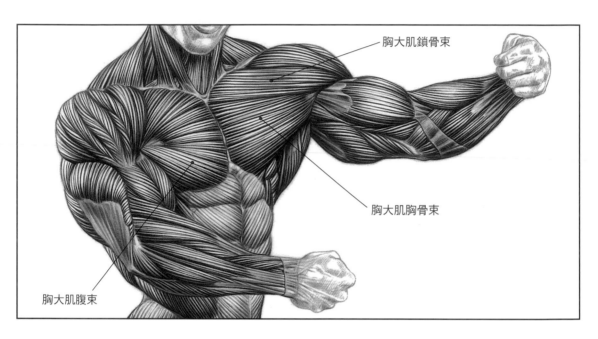

胸大肌鎖骨束

胸大肌胸骨束

胸大肌腹束

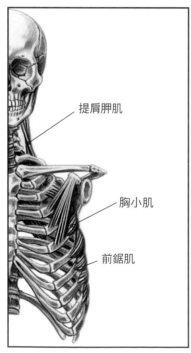

提肩胛肌

胸小肌

前鋸肌

胸小肌埋藏在胸大肌的下方。胸小肌具有穩定肩膀的功能，但是因為份量較小，訓練者多數不太感興趣。然而，在經常進行臥推的訓練者中發現，胸小肌有時會出現疼痛的癥狀 (Bhatia 等人，2007. British Journal of Sports Medicine 41(8):e11)。

因為胸小肌的肌腱炎很容易被誤認為肩膀痛，你必須確實知道這個肌肉的位置，以便在必要時釐清問題。如果局部以手壓迫會產生疼痛，代表該處正產生炎症反應，需要休息並暫時避免胸肌訓練。

胸肌的角色

胸肌牽動手臂向前進行環抱的動作。上胸肌肉與肩膀前方共同作用抬舉手臂。

外觀的特性：胸大肌是講究角度的肌肉

胸肌呈現扇形，是塊講究角度的肌肉。它們一端附著在手臂，另一端則有著多處附著點，下至第 6 根肋骨，上至鎖骨，橫跨在整塊胸骨上。因此，胸肌訓練有著幾乎無限的角度選擇。手臂的位置決定了徵召到胸肌三部分中的哪一塊。

手臂過頭位置能夠徵召上胸 [1]，手臂向下接近大腿的位置則徵召下胸 [2]。如果你每次都只訓練一個角度，就可能忽略了胸部的上、中、下部的訓練。

外觀的爭論：仰臥推舉是最好的胸肌運動嗎？

普遍的觀念：仰臥推舉（bench press）是訓練胸肌最好的運動，只要訓練量越加越重，就能促成胸肌肥大。

實際的狀況：對於想練出強壯胸肌的人來說，臥推是個很好的起點，但是對於某些人，不但無法幫助達到目的，反而容易帶來肩膀的傷害，也就是說臥推並不見得適合所有人。

科學研究發現，臥推時的肌肉徵召狀態是因人而異的。例如，Rocha Junior 等人（2007, Revista Brasileira de Medicina do Esporte 13(1):43e-46e）指出，臥推時胸大肌比肩膀前方多提供 30% 的力量。另一方面，Welsch 等人（2005, Journal of Strength and Conditioning Research 19(2):449-52）則得到三角肌比胸大肌參與更多一點的結果。

當然，胸大肌徵召低落的原因可能是由於姿勢不正確，但是身體的型態也影響著臥推之後的感覺。如果你的身體天生不適合臥推，有以下兩件事可做：

1 花一些時間針對運動神經再教育。如果你能夠提升對於胸大肌的徵召，就能從臥推得到最大的訓練效益。

2 找其他更適合自己身體型態的替代訓練。

開發胸肌的四個阻礙

尺寸較小

胸肌在日常生活中並不常使用到，這說明了為什麼許多初學者呈現以下的狀態：

> 胸大肌不發達

> 感覺不到胸肌的用力

如果肩膀或手臂較為強壯，將更難以在各種推力動作中有效徵召胸肌運作。如果你難以專注在胸肌，卻一味想增加臥推的重量，就只會讓問題惡化。事實上，槓鈴越重，姿勢越容易崩壞，而導致肩膀或手臂必須介入以避免胸肌損傷。對於重量操之過急，將讓你陷於受傷的高風險中。

你必須透過單關節運動增加敏感度，逐漸學會感受到胸肌的活動。固定式訓練器材也能幫助感受胸肌，特別是只操作單側的時候。當你的肌肉感受度日益增加，便可以嘗試將感覺應用在臥推。選用中度的重量，以便讓胸大肌最大程度保持在張力狀態。

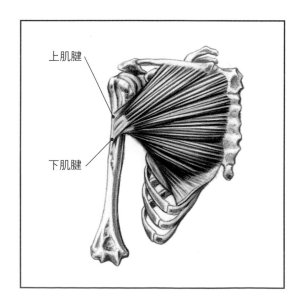

同時也要改變對於「力竭」的認知。不要等到槓鈴墜落到胸部才停止動作，而是當你不再能完整地感受肌肉張力時，就要停下來。感受上的力竭比真正的肌肉力竭更早發生。

事實上，當臥推到因為力竭而讓姿勢走樣時，胸肌參與的程度會越來越少，而產生反效果。隨著訓練一步一步的演進，感受上的力竭會越來越貼近真正的肌肉力竭。而訓練上一個重要的里程碑，就是當感受上的力竭與肌肉力竭達到完全同步時。

如前面章節所提及的 (p.38)，關於初學者的肌力訓練，年少時有深度的訓練經驗將增加未來肌肉的發展能力。但是除非你年輕時經常做大量的伏地挺身，不然極少運動會徵召到胸肌。若幾乎每天做一組 100 次的訓練，將能夠彌補這項深度訓練的不足。

這裡選擇的訓練項目是立姿滑輪反向飛鳥動作（但只有當你在不動用到三角肌的狀況下才能解決這個問題）。

上胸肌太小

下胸練得很好的人，未必上胸能練好。這種發育的不對等，完美地說明了肌肉徵召的區域性現象。理論上，胸大肌在運動時應該是整塊一起參與，而不分區域。但是從這種不算罕見的上胸較弱狀況看來，理論並不符合事實。不動用上胸卻只練到下胸，是經常發生的事。

上肌腱

下肌腱

容易出現上胸比較弱的訓練者，通常胸大肌腱附著在手臂非常高的位置。因為肌腱相當接近肩膀，使得上胸肌很難伸展。然而，臥推若未充分伸展鎖骨部位的胸肌，就只能練到下胸或肩膀了。

此外，由於槓桿作用的位置不是太好，也很難舉起較大的重量。不過另一方面，正因為難以充分伸展上胸，這樣的人發生上胸肌撕裂的風險也比較低。

胸大肌腱附著手臂位置很低的人，臥推時的槓桿效率較佳，因此胸肌力量也較大。上胸發力前的預伸展比較明顯，因此比較不常有該區肌肉徵召的問題。但是較佳伸展與較強肌力合併的結果，讓這種人比較容易發生上胸撕裂（這是個越來越常見的趨勢，本篇後續會說明）。

因此我們也可以理解，單純使用上斜角度的板凳，也無法自動彌補這種解剖學差異所造成的上胸徵召不足。這種問題的根本在於肌腱附著位置，而不是板凳的傾斜角度。肌腱位置非常高的人，幾乎完全不可能透過一般複合運動徵召胸大肌的鎖骨束。

醫學研究的結果說明了上斜臥推因人而異的效應。即使有少數的研究認定上斜臥推能讓更多上胸肌參與活動，但大部分的研究卻都得到相反的結果：認為上斜臥推無法有效徵召上胸肌肉。原因是，肩膀取代了胸大肌鎖骨部的工作。因此，Barnett 等人（1995, Journal of Strength and Conditioning Research 9(4):222-7）指出，相較於平板臥推，使用上斜 40 度進行臥推，將會：

> 減少 10% 的肌力發揮。
> 降低 30% 的胸大肌刺激。
> 增加 75% 三角肌前束的徵召。

另外，即使上胸反應並不佳，仍持續進行上斜臥推的訓練者，亦將：

> 持續上胸較弱的狀態，以及
> 造成全面胸大肌比肩膀弱的狀態。

因此，為了鍛鍊上胸而盲目地進行上斜臥推，只會導致上述的負面結果。

上胸的另一個功能是抬起手臂。當胸肌腱距離肩膀較遠時並不成問題。但是當肌腱位置相當接近肩膀時，上胸幾乎無法參與到抬起手臂的動作。取而代之的是，三角肌會主導這一項功能。這種情況下，可用來強化上胸的動作會大為受限。

後續的內容中將說明，如何使用反向的滑輪訓練機來拯救你的上胸。

使用單側運動孤立上胸

如同對於所有較弱的區域一樣，單側運動是孤立胸肌最好的方法，尤其對於上胸更是如此。當進行雙邊胸推時，三角肌會自然地向後突出。因此，無論採用哪一種動作，肩膀都會無可避免地比胸肌參與更多。雙側運動是造成大部分上胸發育較慢的原因。單側運動有助於保持肩膀在原位，而更容易徵召到胸大肌。

內側胸肌扁平

另一個常見問題是：儘管外側胸肌發展良好，內側胸肌卻總差強人意。此問題通常與前述上胸較弱的狀況並存，而發生原因也是由區域性的肌肉徵召所導致。

胸大肌的內側肌纖維通常最先被徵召，外側則比較被動。根據諸多生理學文獻的理論，這種現象不應該存在。然而不可否認，大部分的訓練者都遭遇到這種狀況。

發生的原因是，採用寬握的胸推會專注在外側胸大肌的肌纖維發展，而握距越窄，就越能徵召到胸肌的內側。換言之，如果雙手的距離不夠靠近，就無法充分訓練到內側胸肌。

以槓鈴進行臥推 1 或上斜臥推時，雙手的距離是固定的，而通常在收縮傳遞到內側胸肌前，動作便結束了。

做飛鳥時，由於在第二收縮階段的阻力不足，依然無法鍛鍊到內側胸肌。如果是採用立姿滑輪飛鳥或是啞鈴胸推，則能夠輕易地讓兩手靠近以矯正上述問題。

想要訓練內胸，你必須採用窄握。使用滑輪訓練機，可以一次只訓練一側或拉至兩手交叉 2，以增加活動範圍並強化內側胸肌的成長。

強化內側胸肌的超級組可以採用下列方式：

> 先期疲勞訓練法：雙手拉至前方交叉的反向滑輪運動之後，進行窄握臥推。
> 後期疲勞訓練法：窄握臥推之後，進行雙手交叉的反向滑輪運動。

1

2

胸大肌撕裂

由於胸大肌呈現 U 形，因此肌腱在手臂上的附著位置相對地脆弱：

> 鎖骨束的附著點轉向身體外側。
> 下胸肌的附著點較偏內側，並由上胸肌的附著點所覆蓋。

進行平板臥推或上斜臥推時,最外側部位的肌腱(上胸肌)伸展得最多,因此也是最容易發生撕裂傷的部分。上斜臥推時,撕裂傷特別容易發生,因為這種角度更大幅度地伸展上胸肌。這兩種訓練時,胸大肌鎖骨束伸展、投入得更多,撕裂的風險也越大。

撕裂的意思並不是指上胸肌完全斷掉,有可能只是部分但漸進性的斷裂。但無論如何,撕裂傷都將限制胸肌、肩膀與手臂的發展。

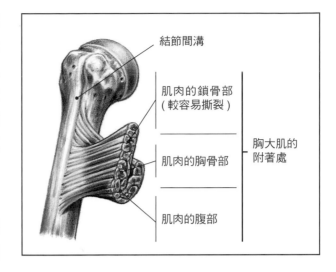

結節間溝

肌肉的鎖骨部
(較容易撕裂)

肌肉的胸骨部

肌肉的腹部

胸大肌的附著處

如前面所提及的,肌腱位置相當接近肩膀的人可能比一般人擁有較低的胸肌撕裂風險,但另一方面的代價就是比較難練好上胸。此外,手臂較長或肋腔較窄的人在臥推時手肘會降到較低位置,這種狀況也會強化胸大肌的伸展而增加受傷風險。

⚠ 臥推對於肩膀的病理影響

很多種類的外力都會迫使特定的肩膀穩定肌摩擦肩峰 (acramion)。摩擦過度將引起炎症反應或撕裂傷。

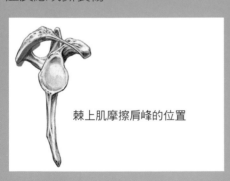

棘上肌摩擦肩峰的位置

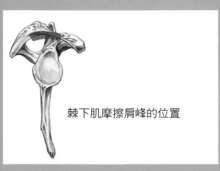

棘下肌摩擦肩峰的位置

1 平板臥推的病理影響:

當你將肱骨內轉前推手臂時(如一般臥推或下斜臥推時),棘下肌摩擦肩峰。

2 上斜臥推的病理影響:

當你將肱股外轉抬舉手臂時(如上斜臥推或肩推時),棘上肌摩擦尖峰。

由於上述傷害並不涉及旋轉袖肌群 (rotator cuff muscles),因此:

> 棘下肌受傷的人通常仍可以做上斜臥推。

> 棘上肌受傷的人通常仍可以做平板臥推。

⚠ 胸肌訓練對於肱二頭肌的病理影響

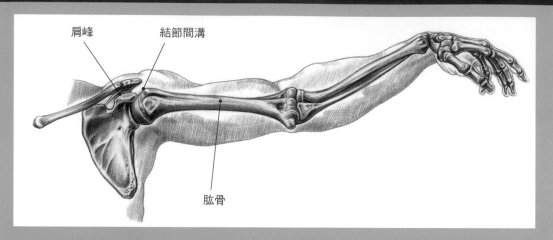

肩峰 結節間溝

肱骨

在胸肌訓練的伸展階段，二頭肌長頭的肌腱將壓迫二頭肌溝（結節間溝），尤其當手肘朝外時壓力會更大。這過程產生的磨擦會傷到肌腱 (p.197)。為了改善這個人體工學上的障礙並潤滑肌腱，在訓練胸肌前要很確實的將二頭肌暖身。你可以使用槓片做動態性的鎚式彎舉 ① 並做些輕度的伸展動作 ②。

如果肩膀前方仍持續感覺疼痛，在胸肌訓練時將槓鈴或啞鈴下降的速度放慢，以減少活動範圍。這樣做有助於減少磨擦。

胸肌運動

⚠ 警告！

胸肌訓練中會動用到很大比例的肱二頭肌、肱三頭肌、棘下肌和背肌，在進行胸肌訓練前別忘了將這些肌肉確實暖身。

▓ 訣竅

有一種方法可以快速提升複合式胸肌運動的力量：在兩組推式或撐體胸肌訓練之間插入一組肱二頭肌訓練（不要太勉強）。適度的訓練肱二頭肌能促進肱三頭肌修護並預防肱三頭肌過早疲勞。

胸肌的複合運動

平板臥推

特色：這是專注在胸肌、肩膀及肱三頭的複合訓練，可以單邊訓練，尤其是使用機器時更適合。

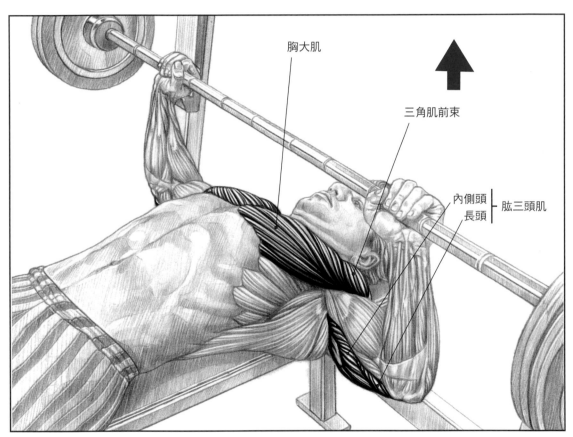

步驟：以背部平躺在板凳上並將雙腳放在地面，雙手以旋前的方式（拇指相對）握住位於頭部上方的槓鈴。推動槓鈴離開放置架（可請夥伴幫忙）。槓鈴移至胸前並使用胸肌力量，將手臂向前推直。

槓鈴、啞鈴、機器或史密斯架？

胸推運動可以使用槓鈴、啞鈴、機器或史密斯架。你必須分析並瞭解各別訓練方式的優缺點，再選擇出最適合的訓練方式。

使用槓鈴做胸推

槓鈴在健身中心或是在家中，都是常見且容易準備的健身器材，但是你知道嗎？採用槓鈴做訓練其實很可能是弊大於利：

> 動作的範圍取決於手臂和肋骨的尺寸，卻未必是訓練你的胸肌最理想的範圍。

> 因為雙手握住槓鈴，無法在胸肌收縮時將雙手靠攏（如進行啞鈴或夾胸器材時），這種訓練角度上的限制，阻礙了內側胸肌的發展。

> 將槓鈴移出和歸回到槓鈴架時可能發生危險。當你使用大重量訓練時，最好請夥伴協助。

使用啞鈴做胸推

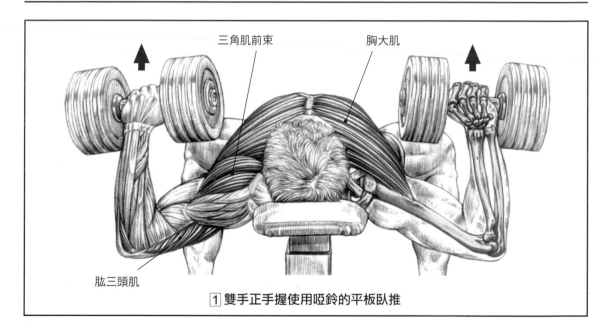

三角肌前束　　胸大肌

肱三頭肌

① 雙手正手握使用啞鈴的平板臥推

啞鈴比槓鈴多了幾項優點：

> 肌肉收縮較佳，因為雙手位置在動作後段可以靠攏。

> 伸展範圍比較大，因為下降動作不受限制。但是也不能將雙手過度張開下放，以免傷到肩膀以及肱二頭肌、胸大肌肌腱的附著處。

> 可以採用任何手部和手肘位置。只有啞鈴能夠給你這麼寬廣的自由：

1 雙手使用半正手握是最自然的方式（拇指稍微轉向頭部方向）①。

2 啞鈴臥推。手肘能夠貼在身體側邊，
因此即使肩膀有傷也能訓練。

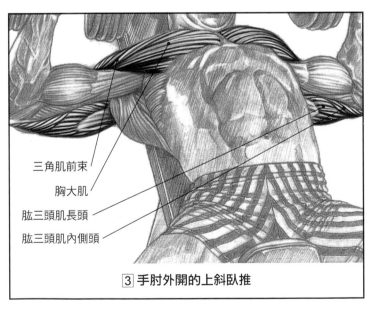

三角肌前束
胸大肌
肱三頭肌長頭
肱三頭肌內側頭

3 手肘外開的上斜臥推

2 若將手肘貼在身體兩側且採用中立握姿（拇指轉向頭部）2，則胸大肌伸展的範圍較小，同時會訓練到較多三角肌。即使肩膀有傷的人亦可以使用此種方式訓練。

3 若將手肘盡量向外展開並採用正手握姿（拇指相對），便會在動作的底部讓胸肌伸展到最大，而徵召更多的胸大肌，但同時提高受傷的風險。

使用啞鈴做臥推的常見問題：

> 所使用的啞鈴重量要夠。

> 使用大重量訓練時，將啞鈴移動到開始位置及結束時歸位的動作，都可能會造成傷害。

> 當手持兩個非常重的啞鈴在頭上時，千萬不能疏忽大意，你可能會在最後幾下力竭時失去平衡。

> 由於兩隻手都是各自獨立的狀態，所以訓練變得更加困難。對於初學者來說要控制好平衡並沒那麼容易。

> 使用的重量越重，動作範圍就越小，因為啞鈴的重量會同時限制肌肉的伸展和收縮。

如何拿起啞鈴

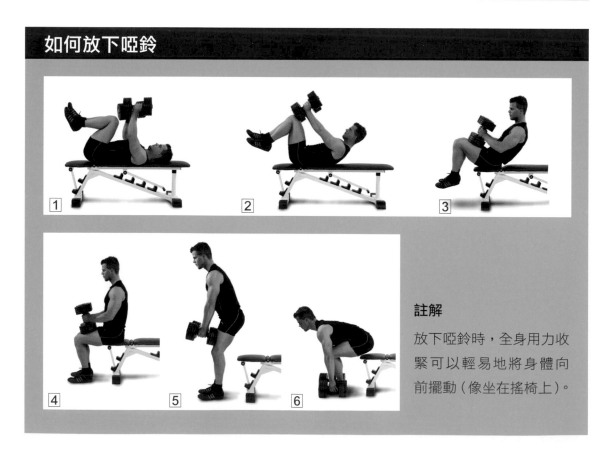

如何放下啞鈴

註解

放下啞鈴時，全身用力收緊可以輕易地將身體向前擺動（像坐在搖椅上）。

使用機器做胸推

胸大肌

大圓肌

背闊肌

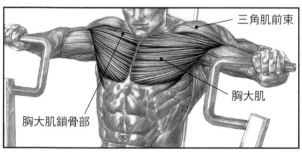

三角肌前束

胸大肌

胸大肌鎖骨部

設計良好的夾胸推舉機對於胸肌訓練是相當重要的，因為具有下列好處：

> 幾乎不需要像槓鈴那樣小心控制抓放握把的穩定性。

> 動作的範圍和啞鈴一樣，但使用大重量時沒有和啞鈴一樣的問題。

> 大致會引導肌肉在正確的軌跡上（好的訓練器材理當如此）。

> 不會有失去平衡的問題。

> 沒有重量的限制（相較於使用啞鈴會遭遇的問題）。

不過使用訓練機也並非完美無缺的：

> 好器材可遇不可求，設計差的器材卻充斥坊間。

> 訓練的起點是從動作的向心階段開始，不同於槓鈴是從動作的離心階段開始，所以第一個反覆會比較困難。

> 雖然這種方式相比於使用槓鈴或啞鈴，較不會產生運動傷害，但卻會被固定的運動軌跡限制住。

使用史密斯架做胸推

1 變化型：史密斯架的上斜握推

史密斯架 1 是介於槓鈴和夾胸推舉機之間的折衷選擇，優點是可以自己安全地訓練，比較不需要訓練夥伴：

> 史密斯架易於抓取和放回槓把。

> 史密斯架有許多支撐柱，可以讓你在力竭時將槓把放上去（不用擔心槓把墜落）。

史密斯架的主要缺點：

> 訓練軌跡呈直線而不是圓弧式，有些人的肩膀可能會感到不適。

> 若使用到品質不佳的史密斯架，可能會在力竭時有滑行不順或顫動的現象。

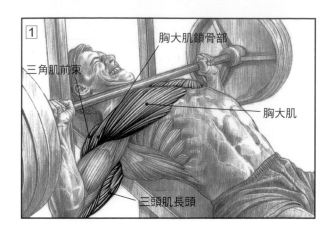

變化型

臥推訓練有多種變化方式：

> 平板臥推：訓練整個胸大肌。
> 上斜臥推：針對上胸肌訓練 ①。
> 下斜臥推：針對下胸肌訓練 ②。

使用下斜臥推可以比一般角度的臥推稍微負擔更大的重量，主因是下斜板使得活動範圍變小，可專注於胸肌。而使用上斜臥推時所能負擔的重量是最輕的，因為：

> 此種角度不利於專注訓練胸肌，而且
> 肱三頭肌參與較少 (Barnett, 1995)。

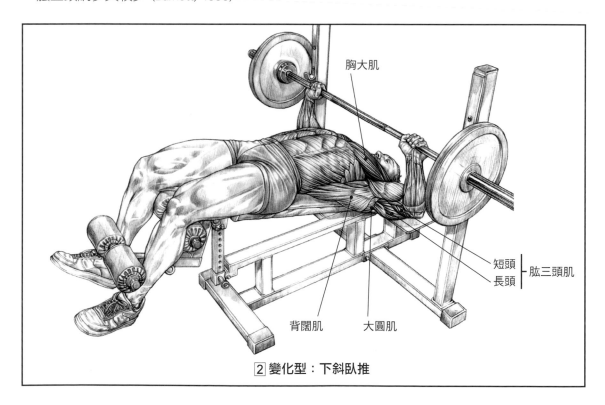

② 變化型：下斜臥推

調整推舉時的活動範圍

臥推是造成三角肌、肱二頭肌和胸肌大部份傷害的訓練動作，而對於動作範圍的誤解，是造成傷害的主因。理論上，應該要將槓鈴降到胸部位置，再推高直到雙手打直。但正是這種過於簡單化的觀點才會造成誤解。

最頂尖的健力舉重運動員，有著粗短的手臂和厚實的胸膛，因此他們能夠將臥推的活動範圍至少降低 18 公分。但如果換成一位手臂很長的訓練者，那活動範圍至少會是兩倍大。

除了讓胸膛脹大的能力之外，前臂的長度也決定了臥推時的活動範圍。活動範圍越大，受傷的風險越高，這也表示臥推訓練時會面臨的困難和風險會因人而異。前臂較長的人，在進行全範圍臥推訓練時要特別留意，尤其是採用大重量訓練的時候。

3

此種狀況下，減少動作的範圍並不是丟臉的事。將一條毛巾對折幾次放在胸部上，便可以在槓鈴移動到胸部前停止動作，同時不會因此就降低訓練的效果，因為動作的範圍仍然優於平均值。另一個方法是窄握槓鈴以降低受傷風險。

這種方式也適用在上斜臥推訓練。為了減少上斜臥推時的活動範圍，讓槓鈴下降到你的下巴處 3，會比降到胸部來得恰當。這不只是減少受傷的風險，同時也能幫你維持上胸的張力，因為在活動範圍太大時，上胸的張力通常會減少。

肩胛骨活動度的差異

有些人生來肩胛骨就比較穩固，尤其是窄肩的人。而這穩固的肩胛骨使他們在進行臥推等訓練時比較容易保持穩定。這種肩胛骨特性讓他們能夠做到：

> 保持胸腔高挺而減少動作範圍。

> 集中胸大肌在軸心以促進胸肌的徵召。

> 將肩膀收進來以免干擾胸肌的訓練。

然而，他們在肩推時會難以將槓鈴降到頭部後方。此類的人可能有著發達的胸肌，卻很難練好三角肌。

肩胛骨非常靈活的人，臥推訓練時的穩定度會比較差。不過，他們的手臂也比較不會太快到達肩峰，此種動作靈活的特性讓他們在做頸後肩推的三角肌訓練時，可以將槓鈴放得比較低。這些人會有著比較發達的三角肌而難以發達胸肌。

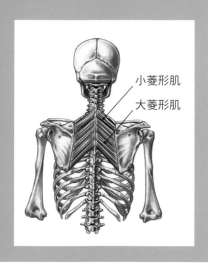

小菱形肌
大菱形肌

拱背的用意

拱背變化型

為了減少臥推時的活動範圍，人們常將背部反拱 (bridge)：將下背拱起，只有臀部和上背貼在板凳上。此種背部反拱的姿勢近似用下斜板進行訓練，所以能讓下胸的張力較強。

因背部反拱確實會增加脊椎受傷的風險，所以並不建議腰椎有問題的人以此種方式訓練。如果你會拱背，可能需要在臥推時使用舉重腰帶。

進行上斜臥推時，拱背會產生彷彿板凳斜度被降低的感覺，而讓你舉更大的重量。但其實拱背只是將肌肉張力從上胸轉移到下胸，所以對於訓練效果是適得其反的。甚至在板凳部分會更加危險，因為上斜的姿勢讓脊椎受到更多壓迫。

如果你需要拱背，可以使用舉重腰帶分散掉椎間盤的壓力，但更好的方式是減少板凳的傾斜度 (可能的話) 並保持脊柱貼緊靠墊！

雙腳應該放在地板、板凳上或懸空呢？

1 標準姿勢

2 抬腿方式

臥推時，雙腳扮演了平衡身體的重要角色：

> 當雙腳放在地板時的表現會最好 1，採用啞鈴訓練時幾乎一定得用這個姿勢。但若是板凳太高，你可能會將背部拱起才能讓雙腳踏到地板。

> 為了減少脊椎的壓力，你可以將雙腳放在板凳上。這個姿勢的穩定度比較差，但可以幫助你將背部緊貼在板凳上。

> 你也可以將雙腳懸空 2，但身體會相當不穩定，而且無法像雙腳放在板凳上那樣給予脊椎支撐。這個姿勢來自於道聽途說，沒什麼實際價值，但有些健身中心會要求會員這樣做，以避免鞋子弄壞板凳靠墊。

是否應該在動作的底部停頓呢？

臥推訓練時，當槓鈴下降到接觸身體的瞬間，你有三種選擇：

讓槓鈴在胸上回彈

這是最受大眾接受的技巧，特別是在訓練到最後一組，當感覺已沒有足夠力量單靠肌肉將槓鈴舉起時。槓鈴快速碰到胸部將引起非自主的肌力，伴隨著胸肋的回彈力量，至少能將槓鈴回彈起數吋之高（正好彌補了往往最難舉起的那幾吋）。當然這也有其危險性，槓鈴可能會失控而傷到肋骨、軟骨或使肋骨脫臼。

將槓鈴停在身體上休息

這是與前述恰恰相反的技巧。槓鈴一旦停頓在胸肋上，負向離心階段累積在肌肉裡的彈性肌力將流失掉一部分，槓鈴會因此變得比較難再舉起，也表示你必須使用較輕的重量。然而這個技巧可以增加訓練的難度，而幫助你徵召到更多的胸肌。

只輕拂過胸肋

一旦槓鈴碰觸到你的身體，在沒休息和回彈力道的狀況下立即再舉起槓鈴。

有一種可行的策略是，每組剛開始幾次先讓槓鈴停在肋骨上一秒鐘再舉起，等力量開始減弱時，就改為不停頓而直接舉起槓鈴。最後，當已經無力輕拂過胸肋而舉起槓鈴時，便使用回彈技巧（只在適度的重量下），以求多做幾下。

胸大肌

內側頭
外側頭 ┤ 肱三頭肌
長頭

③ 中握距臥推

雙手握距的角色

雙手位置對於胸肌和肱三頭肌的力量分配，扮演著重要的角色。中距離握姿（與鎖骨同寬）相比於寬握姿（鎖骨的兩倍寬），會：

> 減少胸大肌 20% 的參與。
> 增加肱三頭肌 60% 的參與（Lehman, 2005，Journal of Strength and Conditioning Research 19(3):587-91）。

窄握（雙手相距 10 公分）相比於寬握距，會：

> 減少 30% 的胸大肌參與。

> 增加雙倍的肱三頭肌參與。

有一種策略是每組輪替不同握距，來改變目標肌肉受刺激的角度，但注意每次握距的改變都會改變神經系統傳導，這對於訓練效果可能會有一定的負面影響。有些人可以輕鬆的適應此種調整模式，有些人則可能會適得其反，甚或導致力量消退。

槓鈴下降時的位置

你可以控制槓鈴下降到胸部的哪個位置。一般來說，槓鈴下降的位置會在乳頭上方。如果：

> 下降的位置越靠近腹肌，活動範圍就越小，肌肉的張力影響到下胸肌較多。

> 下降的位置越靠近頸部，活動範圍就越大。肌肉伸展可能會提高胸與肩膀受傷的危險，肌肉的張力影響到上胸肌與肩膀較多。

彈力帶的優點

你可以在槓鈴繫上彈力帶來提升訓練的效果 [1]。舉例來說，7 週訓練課表中，訓練者分成兩組，每週做三次臥推訓練。僅使用自由重量作為阻力的組別，臥推最大重量提升了大約 4%；以自由重量合併彈力帶作為阻力的組別，其重量提升則為前者的兩倍（Anderson 等人，2008。Journal of Strength and Conditioning Research 22〔2〕:567-74）。

以自由重量結合彈力帶訓練的效果較佳，是因為強化了離心（負向）階段的阻力 [2]。事實上，正如其他運動一樣，向心（正向）和離心階段如果重量都一樣，胸肌會抓到休息的機會。

研究報告指出，相較於向心階段，胸大肌的刺激在離心階段中減少了 30%。（Glass 與 Armstrong, 1997。Journal of Strength and Conditioning Research 11〔3〕:163-6）。

雙槓撐體

特色：這是結合胸肌、肱三頭肌和三角肌為目標的複合訓練，若使用機器則可進行單邊訓練。

步驟：雙手以中立握姿（拇指相對）握住平行雙槓，雙腳向後彎曲。雙臂彎曲讓身體朝地板降低，接著胸肌用力將身體推高。

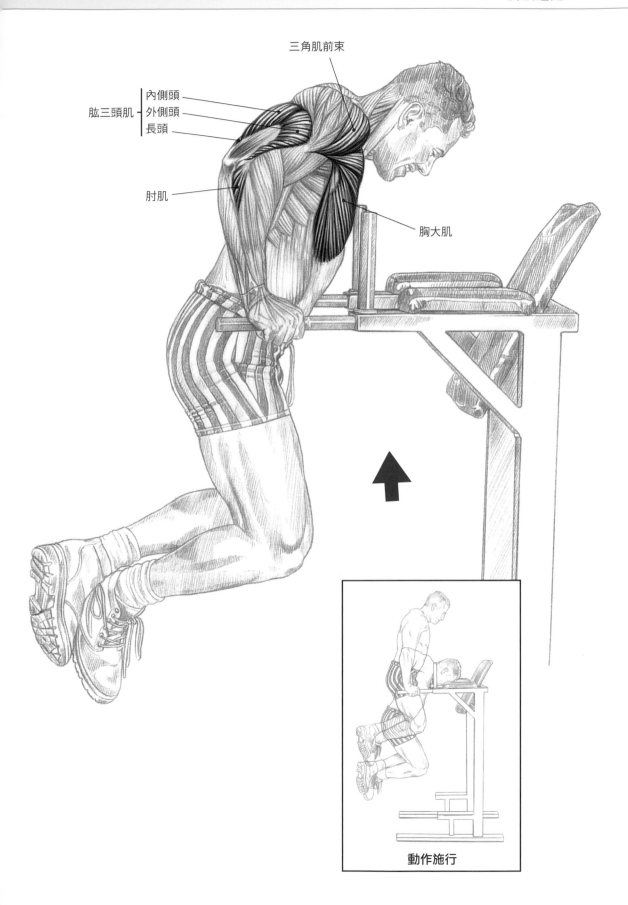

三角肌前束

肱三頭肌 { 內側頭
外側頭
長頭

肘肌

胸大肌

動作施行

重點提示：頭部位置是關鍵所在。下巴保持向下靠近胸部，這是可以動用到最多胸肌及讓肱三頭肌參與到最少的理想姿勢，並有助於避免常見的雙手刺麻（詳見下頁的說明）。

注意：可以將啞鈴夾在小腿 ① 或使用腰帶將啞鈴綁在身上來增加阻力 ②。

你也可以將彈力帶固定在器材上，另一端繫在腰間來增加訓練難度 ③。力竭時，將重量或彈力帶放掉再多做幾次。

變化型

1 如果平行雙槓改為外開的 V 型，你就可以調整雙手間的距離。使用寬握距會訓練到較多的胸肌與較少的肱三頭肌，但因為胸大肌負擔較大而會增加肌肉受傷的風險。

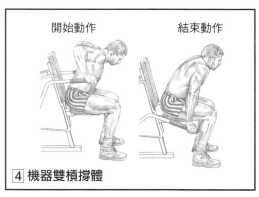

開始動作　　　　結束動作

4 機器雙槓撐體

2 雙手推得越直，肱三頭肌作用比例就越高於胸肌。不要將手臂完全伸直，以便維持胸肌的張力。而力竭時，可以將雙手推直，稍微讓肌肉休息，然後再試著多做幾下。

3 雙槓撐體機讓你可以完全掌控阻力的角度 ④。但機器的問題在於進行大重量訓練時，身體將很難維持在座位上而可能被撐離訓練機。因此，使用機器時可以試著做單邊訓練。

4 如果你還無法撐起自身的重量，或想要在每一組的最後強迫自己多做幾下，可以使用雙腳蹬地或踏著板凳借力。

5 保持雙手伸直時，你可以先將頸部往斜方肌下降 ⑤，接著再使用胸大肌的力量將頸部向上提 ⑥。

優點：操作雙槓撐體動作時，胸肌可以輕易地達到充血，因為身體並不常進行這種類型的伸展。

缺點：想要專注刺激在胸肌上並不容易，因為肱三頭肌和三角肌都會參與其中。

風險：當重量讓你的動作失控時，雙槓撐體會變得危險。別讓身體降得太快以至於失控墜落。動作失控會讓身體付出代價，結果可能造成胸肌撕裂傷或手肘、關節疼痛。

⚠ 如何避免手臂刺麻

某些上肢訓練會讓手臂或指頭產生聲響、刺痛或麻痺的情況。在進行雙槓撐體的動作時會特別明顯。

這些不舒適的情形常肇因於頭部的位置，若你在訓練時頭部保持向上 7，可能阻斷來自手臂神經叢的神經衝動。因為這些神經遊走在整隻手臂，此種神經傳導會影響到手臂、手肘或手掌。

為了避免神經衝動的困擾，一般來說只要維持下巴往胸部方向下壓 8 即可。這個建議也適用在其他會造成刺麻的運動上，例如使用訓練機進行肩膀後側的訓練動作。

瞭解胸骨的疼痛

胸骨不僅是胸腔的中心骨，更像是和肋骨相連的關節。這個關節可以稍微移動並且是呼吸動作所不可少的。胸骨就如同所有的關節一樣，也會發生關節痛。例如，臥推過程讓槓鈴重擊到胸腔時，胸骨就會感到疼痛。

但胸骨的疼痛比較常發生在雙槓撐體。為了預防傷害，利用擴胸呼吸運動來進行胸骨的暖身 9 10。若疼痛仍然持續，就必須避開會造成胸骨不適的運動。

吸氣　　　　呼氣

肋腔伸展

伏地挺身

特色：這是針對胸肌、三角肌和肱三頭肌的複合訓練。要做單手伏地挺身也可以，但通常只適合體重較輕的人。

步驟：雙手撐在地上，身體朝向地板；雙手至少要與肩同寬，用力伸直雙手將身體推起，盡可能感受是用胸肌的力量去做這個動作。當雙手都伸直後，緩慢地將身體下降。

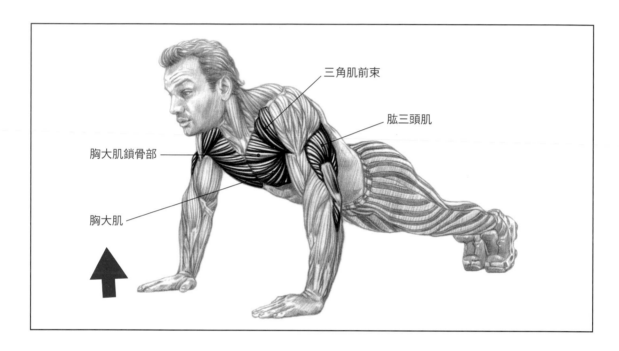

三角肌前束

肱三頭肌

胸大肌鎖骨部

胸大肌

重點提示：雙手的位置選擇最自然的姿勢，為了讓訓練焦點集中在胸肌，手掌的方向通常是朝前或朝外張。若將手掌向內，會徵召到比較多的肱三頭肌。雙腳距離也請調整到最舒適的位置。

變化型

1 手掌採用寬距：雙手手掌距離越遠，胸肌使用到的張力越大，肌肉收縮的目標會比較集中在上胸肌。

2 手掌採用窄距：雙手手掌距離越近，胸肌使用到的張力越小，肌肉收縮的目標會比較集中在胸肌內側。不過窄距也會用到比較多的肱三頭肌，可能影響到胸肌的訓練效果。

3 手臂和身體的角度可以改變。可以將手掌位置放在肩膀下方或胸部下方，或從中找出最適合你的訓練角度。

4 為了增加阻力，你可以將一條彈力帶繞過後背並固定在雙手。一開始你可以先將彈力帶圍繞身體一圈 1，等力量漸漸增強後，就可以將彈力帶圍繞身體兩圈 2。

優點：容易改變阻力大小。如果你的體重很重，一開始可以先做跪膝伏地挺身，幫助你逐漸增強力量。同樣的，若一般伏地挺身做到每組的結尾沒力時，可以使用跪膝伏地挺身的方式再多做幾下。最後，伏地挺身將肩胛骨壓進肋緣的動作，也會用到大量的前鋸肌。

缺點：以伏地挺身專注訓練胸肌並不容易。此外，因為先天身體型態的不同，伏地挺身並非對所有人都能達到訓練效果。如果你的手臂較長，即使練得很勤奮卻未必能從外觀上看出成果。能做多少下伏地挺身並不是訓練的目的，增強肌力才是目的，但往往容易演變成追求數量或各種花招而失焦。

風險：拱背會讓伏地挺身比較容易做到，但也會壓迫到腰椎。另外，手腕的自然狀態並不適合彎曲到 90 度。為了減少前臂受傷的風險，可以在運動用品店中買到伏地挺身專用的握把，除了能增加活動的範圍外，還能防止手腕受傷。

胸肌的單關節運動

啞鈴飛鳥

特色：這是胸肌和三角肌的單關節運動。利用訓練機可以做單邊訓練，若用自由重量器材做單邊訓練，易有危險性。

步驟：坐在平板上，雙手各握一支啞鈴停放在大腿上。身體向後躺在平板上，雙臂伸直將啞鈴高舉於胸部上方，手掌位置對齊肩膀並採中立握姿（拇指朝頭部）3。

就定位後，手臂微彎向兩側張開直到感覺胸肌充分伸展（但不要過度伸展）4。接著胸肌用力將啞鈴抬高向中間靠攏，回到開始姿勢。

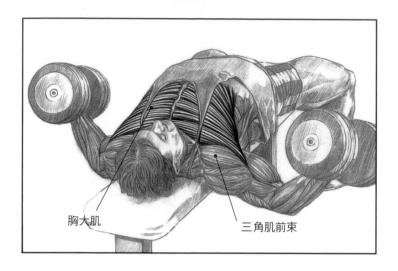

胸大肌　　　　　　　　　　三角肌前束

重點提示：動作到達頂峰時，啞鈴不需要互相碰撞。事實上，在這個動作的上半部阻力是很少的。研究估計，超過 25% 的部分胸肌承受著無意義的阻力（Welsch, 2005）。為了避免胸肌收縮減弱，動作應該停在上推活動範圍四分之三的位置，而不是推完全部活動範圍。

變化型

1 你可以使用不同角度的板凳進行飛鳥動作：

> 平板：訓練整個胸大肌。

> 上斜板：訓練上胸。

> 下斜板：訓練下胸。

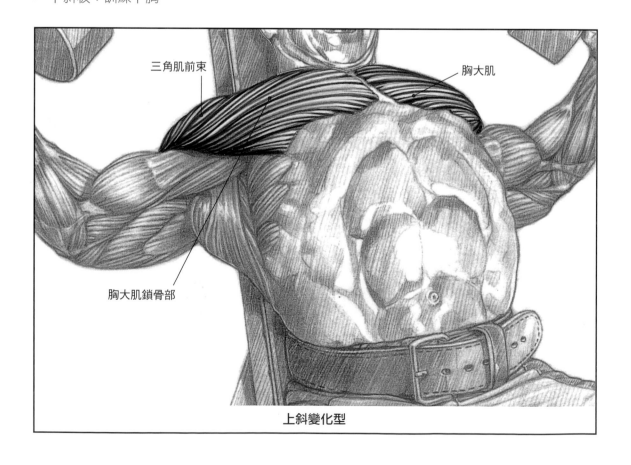

三角肌前束　　　　　　　　　　　　胸大肌

胸大肌鎖骨部

上斜變化型

2 你可以採用兩種手腕旋轉的方式，來提升胸肌收縮效果。當雙手逐漸靠近時，可以進行下列動作：

> 手腕旋轉讓小拇指互相靠近，如此能將訓練目標放在下胸肌 **1**。

> 手腕旋轉讓大拇指互相靠近，如此能加重上胸肌的訓練 **2**。

3 不同於將手臂下放到身體的兩側，你可以讓手臂以 V 型的方式朝頭部側邊下放 **3**。這是一種結合飛鳥和拉舉（pullover）的動作。有些人感覺這樣做的效果比較好。但是這個變化型必須使用較輕的重量，因為操作起來比較困難，肌肉撕裂的風險也較高。

4 你也可以使用機器或兩側低位滑輪訓練機來代替啞鈴。這些設備的優點是能夠在訓練活動範圍裡持續保持阻力（而不是像啞鈴飛鳥只有前半段有阻力），而且比較容易進行單邊訓練。

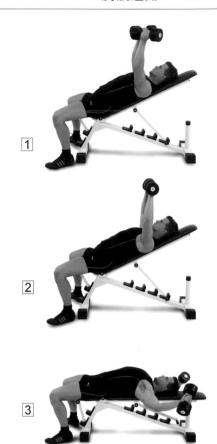

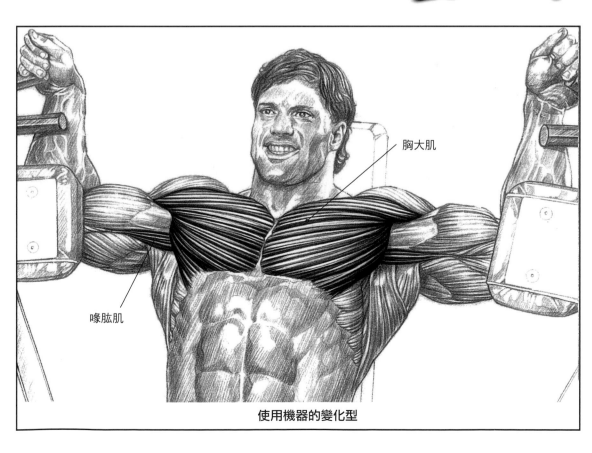

胸大肌

喙肱肌

使用機器的變化型

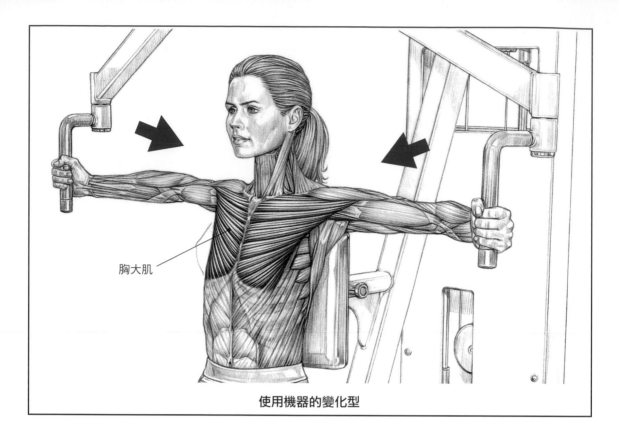

胸大肌

使用機器的變化型

優點：飛鳥可讓胸肌充份伸展，而且因為肱三頭肌不參與飛鳥的動作，就不會像推舉動作那樣因為比胸肌更早疲勞而阻礙訓練。

缺點：有時會覺得胸肌會比三角肌還難刺激到。同樣地，當夾胸動作達到頂峰時的阻力幾乎不存在，這也會讓你難以感受胸肌的收縮。

風險：在舉起與放下啞鈴時勿將手臂伸直，在訓練過程中也不要將手臂完全伸直，因為手臂伸直可能會造成肱二頭肌撕裂傷。為了避免受傷，在做飛鳥訓練時速度要放慢，不可猛然用力。

注意：有一種組合訓練是你可以嘗試的：從飛鳥開始，力竭時，漸漸增加手臂彎曲的幅度而讓動作變成啞鈴臥推，以便讓你多做幾次。

立姿反向滑輪飛鳥

特色：這是胸肌和三角肌的單關節訓練，可以進行單邊訓練。

1

2

步驟：站立並採用高位滑輪，雙手以中立臥姿（拇指朝前）握住把手 1。雙臂幾乎伸直，使用胸肌的力量將雙手往前移動到兩個把手碰觸 2。停留 1 秒鐘後回到開始的位置。

重點提示：保持肌肉的張力，緩慢地動作，如此才能確保訓練能夠刺激到胸肌。將手臂彎曲會比較容易做，但會減少胸肌的訓練效果。因此，你應該保持手臂幾乎伸直。當力竭時，可以稍微彎曲雙臂以多做幾次。

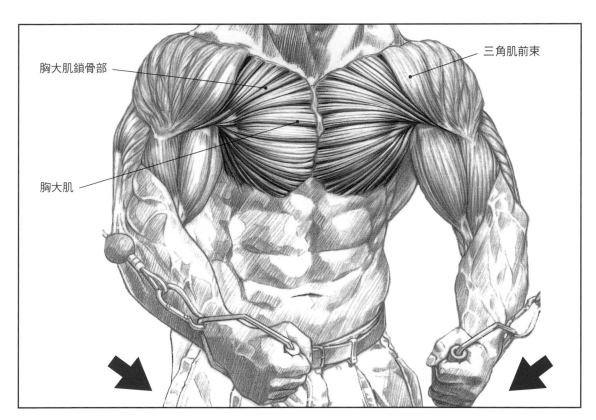

胸大肌鎖骨部

三角肌前束

胸大肌

變化型

1 為了增加活動範圍，當雙手握把在身體前方碰觸時，可以進一步用力將其交叉 3。雙手在胸前交叉的方式，可以同一組的每一下都是同一手在上方（最簡單），或是採用每一次雙手輪替在上的方式（比較困難）。

3

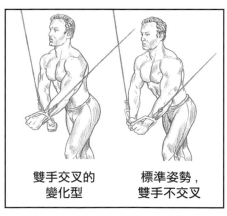

雙手交叉的變化型　標準姿勢，雙手不交叉

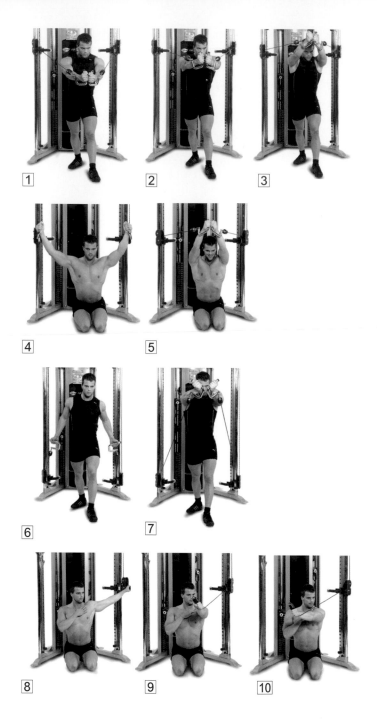

2 你可以將雙臂的高度在下腹與頭頂之間的範圍做調整，以改變胸肌訓練的角度。雙手的位置比較高時，會用到較多的上胸肌 ②③；雙手的位置比較低時，會用到較多的下胸肌 ①。如果你想更強化上胸肌肉，還可採雙膝跪地來做訓練 ④⑤。

3 若你手臂肌腱附著的位置離肩膀較遠（p.166），可以採用立姿低位滑輪訓練 ⑥。如果將雙臂朝向頭部，並且將雙手互相接近移動 ⑦，便會集中訓練上胸。如果肌腱附著位置較高，則這種訓練方式主要會訓練到三角肌。

4 想要進行單邊訓練，可以採用高位滑輪並以中立握姿（拇指向上）⑧抓住把手，或以正握方式直接握住滑輪頭（手掌朝向天花板）。將手臂移動到與肩膀同高 ⑨，盡可能將手掌移向另一邊 ⑩，維持張力至少 2 秒鐘後再回到開始的位置。訓練過程中，可使用空下來的另一隻手的手指輕放在上胸肌，以感受肌肉動作。

優點： 這個訓練方式近似飛鳥夾胸，但滑輪訓練機在整個活動範圍期間持續提供阻力，而不像啞鈴飛鳥那樣只有一半的運動範圍有阻力。

當你需要進行每組 100 次反覆的訓練時，滑輪飛鳥是一項合適的選擇。

缺點： 有時三角肌會負擔大部分的力量，此時你的胸肌只能獲得很少的訓練。若你感覺三角肌使用太多了，可以試著做單側飛鳥。

風險：做此動作時不應將雙臂完全伸直，特別是在雙臂向外張的時候，因為可能會讓肱二頭肌受傷。另外，手臂也勿過度彎曲，這麼做會讓胸肌得不到充份的訓練。如果滑輪位置相當高，注意勿將雙臂張太開以免傷到胸肌。

注意：如果在複合訓練中難以感覺到胸肌的刺激，可以使用滑輪訓練機來學習感受胸肌的收縮。

經過幾週固定的輕重量滑輪訓練後，當你再度進行其他胸肌訓練時，會獲得比較好的肌肉感受。

仰臥拉舉

特色：這是針對胸肌及少部分背肌和肱三頭肌的單關節訓練。可以進行單側訓練。

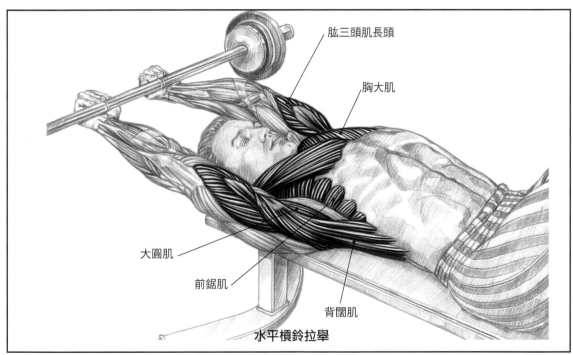

肱三頭肌長頭

胸大肌

大圓肌

前鋸肌

背闊肌

水平槓鈴拉舉

[11]

[12]

步驟：身體與板凳成 90 度橫躺，這個姿勢比身體完全躺在板凳上能讓肌肉得到更好的訓練效果。雙手以中立臥姿（拇指朝向地板）握住啞鈴，將雙臂舉到頭部上方 [11]。保持雙臂半直並下降到頭部後方位置 [12]。當雙臂和身體呈一直線時，使用胸肌的力量將啞鈴再次舉起。當啞鈴移動到眼睛上方時，暫停一下，接著再將雙臂下降，重複動作。

重點提示：和緩地彎曲雙臂可以幫助肌肉伸展，但如果手臂太過彎曲，背肌就會過度參與，而減少胸肌的訓練效果。

變化型

以下兩種方式可以代替啞鈴：

1 採用直槓槓鈴，手握槓的方式與握啞鈴不同。

2 採用低位滑輪訓練機，可以增加活動範圍，尤其是在收縮的位置。

優點：此動作可同時伸展胸肌和肩部肌肉，而這兩個部位的肌肉通常會因為肌力訓練而趨向於降低了原本的活動度。

缺點：有些人在做此動作時不易感受到胸肌的收縮，表示使用到較多的背肌或肱三頭肌。

風險：做此動作時如果打直雙臂做直臂仰臥拉舉，會使肩膀關節處於危險的位置，所以不能使用大重量訓練，增加訓練次數會比增加重量來得恰當。若使用可調式啞鈴，請確保固定好，以免越過頭部上方時掉落。

此外，這個訓練可能會使肱三頭肌產生嚴重的傷害（近肩膀處的長頭或手肘的嵌入位置），所以注意在重量下降時勿將手臂伸得太直。如果感覺到任何疼痛，應立即停止訓練。

胸肌的伸展運動

胸肌伸展

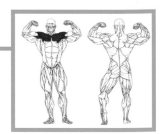

將手抵在牆上或訓練機的柱子上，身體向前壓以加強肌肉伸展（右頁）**2**。

變化型

站立將手臂彎曲 90 度，並請訓練夥伴溫和地將你的手臂向後推，以伸展胸肌 **1**。

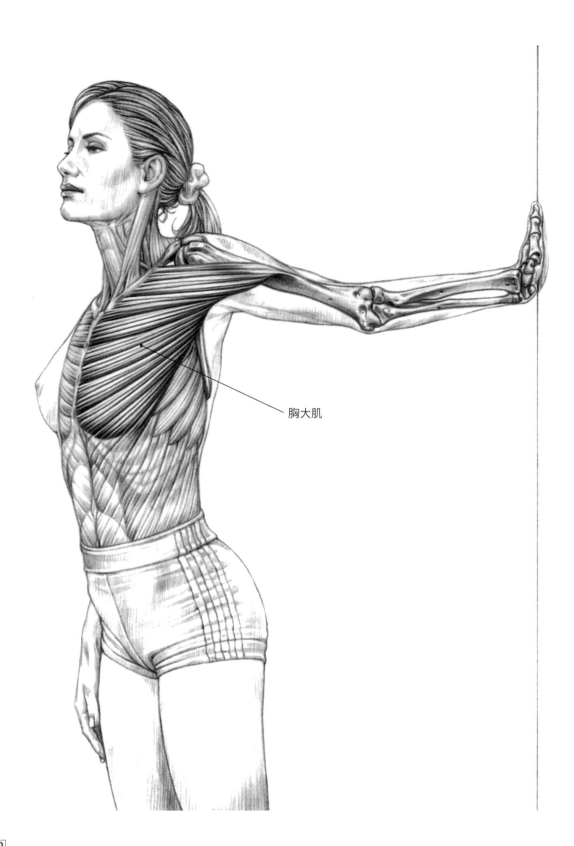

胸大肌

快速發達肱二頭肌

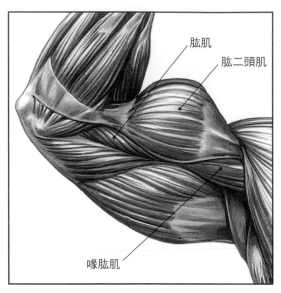

肱肌
肱二頭肌
喙肱肌

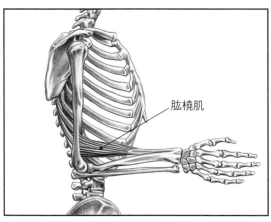

肱橈肌

局部構造

肱二頭肌由兩部分構成：

1 長頭位於手臂外側，肉眼可見的多為此部分。

2 短頭位於手臂內側，有部分被軀幹擋住。

肱二頭肌的主要功用是讓前臂彎曲，使手掌能朝上臂靠近。

鍛鍊的秘訣

要迅速建立強壯的肱二頭肌，必須了解此肌肉並非獨自作用，而是由另外兩條肌肉協助完成：

> 肱肌，位於肱二頭肌下層，其作用如同第二條肱二頭肌。

> 肱橈肌，比較接近前臂的肌肉，對上臂的厚度也有一點貢獻。

開發肱二頭肌的五個阻礙

肱二頭肌太小

肱二頭肌太小是許多健身者最感失落之處，雖然上臂似乎永遠不嫌粗，但不管怎麼鍛鍊，有些人的手臂似乎就是無法增大，尤其與寬闊的肩膀對比，顯得更加發育不良。針對這種狀況，仍然有一些創新但常被忽略的方法可以幫得上忙，來提升肱二頭肌的肥厚速度。

肱二頭肌太短

假使肱二頭肌在前臂的附著點非常高，肌肉纖維看起來就顯得很短，這也常常是肌肉鍛鍊效果不理想的原因。如果天生肱二頭肌就長（延伸到前臂較低點），則鍛鍊的成效通常比較顯著。

肱二頭肌較短唯一的好處是看起來肌腹（肌肉收縮時隆起最高處）較為明顯，這是較長的肱二頭肌所不及的。

我們雖然無法改變肱二頭肌的附著處，令其往前臂遠端延伸，卻能藉由訓練肱橈肌（連結肱二頭肌和前臂的肌肉），將前臂向肱二頭肌拉近。

長頭與短頭失衡

肱二頭肌的長頭和短頭發展不一定均衡，在此肌肉收縮時可以看出兩者的不對稱：

> 由前方觀察，如果肌肉缺乏弧度也沒有太大隆起，表示短頭發育不良。

> 由後方觀察，如果肌肉缺乏弧度表示長頭發育不良。

要矯正此種狀況，必須將生長遲緩的肌肉獨立出來訓練。

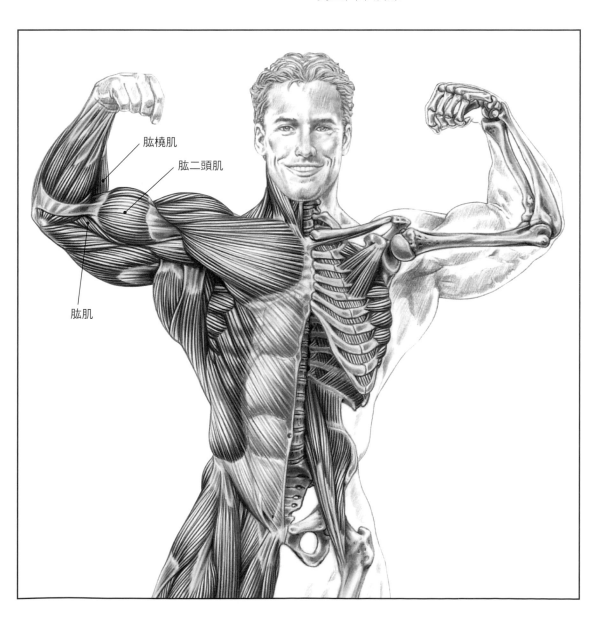

肱橈肌

肱二頭肌

肱肌

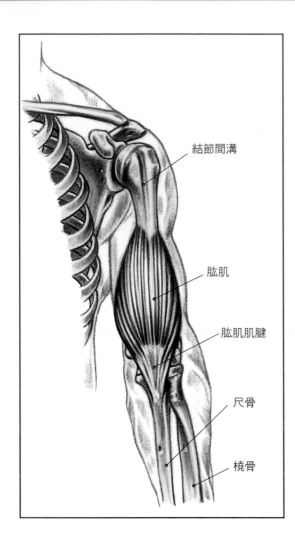

結節間溝

肱肌

肱肌肌腱

尺骨

橈骨

肱肌太小

肱肌有潛力發展得和肱二頭肌大小相當，實際上卻常常發育不良，因此這當中有相當大的空間可以發展，稍加訓練就能改善手臂外觀。

肱肌對外觀的影響還不只如此：

> 假使雙臂大小不均，當中體積的差異常常是因為其中一側的肱肌比另一側發達得多。

> 由於肱二頭肌的外型主要是由天生體質所決定，因此發達的肱肌可以將其上的肱二頭肌墊高，使肌腹更加突出。

肱肌不發達的原因並非生長遲緩，而是肌肉徵召不易。

當我們進行某些針對肱肌的訓練動作時，這條肌肉常常沒被徵召起來，因此根本不會有訓練效果，必須借助特定動作學習使肱肌收縮，建立肌肉徵召模式。

肱二頭肌疼痛

肱二頭肌所在的部位也與前臂一樣，容易發生各種痠痛，這些傷害會拖慢手臂肌肉的生長，甚至影響軀幹肌肉的發育。造成這些問題的因素包括：

> 在訓練肱二頭肌、背肌或胸肌時，以反握姿勢將手臂伸直。

> 先天手肘過度伸張者，訓練時容易過度使用肘關節 (p.37)。而先天肱二頭肌較短的人，肘關節活動度會低於平均值，訓練時容易將手臂伸得太直。

> 健身時沒有考量到自己的前臂是否外翻或過度旋前 (p.200-203)。

> 肱二頭肌本身是容易受傷的肌肉，卻常在鍛鍊軀幹肌肉時被徵召，沒有太多時間可供復原。

> 進行背部、肩膀或胸部鍛鍊前，並沒有讓肱二頭肌有充足的熱身。

> 前臂肌肉不夠強壯。

> 前臂的伸肌和屈肌生長狀況上不平衡。

> 肱橈肌太短或不發達的健身者，其肱二頭肌受傷風險也高。

> 肩膀前方的疼痛，通常來自於肱二頭肌長頭肌腱發炎，由於疼痛發生在肩膀或胸肌訓練時，常會被誤認為是肩膀問題。

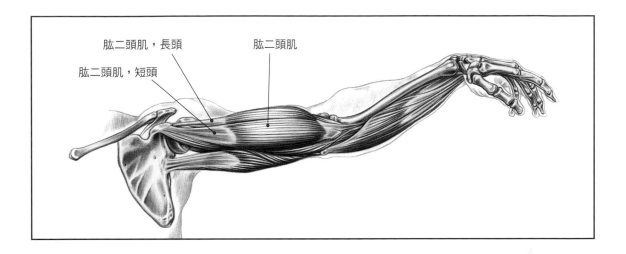

肱二頭肌，長頭　　肱二頭肌
肱二頭肌，短頭

⚠ 結節間溝的構造

結節間溝的深度平均約 4-6 公厘，但約有兩成的人深度低於 3 公厘。由於活動空間不足，肱二頭肌受到的摩擦也較為劇烈，導致肱二頭肌發生肌腱炎甚至肌腱斷裂的風險異常升高，這類人的特徵包括：

> 做軀幹的訓練後，肩膀前方會頻繁的疼痛。

> 做手臂、肩膀、胸部或背部運動時，肩膀前方可以感覺到或聽到喀拉的聲音。

出現以上症狀時，必須適度減少相關動作的手臂活動範圍，以避免肌腱的磨損，包括頸後推舉、上斜彎舉以及所有胸部運動。

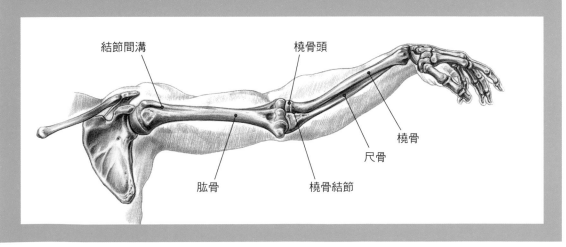

結節間溝　　　橈骨頭
　　　　　　　　　　　橈骨
　　　　　　　　　尺骨
肱骨　　　橈骨結節

該如何鍛鍊肱二頭肌？

肱二頭肌在許多方面和小腿肌群相似，總是有些人輕易就能擁有強健的手臂，而另一些人則再怎麼努力，肌肉也沒有顯著增長。生長遲滯的狀況並非無法解決，只要重新檢視某些錯誤的觀念，就能發現訓練效果不彰的原因所在。

構造上的兩難：必須進行各種角度的動作才能刺激肱二頭肌生長

普遍的觀念：只有透過各種不同角度的訓練動作，才能練出雄偉的手臂，也就是說每次訓練時要盡可能做越多種肱二頭肌動作越好。

實際的狀況：有些肌肉包含不同走向的肌纖維（例如胸大肌或背闊肌），但肱二頭肌並非如此，如果不是真正了解此肌肉的特

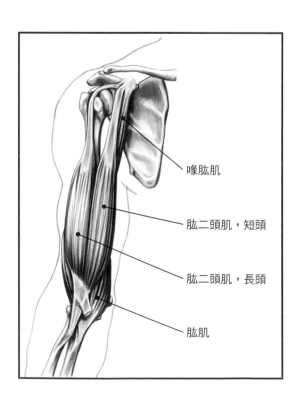

性，會認為要盡量變化各種肱二頭肌動作才能達到最好的效果，然而不像胸大肌由各種角度的肌纖維組成，肱二頭肌只有兩個真正的走向，其餘都是假想出來的角度。

兩個真正的肌肉角度

1 我們可以藉由變換手肘的位置，來調整張力分布在兩個頭肌肉上的比例：

> 當手肘位於軀幹後方時，長頭會貢獻較大張力。
> 當手肘位於軀幹前方時，則短頭會先被徵召。

2 肱二頭肌內肌纖維的徵召程度並不完全一致，某些區域的收縮程度會大於其他區域，這種現象稱為區域化或間隔化。決定哪個區域會收縮的因素並非動作種類，而是動作反覆的次數，人體內的第二型肌纖維（快縮肌）分布於肌肉的邊緣，而第一型肌纖維（慢縮肌）則位於肌肉的中心，因此改變反覆次數就能改變徵召的區域。

假想的肌肉角度

不同的手掌抓握方式，可以促進或限制肱二頭肌的收縮：

> 反手抓握（雙手小指相對）是最有利於肱二頭肌收縮的姿勢。
> 對握（雙手拇指朝上）會稍微妨礙肱二頭肌收縮，但是透過肱肌與肱橈肌的協助，可以彌補損失的肌力。

喙肱肌

肱二頭肌，短頭

肱二頭肌，長頭

肱肌

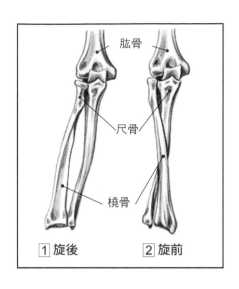

肱骨

尺骨

橈骨

1 旋後　　2 旋前

> 正手抓握（雙手拇指相對）對肱二頭肌的限制又更大，主要是由肱橈肌貢獻大部分的肌力。

以上狀況的肌力差異是源自於構造上的限制，而非肌肉收縮的角度，有了這樣的基本認知後，才能了解不同的訓練動作，無法改變肱二頭肌的收縮角度。

如何贏得腕力比賽？

在比賽腕力時，有個保證只贏不輸的秘訣：扭轉對手的腕關節讓姿勢變成旋後，使對方手臂處於不利收縮的位置，而自己則保持對握姿勢讓肌力完全發揮。

手臂的力量在手掌呈對握姿勢時最為強大，這也說明了為何錘式彎舉的重量總是能比傳統肱二頭肌彎舉重量來得大；而當手掌處於正手抓握位置，則是肱二頭肌最無力的狀態，因此進行反向彎舉 (p.222) 的重量，總是無法超越傳統肱二頭肌彎舉 (p.205) 的重量。

外觀上的爭論：進行彎舉時是否需將手臂伸直？

普遍的觀念： 進行槓鈴彎舉時將手臂伸直可以：

> 增加手臂活動範圍，

> 提升肌肉伸展程度，

> 進而增進訓練的效率。

實際的狀況： 肱二頭肌的作用是將前臂朝上臂方向拉近，附著於手肘附近的肌腱會承受較大張力。而在手臂打直且手掌呈反手抓握位置時，肱二頭肌的肌纖維無法有效收縮，因此動作起始時肱二頭肌的貢獻只佔小部份，大多數是靠肱橈肌和肱肌支援完成的。

因此手臂打直做反手抓握時，肱二頭肌會處於非常容易受傷的狀態，例如用反手抓握做硬舉動作，常常會導致肱二頭肌的撕裂傷，或者肌腱的傷害與發炎（肌腱炎）。因此進行彎舉或其他任何使用反手抓握的動作時，千萬不要將手臂打得太直，尤其是嘗試提起極大重量時，應全程維持手臂的張力以免受傷。

分析肘外翻

圖中女性的肘外翻程度顯著，比較左右兩人的手臂角度，可看出明顯差異。

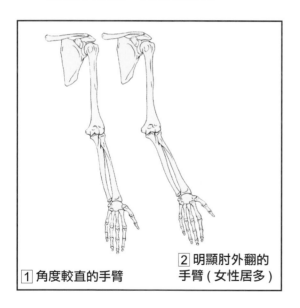

1 角度較直的手臂

2 明顯肘外翻的手臂（女性居多）

進行手臂的肌力訓練之前，必須了解自己肘外翻的程度，有了這樣的基本資訊後，才能配合個人的身體型態，選擇最適合的肱二頭肌運動。

沒有人的手臂是完美的一直線，要自我檢視肘外翻的角度，可以站在鏡子前露出雙臂，手臂伸直並使拇指位於最外側，想像一條起自肩膀終於手肘中心的直線，再將這條假想線朝手掌方向延伸：

> 如果延長線恰好穿過手掌的中心，表示肘外翻程度較低，手臂相對較直；

> 如果延長線通過無名指或小指，甚至是手掌外側，表示肘外翻程度明顯，手臂看起來較為彎曲。

每個人的肢體活動軌跡都不盡相同，會受個人身體型態的影響，肘外翻就是最好的例子。不同個體進行肱二頭肌彎舉（前臂彎曲朝上臂靠近）的角度也有差異，將拇指盡可能保持在最外側，固定手肘並抬高手掌，手臂較直的人，最後手掌會停在肩膀位置附近，而手臂較彎的人則會落於肩膀外側。

構造上的衝突

對於肘外翻明顯的健身者，在使用槓鈴做肱二頭肌鍛鍊時會遇到構造上的衝突。手臂彎曲時，身體的構造會自然將手掌帶向肩膀外側，然而橫槓並不會伸縮，所以我們的關節、肌肉或肌腱會承受壓力並感到疼痛。

並且在動作起始時手肘會外翻，有如鳥類準備起飛的動作。要將橫槓完全掌握在手上並不容易，尤其是手臂彎曲時，因此動作過程中需要一直調整橫槓的位置，對於前臂過度旋前的人來說，以上的症狀只會雪上加霜。

手臂是否過度旋前或旋後？

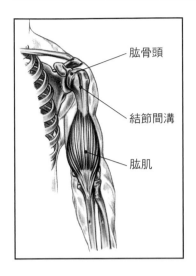

橈骨上半段有如圓柱體的造型，可以和尺骨做更好的結合，以便將前臂轉為旋前位置。

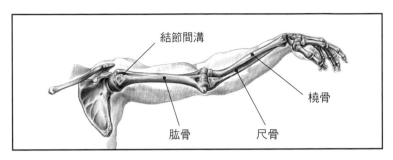

橈骨的彎曲程度因人而異，對於手臂的活動會有相當重大的影響，可依此將人體分為兩類：

過度旋後者

這類人的橈骨彎曲程度較小，因此前臂自然呈現旋後位置，旋後程度明顯的人甚至可以一路將拇指轉到朝向後方。

過度旋前者

這類人的橈骨彎曲程度明顯，因此前臂自然呈現旋前位置，並可輕易將拇指轉向後方。

這兩種構造的差異對肌力訓練的影響如下：

1 過度旋後者可以輕易進行槓鈴彎舉動作，尤其是在手臂伸直、又無肘外翻的情況下，同樣的在反手抓握姿勢下，過度旋後者以窄握法進行槓鈴彎舉或引體向上的難度都較低。

2 過度旋前者較難翻轉手臂，不易順利執行槓鈴彎舉動作，假使又有大角度的肘外翻，困難度會更加提高，此外也很難用反手窄握法進行槓鈴彎舉或引體向上。為了減輕這兩種訓練的難度，過度旋前者應該使用 EZ 槓或啞鈴代替，讓器材更能適應身體的特性。相對的，正握槓鈴彎舉對於過度旋前者就容易多了。

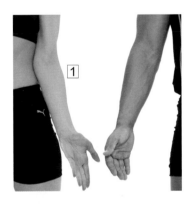

1 圖中女性過度旋後

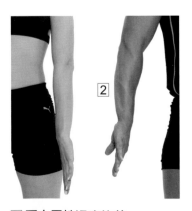

2 圖中男性過度旋前

順應身體特性調整動作

在身體條件並不適合的狀況下，勉強自己做槓鈴彎舉訓練只是有害無益，包括手腕、手肘、前臂、上臂或肩膀都可能產生疼痛，這些問題是慢性產生的，等到察覺時可能已經很難釐清原因了，因此必須容許過度旋前（或彎曲）的手臂有更多的自由度，不必執著在直槓槓鈴上，否則可能會帶來無法擺脫的疼痛。

此外由於人體兩側並非完美的對稱，手臂肘外翻或過度旋前的程度通常不完全一樣，因此運動時的軌跡也會有差異，假使持續使用槓鈴（直槓或 EZ 槓）鍛鍊肱二頭肌，可能會引發造成失能的傷害。

實際應用

對於輕微的肘外翻或過度旋前者，使用 EZ 槓會比直槓來得好抓握，但是 EZ 槓仍然無法提供足夠的動作自由度。

對於肘外翻程度明顯或左右不對稱的健身者，可能應考慮用啞鈴或滑輪機代替。不過有時候滑輪機的握把也可能太直，不適合過度旋前者，可以換上特製的握把來模仿 EZ 槓的角度。

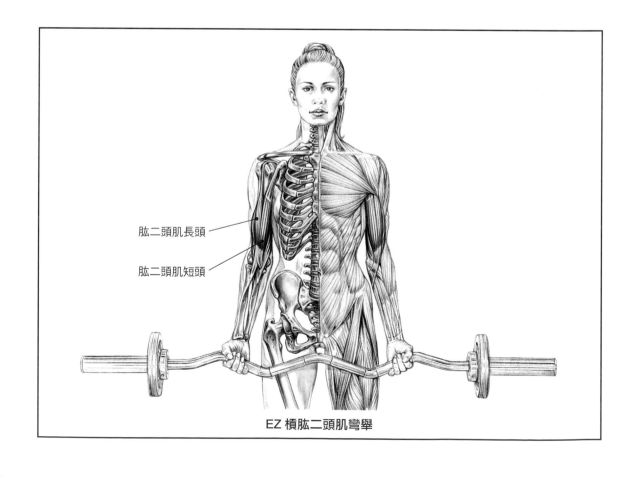

肱二頭肌長頭

肱二頭肌短頭

EZ 槓肱二頭肌彎舉

類似的問題也可能發生在肱二頭肌訓練機上。隨著手臂越伸展，機器握把的位置就會偏離前臂的自然位置越遠，使得動作不平順，令健身者誤以為是手掌沒有握好或者使用方法錯誤。

現實狀況下，能夠調節配合外翻或旋前手臂動作軌跡的機器並不多，因此不一定要堅持使用健身機練習，通常使用設計良好的機器會比自由重量來得有效果，但二頭肌訓練機卻是個例外，除非使用者天生具有很直的手臂以及活動度良好的手腕，否則還是自由重量較好。

注意：假使身體結構不適合用直槓做肱二頭肌訓練，那麼同樣的情況也會發生在肱三頭肌的訓練上。

結論：考量自身手臂的彎曲程度和手腕的活動度後，可以排除許多會與先天結構產生衝突的動作，就能減少肱二頭肌訓練動作的選擇了。

生物力學的兩難：彎舉是肱二頭肌的多關節運動嗎？

普遍的觀念：要建立強大的肱二頭肌，針對該肌肉的多關節運動是不可或缺的訓練，而槓鈴彎舉是最適合肱二頭肌的多關節運動。

實際的狀況：一般而言，多關節運動是增進肌肉生長與增強肌力最有效的方式，但假如這個策略並沒有達到效果，也就不必執著下去。

此外傳統的肱二頭彎舉並非多關節運動，而是肱二頭肌的單關節運動才對。多關節運動的要件有以下三點：

1 牽涉兩個關節的動作，但在彎舉過程中只有肘關節有動作。

2 橫跨多關節的肌肉在進行多關節運動時，其中一端會收縮而另一端同時延展，因此肌肉的整體長度並沒有太大改變。

肱二頭肌跨越了肩關節與肘關節，在彎舉過程中近肘端因收縮而變短，假使將手肘稍微抬高一些，會發現肱二頭肌近肩端也一樣會變短，當多關節肌肉運動時兩端都縮短，表示此動作屬於單關節運動。

3 多關節運動的軌跡基本上是一條直線，而單關節運動的軌跡則比較接近一段圓弧形（例如彎舉）。

傳統肱二頭肌彎舉沒有成效時，還能怎麼做？

假使傳統彎舉訓練能有效刺激肱二頭肌生長，那麼就沒有必要改變訓練策略，只有在成效不盡理想時必須做點調整。

傳統彎舉對肱二頭肌的訓練並非最佳方式，要以最有效率的方式刺激肌肉生長，就必須在最佳長度時進行鍛鍊 (p.204)。

以反手槓鈴划船動作為例，當我們用力將槓鈴拉向身體時，肱二頭肌的近肘端縮短，而近肩端則延長，如果將肌肉維持在這樣的最佳長度，那麼整個動作範圍都可以維持肱二頭肌的最佳肌力。

尋找最佳肌肉長度

假使傳統的彎舉無法順利刺激生長，我們需要改變鍛鍊時的肌肉長度，目標是令肱二頭肌維持在最佳長度（而不像彎舉時使肌肉長度縮短），此時應該將手肘放在身體後方，才能大幅提升肱二頭肌的徵召程度。以下提供兩個動作範例：

近水平長椅上進行彎舉

有些人會在上斜長椅上鍛鍊肱二頭肌，但絕少有人使用水平長椅，其實椅面越接近水平，手肘懸垂的程度越大，肱二頭肌近肩端的延展也越大，是其他傳統的肱二頭肌運動做不到的。

1

2　　　3

理想上應該使用可調式長椅，將椅面微幅上斜 1，可以創造一個很小的斜度，降低水平仰臥鍛鍊的難度。身體盡可能往椅面最高處靠近，並保持手臂彎曲以免啞鈴著地。

由於手肘位於軀幹後方會帶來極大的張力，一開始要選用較輕的啞鈴反覆最多的次數，幫助肌肉熟悉動作，如果負重增加太快可能會使長頭近肩膀的肌腱發炎，產生肩膀疼痛的症狀。

這是截然不同的肱二頭肌徵召方式，長頭肌肉會更快產生燃燒感，而長頭位於上臂外側，對外觀影響較大，因此要先鍛鍊長頭部分，再改用手肘位於軀幹前方的動作（傳統肱二頭肌彎舉、集中彎舉、斜板彎舉）鍛鍊內側的短頭部分。

⚠ 警告！

假使肩膀前方感到疼痛，就應暫停此訓練。

背後滑輪彎舉

通常使用滑輪機都是面向機器的，但如果改成背對滑輪機，可讓肱二頭肌得到較好的伸展，特別是單側進行時 2。

將可調式滑輪高度置於腰際 3 又更能增加伸展的程度，在尚未熟習此動作前，應該先用低位滑輪練習，再逐次提升滑輪高度，當滑輪與頭部等高時可達到最大的伸展。

肱二頭肌運動

針對肱二頭肌的運動

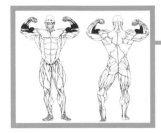

彎舉 (反手抓握)

特色：此動作集中鍛鍊肱二頭肌，對於肱肌和肱橈肌的徵召程度較低，屬於單關節運動。若想盡可能增大肱二頭肌的體積，最好單邊進行訓練。

步驟：

4　　　5　　　6

1 使用橫槓：反手握住橫槓 4（直槓槓鈴、EZ 槓鈴、滑輪機或肱二頭肌訓練機的把手），肱二頭肌用力收縮使手臂彎曲 5，盡可能將橫槓舉至最高處 6，在收縮位置停留一秒鐘，並用力繃緊前臂肌肉以抵住肱二頭肌，慢慢將橫槓放低，注意手臂在肌肉延長位置不要過度伸直。

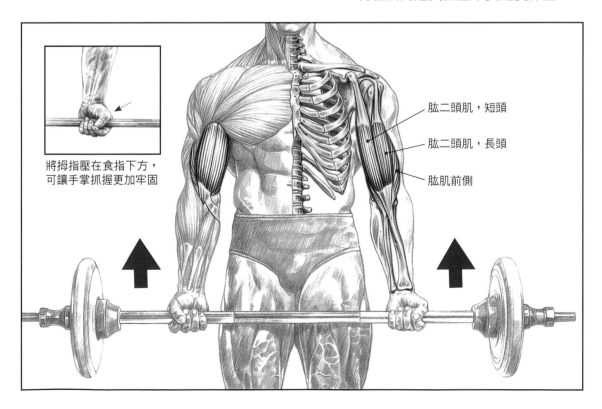

將拇指壓在食指下方，可讓手掌抓握更加牢固

肱二頭肌，短頭

肱二頭肌，長頭

肱肌前側

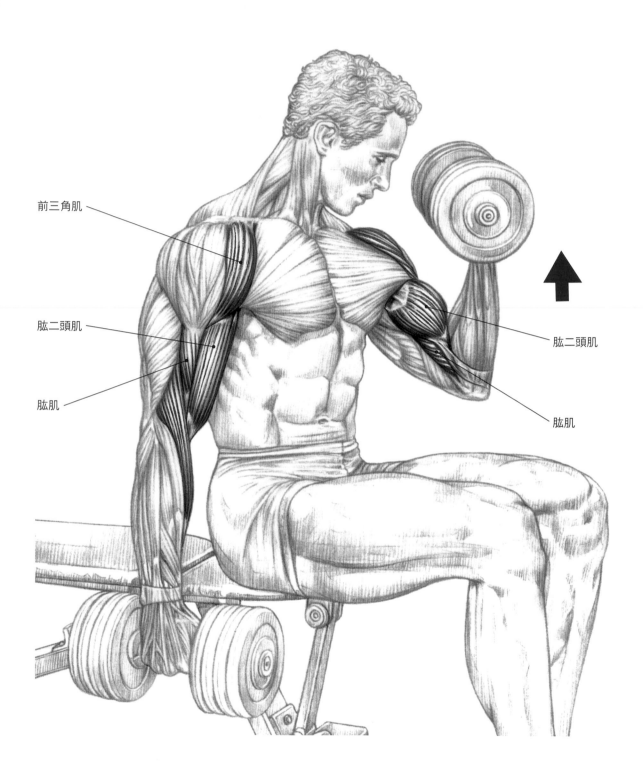

前三角肌

肱二頭肌

肱肌

肱二頭肌

肱肌

坐姿彎舉

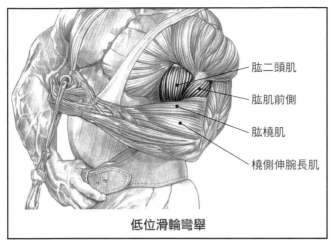

肱二頭肌
肱肌前側
肱橈肌
橈側伸腕長肌

低位滑輪彎舉

2 使用啞鈴：以對握姿勢抓握啞鈴，旋轉手腕使拇指朝外，接著肱二頭肌收縮將手臂彎曲，盡可能將啞鈴抬到最高點，手肘可以稍微抬高作協助，但幅度不能太大，在收縮位置停留一秒鐘後，再緩緩將啞鈴降回起始高度。

1 單側啞鈴彎舉

2 雙側啞鈴彎舉

變化型

1 啞鈴彎舉可用坐姿或站姿進行，也可以先採坐姿維持標準姿勢，訓練至肌肉疲勞後再改為站姿，藉由其他肌肉的代償可再多反覆幾下。

2 啞鈴 1 2、肱二頭肌訓練機或者滑輪機 3 4 都能進行單側訓練，專注於單側動作可發揮最大肌力。

3 雙側滑輪彎舉

4 單側滑輪彎舉

5

6

7

3 在重量之外加上彈力帶 5 的阻力，訓練至肌肉疲勞後，放掉彈力帶再多反覆幾次 6。

4 槓鈴滑式彎舉：在抬高槓鈴的同時手肘也向後方移動，使得槓鈴能沿著軀幹滑行

7，這樣的彎舉在下半段肱二頭肌收縮的同時，上半段則受到溫和的伸展（幾乎像在進行多關節運動一樣）。前臂較長的健身者進行彎舉有時會感到困難，藉由滑式彎舉可以順利減輕動作的阻力。

⚠ **警告！**

進行啞鈴彎舉時須注意，每次彎臂都要記得旋轉手腕 1 或者保持反握 2，可以根據個人喜好選擇最自然的方式。如果非得全程使用正握姿勢，在動作低點手臂切勿完全伸直，尤其是啞鈴重量極大時，以免造成肱二頭肌撕裂傷，如果能在低點時旋轉為對握姿勢就沒問題。

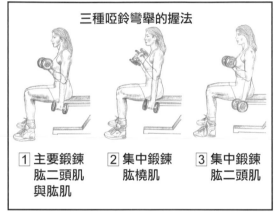

三種啞鈴彎舉的握法

1 主要鍛鍊 肱二頭肌 與肱肌

2 集中鍛鍊 肱橈肌

3 集中鍛鍊 肱二頭肌

優點： 這個動作可以將肱二頭肌完全獨立出來訓練，啞鈴賦予手腕活動度，並幫助避免直槓或健身機可能引發的傷害。

缺點： 這個動作的長度 - 張力關係並非最有利的模式，使用其他肌肉代償的意圖比別的肱二頭肌動作都高，稍有疏忽就可能無法達到良好的肌肉收縮，反而抵消訓練效果。盡可能多採用強迫反覆 3 做訓練，會比借力反覆策略來得安全。

風險： 假使藉由身體前後擺動進行過度代償，雖然可舉起較大的重量或多反覆幾次，卻也讓背部承擔受傷的風險，因此採用直槓訓練時切勿過度代償。

✦✦ **訣竅**

每完成一組動作，可用一隻手晃動對側手的肱二頭肌，藉此放鬆肌肉並加速復原。

上斜彎舉

特色： 這是針對肱二頭肌外側的單關節運動，可以單側進行。

步驟： 手握啞鈴，仰臥在近乎水平的上斜椅 4，肱二頭肌用力收縮將前臂拉近上臂 5，手肘只能微幅抬高，然後降低啞鈴高度。

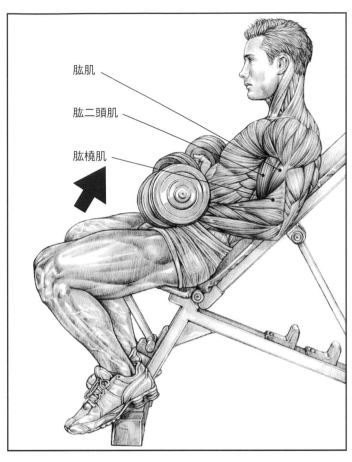

肱肌

肱二頭肌

肱橈肌

重點提示：在尚未熟練前，要到長椅上就定位並固定好啞鈴位置，是蠻需要技巧的，為了降低受傷風險，切勿在旋後位置將手臂伸直。

這個動作可以伸展肱二頭肌，快速達到肌肉的燃燒感。要將此效果完全發揮，一組至少需做 12 下，在燃燒感產生後盡可能維持得越久越好。

變化型

有以下各種方式可變換：

1 每做一次動作就旋轉一次手腕，或者全程保持旋後位置。

2 使用對握法進行上斜彎舉 **6**。

3 同時或交替舉起兩側啞鈴。

4 一次只訓練一側手臂（單側訓練），困難之處在於要讓空出來的手臂將身體固定在長椅上。

優點：這個動作可以伸展到近肩端的肱二頭肌，是其他動作無法做到的，藉由肌肉上段延展、下段收縮的特色，可以達到較佳的長度－張力關係，因此這個動作訓練肱二頭肌特別有效。

缺點：獨特的張力分布也會帶來受傷的風險，特別是結節間溝 (p.197) 較窄的人。肱二頭肌肌腱在裡面滑動不易，須避免使用太接近水平的上斜椅。

6

風險：使用反手抓握時，手臂千萬不要完全伸直，尤其進行上斜彎舉時更是如此。要保持正確的姿勢才不會使肩膀過度伸展。

注意：第一次採用此動作做為肱二頭肌訓練的結尾時（此時肌肉已經升溫並呈疲勞狀態），要小心進行。除非技巧已經非常熟練，否則也應避免以此做為肱二頭肌訓練的開始動作。

窄握引體向上

特色：這個動作除了肱二頭肌外，還可以訓練到背部肌肉，是唯一的肱二頭肌多關節運動。除了使用高位滑輪外，單側訓練幾乎不可行。

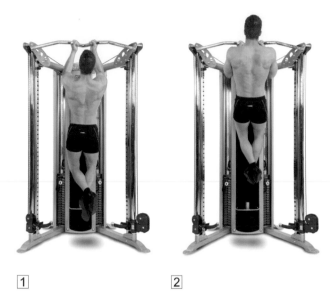

1　　　　　　2

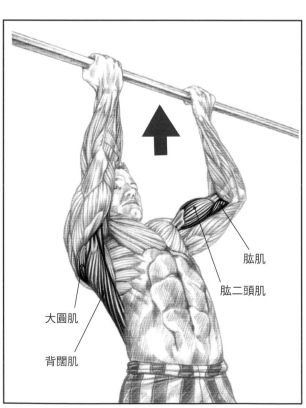

肱肌

肱二頭肌

大圓肌

背闊肌

步驟：反手握住橫桿（雙手小指相對），雙手距離約與鎖骨同寬。如果這樣的距離會讓手腕覺得不適，也可以讓雙手更為靠近 1，雙手距離越近，肱二頭肌越費力。

手臂用力將身體向上拉高 2，當肱二頭肌抵住前臂時就是動作高點，在該處停留一秒鐘後慢慢下降至起始高度。

重點提示：與背肌訓練的重點相反，此時要盡可能徵召肱二頭肌的力量，而避免背肌出力，要做到這點可以將身體稍微向後方傾斜，使頸部盡可能貼近橫桿。

變化型

1 要鍛鍊肱橈肌，可使用正手抓握（兩手拇指相對）。

2 要加強鍛鍊肱肌，可使用對握方式（兩手拇指朝向頭部）。

3 若無法拉起全部體重，改用高位滑輪機可以減輕負重。

優點：引體向上是肱二頭肌唯一的多關節運動，當近肘端的肌肉收縮時，會帶動近肩端的肌肉延展，這時的長度 - 張力關係對於肌肉生長是最完美的狀態，因此引體向上是絕佳的手臂訓練動作。

缺點：直的橫桿並不適用於每個人，尤其是過度旋前或高度肘外翻者。幸好目前已有彎曲的橫桿機器，可以配合個別差異。

風險：如同其他手臂牽拉的運動，千萬不要將手臂完全打直，否則會令肩膀的韌帶處於高風險狀態 (p.197)。

肱二頭肌-肱肌混合運動

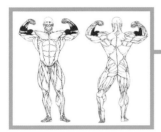

牧師椅彎舉

特色：屬於單關節運動。與啞鈴彎舉相比，此動作針對肱肌多一些，而肱二頭肌的徵召少一些，通常以單側進行。

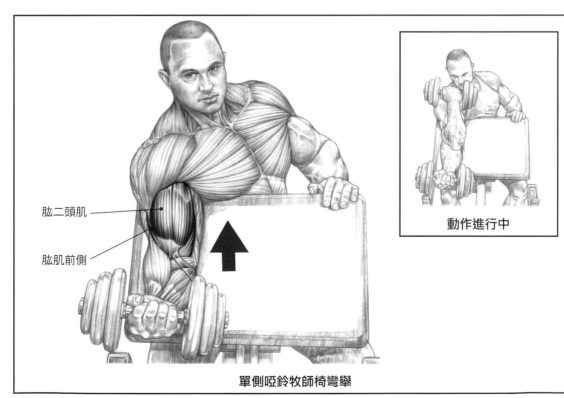

肱二頭肌

肱肌前側

動作進行中

單側啞鈴牧師椅彎舉

步驟：坐在牧師椅（或稱史考特椅），反手抓握（拇指朝外）槓鈴或啞鈴，將手臂靠在緩衝墊上，運用肱二頭肌力量將重量舉起，在收縮位置停留一秒鐘，接著緩慢降回起始位置。

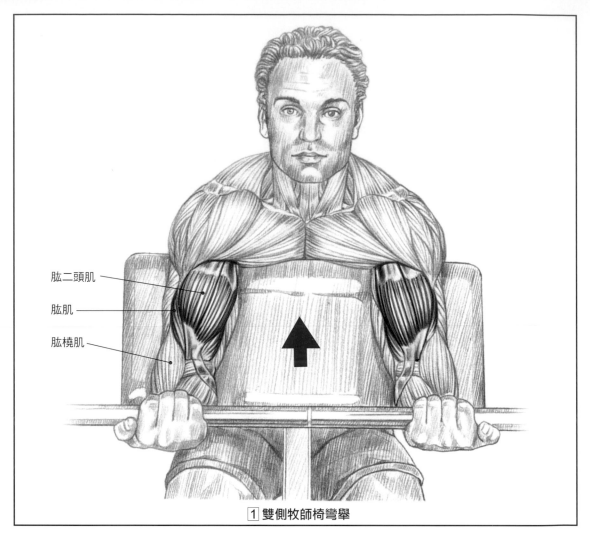

肱二頭肌

肱肌

肱橈肌

1 雙側牧師椅彎舉

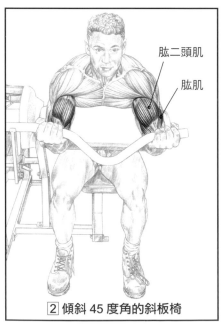

肱二頭肌

肱肌

2 傾斜 45 度角的斜板椅

重點提示：牧師椅的靠墊邊緣是圓滑的，並且與地面垂直 1。然而一般健身房內的設備多半是成 45 度傾斜 2 的斜板椅，這種斜板不僅危險，對肱二頭肌的生長也不利，因為：

> 這種角度提供的張力並不算非常安全。

> 動作的起始太過突然。

> 且動作的結尾又缺乏阻力。

若使用垂直的牧師椅，以上這些問題都不存在。

變化型

假使只找得到傾斜 45 度角的斜板椅，可以配合低位滑輪機來彌補上述缺點，因為滑輪機提供的特殊阻力結構與啞鈴不同，反而不適用在垂直的牧師椅上。

優點：將手肘固定在身體前側，可以更有效徵召肱二頭肌的短頭與肱肌，是啞鈴彎舉所不及的。

缺點：不符標準的斜板椅到處可見，真正垂直的牧師椅卻很難找到。

風險：如果在傾斜45度的斜板椅上做彎舉，切勿將手臂完全打直，應該維持連續的張力，在肌肉延展到盡頭前就收縮折返，否則可能會使肱二頭肌肌腱受傷，並引發前臂疼痛。

注意：如果找不到適合的牧師椅，體操運動使用的鞍馬是絕佳的替代品，事實上最原始的牧師椅彎舉就是利用鞍馬來操作的，標準的牧師椅則是模仿鞍馬的弧度與傾斜角度設計的。

集中彎舉

特色：屬於單關節運動。與啞鈴彎舉相比，徵召肱肌程度較多，而徵召肱二頭肌程度較少，只能單側進行。

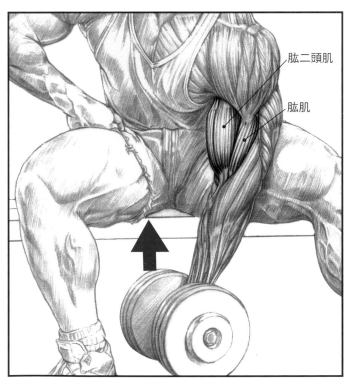

肱二頭肌

肱肌

步驟：坐在長椅上單手反握（拇指朝外）啞鈴，以肱三頭肌抵住大腿內側 ③，肱二頭肌用力將啞鈴盡量拉高，注意手肘在原位不要移動 ④。在收縮位置停留一秒鐘後，緩慢降低啞鈴回到起始位置。

③

④

重點提示：這個動作主要是鍛鍊肱二頭肌肌腹（收縮時隆起最高處），藉由徵召肱二頭肌短頭與肱肌，使其外表曲線更為渾圓。

優點：由於集中彎舉徵召肱肌的程度比啞鈴彎舉多一點，可以用來改善肱肌與肱二頭肌之間的不平衡。

缺點：此訓練促進肌肉增長的效率並非最好，主要是因為執行難度不高，此外單側訓練也會耗用更多時間。

風險：為了將手臂抵住大腿，必須弓背，為了防止背部受傷，可以用空閒的另一隻手壓住該側大腿，以分擔部分脊椎受力。

注意：策略上可以先做集中彎舉（反握或對握）作為訓練的開始，待肌肉疲勞後轉為啞鈴彎舉再多做幾次。

變化型

以下兩種握法都可替換使用：

> 反手抓握。
> 正握（拇指朝上）①，這種握法可以訓練肱肌多一些。

針對肱肌的運動

錘式彎舉

特色：屬於單關節運動。和正握彎舉的差異在於肱肌與肱橈肌的徵召程度較高，可以單側進行。

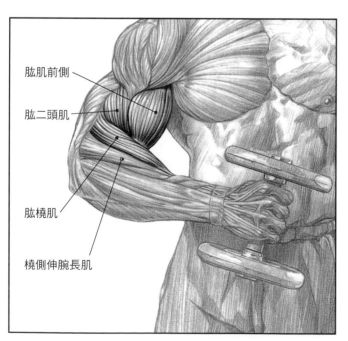

肱肌前側
肱二頭肌
肱橈肌
橈側伸腕長肌

注意：是否需要進行這個訓練取決於肱肌的大小，假使肱肌與肱二頭肌大小相當，那麼就沒有必要練錘式彎舉。

假使肱肌發育比肱二頭肌差，那麼此訓練可發揮相當不錯的效果，甚至可以在肱肌生長跟上前，完全取代啞鈴彎舉的訓練份量。

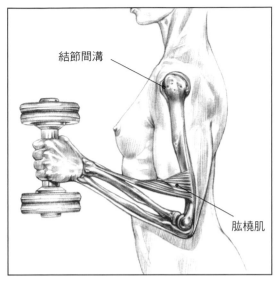

結節間溝

肱橈肌

步驟：雙手各以對握（拇指朝上，又稱為錘式抓握，也是此動作名稱的由來）握住啞鈴，手肘彎曲並保持姆指向上，盡可能抬高啞鈴。手肘可稍微後移以幫助啞鈴抬高，但不要移動太多。在收縮位置停留一秒鐘，接著將啞鈴慢慢降回起始位置，由於使用對握姿勢，可以放心將手臂完全伸直而不必擔心受傷。

重點提示：對握姿勢的手臂會比反握姿勢來得有力，因此錘式彎舉的負重通常可比啞鈴彎舉更大，只要注意別因負重大就降低活動範圍即可。

變化型

1 錘式彎舉可用站姿或坐姿進行，或者先用坐姿訓練到疲勞後，改為站姿利用代償運動多反覆幾次。

2 兩手可同時 **2** 或交替抬起啞鈴，左右交替可以抬起較重的啞鈴。也可改用槓片進行 **3**。

3 如果以滑輪機代替啞鈴，一樣可以單手 **4** 或雙側 **5** 進行。

4 坐姿集中彎舉 **6** 或牧師椅彎舉 **7**，可以更針對肱肌做訓練。

優點：利用錘式彎舉來強化前臂，可以避免其他肌力訓練常見的疼痛。如同所有的單側彎舉動作一樣，可以使用空閒的手在一組的尾聲進行強迫反覆。

缺點：錘式彎舉並非訓練計畫中的必要項目，理論上肱肌的訓練應該做啞鈴彎舉和背部運動就足夠了。

肱肌彎舉

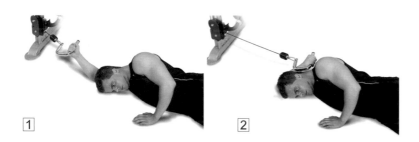

特色：針對肱肌的單關節運動。某些變化型動作需要單側（並且最好單側）進行，尤其是想訓練生長落後的肱肌時。

注意：也有肱肌訓練機可將手肘擺位靠近頭部，藉以訓練前臂的屈肌，但機器並不是很好找，同時也和肱二頭肌訓練機有同樣的缺點：無法適用於過度旋前或肘外翻的人，機器的移動軌跡未必完全符合前臂的活動範圍。

重點提示：手肘抬得越高、越接近頭部，越能將肱肌獨立於肱二頭肌之外，由於肱二頭肌跨越多關節，當手肘抬高時肱二頭肌會軟化，避免其貢獻太多肌力。

使用低位滑輪做肱肌彎舉

右側躺在地板上，身體與纜繩延伸方向成一直線，頭部位於近滑輪機那端，右手臂朝滑輪機延伸，手臂務必位於身體延伸線上，否則可能使肩膀受傷。

握住滑輪把手 1，手臂彎曲使手掌朝頸根靠近 2，在收縮位置停留一秒鐘，然後緩慢回到起始位置。

1

2

使用高位滑輪做肱肌彎舉

可採跪姿或站姿（依各人身材而定）使滑輪機位於身體右側，延伸手臂過頭抓住滑輪把手 3，彎曲手臂將握把拉向頸根 4，在收縮位置停留一秒鐘，然後緩慢回到起始位置。

3

4

5

⑥　　　　　⑦

▒ 訣竅

可以使用空餘的手，以手指觸碰對側的肱肌表面，以加強對肌肉收縮的感知 ⑤。

變化型

這個運動可以使用單側 ⑥ ⑦ 或雙側滑輪機 ⑧，以站姿進行。由於手肘在中等高度，彎舉的動作需由肱肌與肱二頭肌合力完成，也因此對於肱肌徵召有困難的人來說，不算最佳的訓練姿勢。

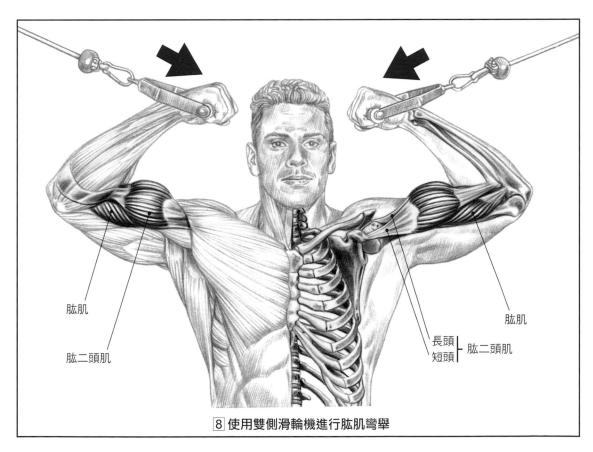

肱肌

肱二頭肌

肱肌

長頭｜肱二頭肌
短頭

⑧ 使用雙側滑輪機進行肱肌彎舉

優點：即使在肱二頭肌也同時出力的狀況下，仍然可以感受到肱肌在肱骨上平順的移動，這表示肱肌正在有力的收縮中。

缺點：肱肌彎舉並非訓練計劃的必要項目，理論上肱肌的訓練應該做啞鈴彎舉和背部運動就足夠了。

風險：要注意避免用肩膀來起始動作或增加肌力，因為手臂高舉過頭時肩膀最容易受傷。

肱二頭肌的伸展運動

肱二頭肌伸展

要徹底伸展肱二頭肌,可以單手放在椅背或垂直長椅上,盡可能緩慢地轉身背向長椅,同時慢慢蹲低 1,轉動手腕變換角度,使長頭短頭皆徹底伸展 2。

做此伸展動作時應平順緩慢,切勿突然猛轉,因為這是肌肉非常容易受傷的姿勢。

1

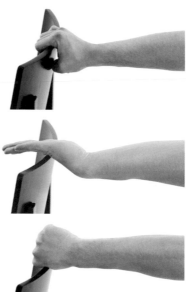

2

3

變化型

如果健身時有訓練夥伴協助,可以採站姿進行伸展,夥伴一手握住訓練者的單側手腕,另一手扭轉並伸展肱二頭肌 3。

擁有發達的前臂

局部構造

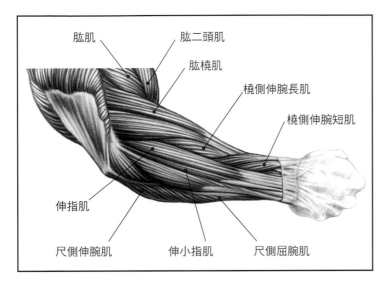

肱肌　　　　　　　肱二頭肌
肱橈肌
橈側伸腕長肌
橈側伸腕短肌
伸指肌
尺側伸腕肌　　　　伸小指肌　　　尺側屈腕肌

組成前臂的肌肉又多又複雜，其中大多數都橫跨不只一個關節，而肌力訓練主要著重在這幾條肌肉：

> 肱橈肌，手掌旋前時，負責轉動前臂的肌肉。

> 屈腕肌，手掌旋前時，抬高手掌的肌肉。

> 伸腕肌，手掌旋後時，抬高手掌的肌肉。

實際上的觀察：極端的前臂肌肉

前臂肌肉充滿了各種矛盾：

> 有些人即使不訓練也擁有可觀的前臂肌肉。

> 有些人再怎麼訓練也只能練出中等大小的前臂。

> 有些人即使前臂肌肉瘦小，卻能使出非比尋常的肌力，例如可輕易將釘子扭彎。

訓練前臂的難易程度，和肌肉的長短有密切關係：

> 前臂肌肉越長（亦即肌腱越短），越容易刺激其增長。

> 前臂肌肉越短（亦即肌腱越長），越難刺激其增長。

開發前臂的五個阻礙

前臂太小

早期健身者會特意不訓練前臂，以凸顯肱二頭肌的外觀，這種策略已經落伍了，只要看健美比賽冠軍宏偉的前臂就知道，尤其是肱橈肌特別發達。因此健身者必須將前臂視為一個獨立的肌群，針對此部位做訓練。

前臂太發達

如果前臂太粗，就需要更發達的肱二頭肌才能平衡視覺上的比例。此外前臂對訓練的反應太好，某種程度上反而會延緩肱二頭肌的增長。

太強壯的前臂肌肉，可能在肱二頭肌訓練中貢獻大部分的力量，讓血液在前臂大量充血，而使得肱二頭肌沒辦法達到足夠的訓練。

並不是說發達的肱二頭肌與前臂肌肉不能兼得，但在肱二頭肌訓練還不夠前，太粗的前臂沒有任何好處，只會是一個干擾因素。

肱橈肌太瘦小

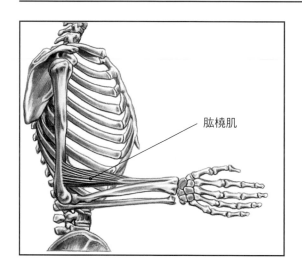

肱橈肌在訓練中通常可被忽略，但這條位於肱二頭肌下層的肌肉可以凸顯手臂的厚實感。假使肱橈肌極為短小，會讓你的前臂看起來鳥鳥的。

只要做對訓練，肱橈肌就會增大。強壯的肱橈肌除了可以改善肱二頭肌的外觀，還可以避免肱二頭肌受傷，假使此肌肉太貧弱，容易引發傷害。

前臂伸肌與屈肌不平衡

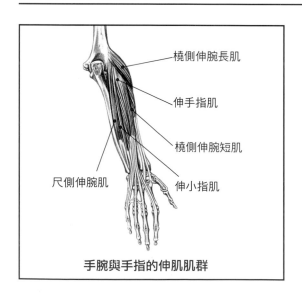

手腕與手指的伸肌肌群

進行彎舉和背部訓練時，可以對前臂屈肌提供大量的間接刺激，不過伸肌就無法受惠，長久下來就會導致兩側肌群的失衡。

撇開健身的觀點不說，兩組拮抗肌肉的發展不相稱將大幅提高受傷風險，藉由特定的伸肌運動來調節失衡的比例，可以有效降低甚至消除某些前臂的痠痛感。

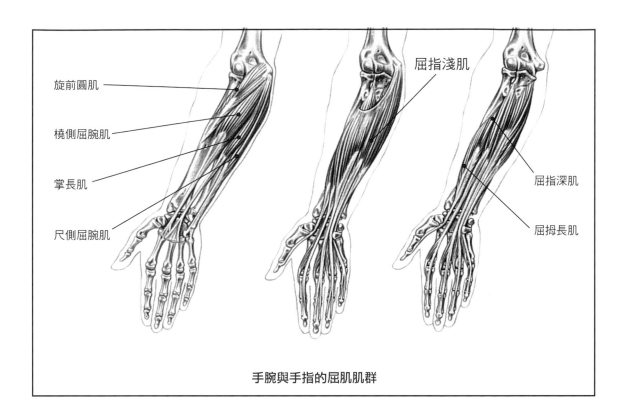

旋前圓肌

橈側屈腕肌

掌長肌

尺側屈腕肌

屈指淺肌

屈指深肌

屈拇長肌

手腕與手指的屈肌肌群

前臂疼痛

除了前臂鍛鍊的困難度之外,很多健身者還要克服前臂或手腕的疼痛,這些傷害並非隨機發生的,通常源自下列原因:

1 先天構造使然,假使有下列狀況,受傷風險較高:

> 明顯的肘外翻。
> 過度旋前。
> 疲弱的肱橈肌。
> 前臂骨頭太長而肌肉太短。

2 違反肌力訓練的基本原則,舉例來説當健身者:

> 進行肱二頭肌、背部或胸肌運動反手抓握時,手臂伸得太直。
> 沒有安排特定的強化前臂訓練動作。
> 放任屈肌與伸肌群間的不平衡。
> 鍛鍊前臂前沒有先充分熱身。
> 沒有預留足夠的恢復時間(幾乎所有肌力訓練動作都需要的)。
> 進行仰臥推舉或彎舉時沒有使用腕帶 (p.62-63) 保護手腕。

前臂肌運動

⚠ 警告！

前臂參與了所有針對手臂和腹肌以外的上半身肌力訓練。前臂肌力不足會限制各項訓練的效果，因此強化前臂肌力是必須的。

針對前臂肌的運動

反向彎舉

特色：這是針對肱肌及少部分肱二頭肌的單關節訓練，也可以進行單側訓練。

1

2

3

注意：這個訓練的必要性取決於你的前臂肌強弱，如果已經相當發達，就不需要特別在課表中納入前臂肌訓練。

步驟：使用正手握姿（拇指相對）握住一個 EZ 槓 ⓵ 或一對啞鈴，手臂彎曲將槓盡量舉到最高 ⓶。過程中手肘不可以抬起，才能專注訓練肱肌。在收縮位置停留 1 秒，再慢慢放下回到開始位置。

重點提示

> 手臂內旋者，使用直槓多半會感覺手腕不適。

> 一般來說，以 EZ 槓操作會比直槓舒適。

> 如果你的手臂使用直槓與 EZ 槓都不舒服，則改用啞鈴比較恰當。

變化型：這個訓練可以使用低拉滑輪來操作，尤其是單邊訓練時。在這個變化型中，雙手應該握在較外側，才能在頂點位置收縮時達到最好的效果 ⓷。

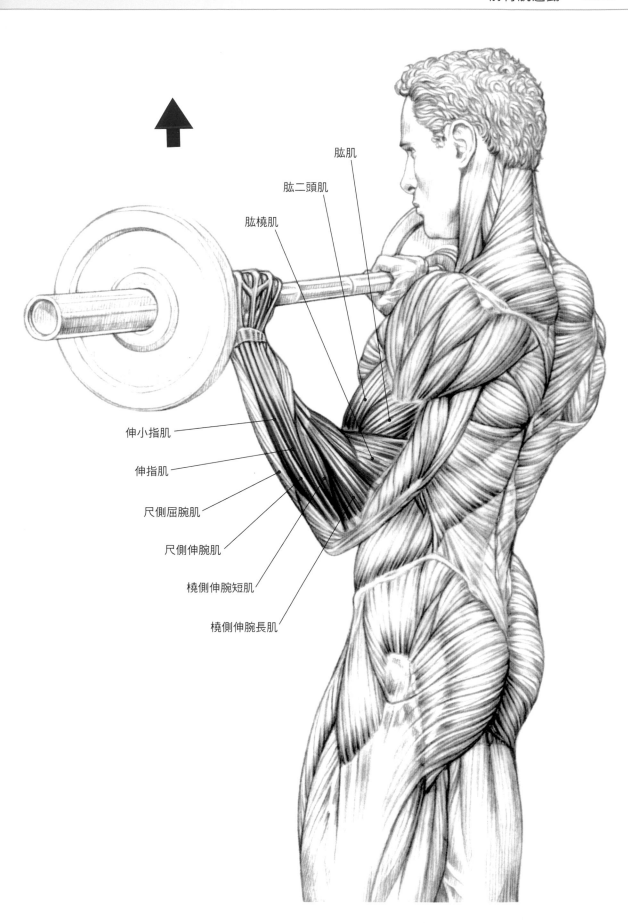

肱肌

肱二頭肌

肱橈肌

伸小指肌

伸指肌

尺側屈腕肌

尺側伸腕肌

橈側伸腕短肌

橈側伸腕長肌

優點：使用啞鈴 ⒈ 或 EZ 槓來訓練，手腕扭轉的幅度比使用直槓少得多，可以避免可能造成的傷害。

缺點：手臂在這個姿勢較無力，所以在做反向彎舉時必須使用較輕的重量。

風險：要特別留意手腕。保持大拇指位置稍高於小指，前臂才不會過度扭轉，這也是避免使用直槓的原因。

注意：使用啞鈴時，從反向彎舉開始。力竭時，將雙手外轉改以錘式彎舉結束動作。

手腕彎舉

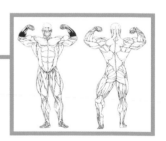

特色：這是針對前臂內側肌的單關節訓練，也可以進行單側訓練。

步驟：坐下，雙手反握直槓（雙手拇指向外）⒉。前臂放置在大腿上讓手掌懸空。使用前臂的力量將手掌盡量抬高 ⒊。在收縮位置停留 1 秒再慢慢放下回到開始位置。

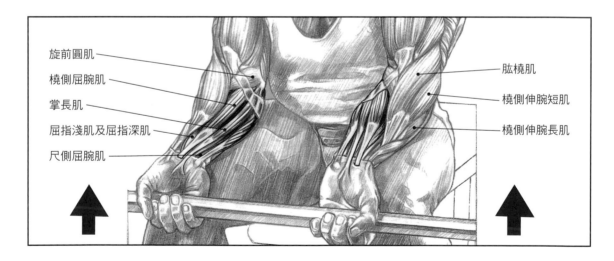

旋前圓肌
橈側屈腕肌
掌長肌
屈指淺肌及屈指深肌
尺側屈腕肌

肱橈肌
橈側伸腕短肌
橈側伸腕長肌

重點提示：手臂彎曲幅度越大，所能發揮的力量會越大。但這並不是一項依靠爆發力的訓練動作，前臂肌是由耐力型肌肉組成，因此要緩慢地操作。

變化型

1 使用啞鈴進行單邊訓練雖然可行，但因手腕不穩定，伸展過程比較危險，因此不要降到太低的活動範圍。

2 手腕彎舉也可以使用站姿，在身體後方正握槓鈴 **4** 進行。因為這個方式比較不易傷手腕，可以使用比較大的重量。

優點：手腕彎舉可以使肱二頭肌和背肌訓練獲得更多力量。

缺點：手掌過度內旋者，會難以握住直槓操作。而且在訓練肱二頭肌與背肌時也都有用到這個動作，算是重複訓練。

風險：手腕是一個脆弱卻又經常使用的關節，所以要用輕重量、多次數 (15到25次) 的方法，會比大重量、少次數的訓練方法更恰當。

4

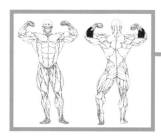

手腕伸展

特色：這是針對前臂外側肌的單關節運動。這個動作可以單手訓練，但不是很建議。

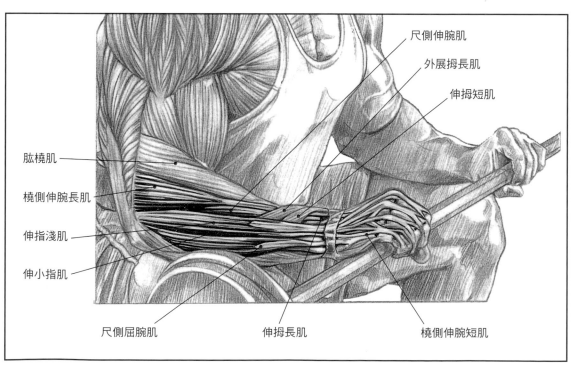

尺側伸腕肌
外展拇長肌
伸拇短肌
肱橈肌
橈側伸腕長肌
伸指淺肌
伸小指肌
尺側屈腕肌
伸拇長肌
橈側伸腕短肌

1

2

3

步驟：坐下，手掌正握（雙手拇指相對）直槓或 EZ 槓，將前臂放在大腿上讓雙手懸空 1。使用前臂的力量抬起雙手 2。在收縮位置停留 1 秒，再慢慢放下回到開始位置。

重點提示：雙手盡量以自然的方式握住槓鈴。若你覺得手腕被拉扯得不舒服，則改用 EZ 槓 3，會比直槓更恰當。EZ 槓能讓雙手拇指稍微向上而不是拇指相對。

變化型：訓練的一開始，讓雙手上提時彎曲到近 90 度。力竭時，將手臂多打直一點以便多做幾下，手臂越直，力量會越強。

優點：肱二頭肌、肱三頭肌和背肌訓練會運用到手腕屈肌（負責彎曲手腕）的力量，而幾乎用不到伸腕肌。因此，為了肌肉的平衡發展，手腕伸展會比彎舉更值得做。

缺點：如果經常做反向彎舉，則手腕伸展就顯得多餘了。

風險：手臂內旋角度大的人很難用直槓操作，勿強迫自己用不適當的握姿訓練。

注意：採用先期疲勞的超級組訓練可以節省時間。從手腕彎舉開始，力竭時，站起來並改成反向彎舉，讓前臂肌完全疲勞。

前臂的伸展運動

前臂伸展

4

5

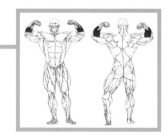

選擇其中一種方式將雙手合掌：

> 手指朝上，掌心合攏以伸展屈肌 4。
> 手指朝下，掌背合攏以伸展伸肌 5。

鍛鍊搶眼的肱三頭肌

局部構造

肱三頭肌是由三個肌群組成：

1 外側頭，位於手臂的外側，是最容易看見的部分。

2 長頭，位在手臂的內側並連結到肩膀，是唯一的多關節肌。

3 內側頭，幾乎全被長頭和肌腱所覆蓋。

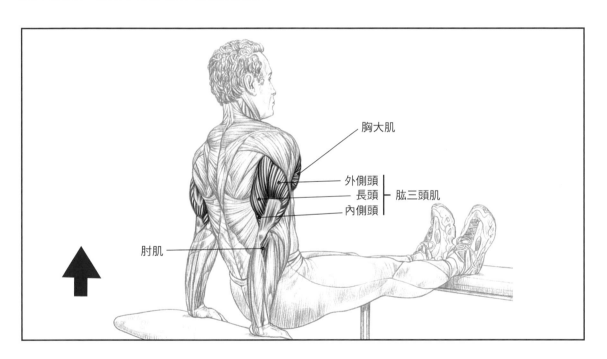

肱三頭肌的角色

1 肱三頭肌負責將手伸直，與肱二頭肌、肱橈肌及肱肌互相拮抗。

2 長頭結合背肌及肩膀後側，一同負責將手臂移向身體。

開發肱三頭肌的三個阻礙

較小的肱三頭肌

在理想的狀態下，肱三頭肌應該要比肱二頭肌及肱橈肌的總和再大一些。遺憾的是，基於下列兩項因素，有些人的肱三頭肌經常不夠發達：

> 肱三頭肌是許多人難以感受到的肌群，肌肉也就難以成長。

> 有人的肱三頭肌很短，上端起於肩膀（隱藏於與三角肌分離處），下端止於離手肘較高之處。

也有人的肱三頭肌比較長，下端可能止於接近手肘的位置。這種情況下，肱三頭肌就很容易鍛鍊並壯大。

但很可惜的是，你無法增加肱三頭肌的長度，或像對肱二頭肌那樣把較短的肱三頭肌隱藏起來。唯一的解決方式就是盡量將它練大，使下段看起來比較明顯。

在肱三頭肌的三個部位裡，外側頭是最明顯的，另外兩個部位則容易被身體擋住。所以，如果你希望快速練出漂亮的形狀，外側頭必然是首要之務。

不平衡發展的三個頭

肱三頭肌有三個頭，發展失衡是很常見的問題。因為三個頭的徵召會相互競爭，若內側頭比較發達，相對外側頭就會比較弱。

因為外側頭比較短，所以通常長頭會得到較多的運動神經徵召，也就讓外側頭顯得相形失色。

外側頭比長頭發達的情況較少，但若能練成這樣，外側頭會顯得相當發達，而會有下列兩種優勢：

1 增加體格份量。當外側頭的肌肉很發達時，會比三角肌更大。此時決定你體格大小的不是三角肌，而是肱三頭肌的外側頭。如果你是窄肩身型的人，更需要加強鍛鍊外側頭。

2 使肱三頭肌和三角肌的分離線更清楚，讓手臂的曲線及肌肉量更明顯。

要平衡肱三頭肌的發展，必須逆轉不正確的肌肉徵召。這並不難，因為只有長頭是多關節肌肉。

我們已知，徵召多關節肌最好的方式，就是在肌肉一端收縮的同時讓另一端伸展。這也是長頭在平板臥推時的運動方式：當你將手臂伸直時，肱三頭肌接近手肘的一端會縮短，靠近肩膀的一端則同時伸展。

你需要採用多種互補的手部和手肘位置訓練，以平衡肱三頭肌的發展。

手肘位置決定肱三頭肌的徵召方式

> 將雙手手肘夾在身體兩側訓練，會放鬆長頭而干擾其參與，因此能徵召較多的外側頭。

> 然而，將手肘靠在頭部側邊的肱三頭肌訓練會伸展到長頭，而有利其徵召。這種類型的運動會優先訓練長頭，而減少外側頭的參與。

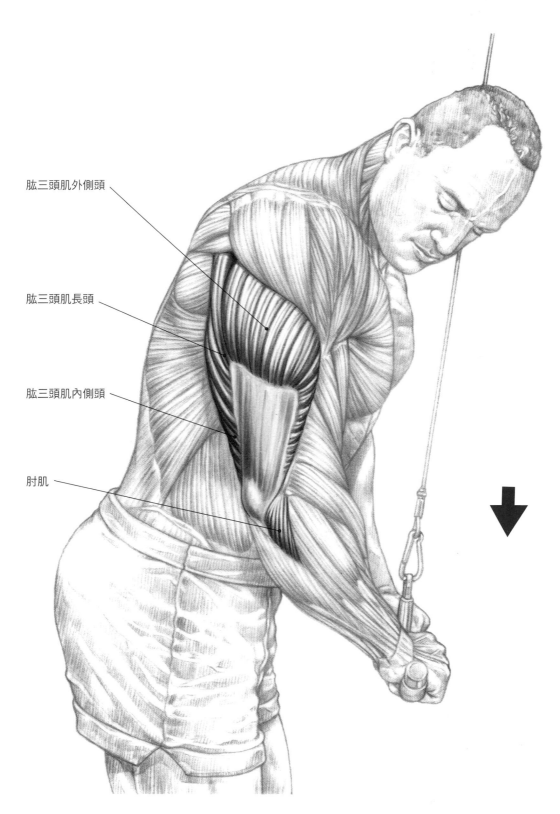

肱三頭肌外側頭

肱三頭肌長頭

肱三頭肌內側頭

肘肌

滑輪下壓

1

手部位置影響肱三頭肌的特定部位

> 雙手在收縮階段向外轉，對於外側頭的徵召會更多。想要達到這個目標，將手腕轉向外側，讓小拇指位置盡量提高並稍微向前。使用夠長的滑輪訓練是讓手腕如此轉動的最好方法 [1]。第二選擇是使用啞鈴，同樣能讓手腕自由活動。各種槓（槓鈴或滑輪槓）會限制手部位置而讓你無法針對外側頭訓練。

> 想在任何肱三頭肌訓練時增加外側頭的徵召，你應該在意識裡想像著將手推向外側（即便手並沒有真的移動）。

肱三頭肌傷害

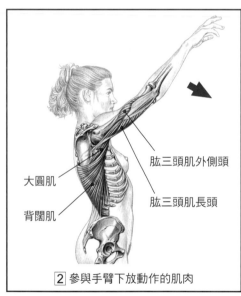

大圓肌

背闊肌

肱三頭肌外側頭

肱三頭肌長頭

[2] 參與手臂下放動作的肌肉

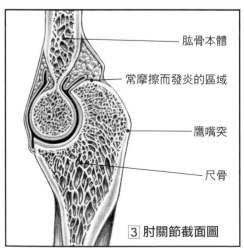

肱骨本體

常摩擦而發炎的區域

鷹嘴突

尺骨

[3] 肘關節截面圖

肱三頭肌比肱二頭肌更強韌。然而，不要忘記肱三頭肌的長頭會參與所有背部與肩膀後側的運動。請確保在訓練這兩個肌群之前，先將肱三頭肌暖身以免受傷。另一方面，如果在訓練過程借力太多，或是在背肌下拉運動時伸直了手臂，肱三頭肌長頭連結肩胛骨的肌腱 [2] 會有撕裂的風險。

手肘傷害 [3] 比其他種類的傷害，更會干擾到肌力訓練計畫。

手肘是重度使用的關節，除了肱三頭肌運動，還參與在胸推、肩推以及所有的背肌訓練中。也就是說，在各部位的訓練間，手肘只有很少的時間可以恢復。如果不將手肘的使用狀況考慮在訓練的安排中，很容易發生肘關節問題。

如果肘關節問題出現在肱二頭肌收縮時的運動軌跡上，它同樣會發生在其拮抗肌的訓練。如果你在肱三頭肌訓練時使用直槓，因為手部的位置受限，手肘將處於相當危險的狀態。EZ槓、啞鈴，以及利用滑輪的單側訓練是比較好的選擇。

肱三頭肌運動

肱三頭肌的複合運動

窄握臥推

特色：這是肱三頭肌、肩膀和胸肌的複合訓練，需雙臂同時操作，難以單側訓練。

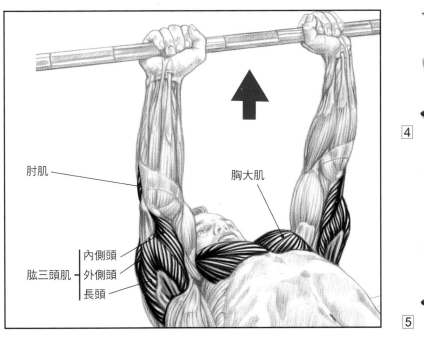

肘肌

胸大肌

肱三頭肌 { 內側頭 外側頭 長頭

4

5

步驟：躺臥在平板或史密斯架做臥推，將手掌向後轉使掌心朝上，兩手距離與鎖骨同寬，槓鈴降到胸肌的位置後 ④，使用肱三頭肌的力量將槓鈴向上推舉 ⑤。

6

動作提示：雙手寬握時，能推起的重量較大，是因為胸肌的參與較多。當雙手握得越窄，肱三頭肌的負擔會越多。只要手腕關節不會感到任何刺痛，甚至可以採用更窄的握距。

變化型

1 在槓鈴綁上彈力帶 ⑥，推舉時的阻力會增加，可以加強肱三頭肌的訓練。並且，在手臂伸直過程中，肱三頭肌的負荷較多，胸肌的負荷較少。

2 將槓鈴下降至胸肌上停留 1 至 2 秒再上舉，這段停頓將釋放掉動能而徵召更多的肱三頭肌力量。

注意：力竭時，可以變換為窄握伏地挺身以多做幾下來取代休息。

優點：窄握臥推是少數可以運用長度 – 張力關係，來訓練肱三頭肌長頭的動作。

缺點：要集中訓練肱三頭肌並不容易，因為胸肌和肩膀也會在不同的角度參與動作。

風險：並非所有人的手腕關節都適合做窄握臥推，為了避免手腕關節受傷，可以使用 EZ 槓取代直槓。

雙槓撐體

特色：這是肱三頭肌、胸肌和肩膀的複合訓練。若想訓練單側，只能使用機器。

1

2

步驟：雙手以中立握姿撐在平行的雙槓上（兩手拇指向前），雙腳在身體後方彎曲，雙臂彎曲並讓身體向地面下降 **1**，接著使用肱三頭肌的力量將身體向上抬起 **2**。

動作提示：頭部在這個訓練中的位置極為重要，理想狀態是頭部伸直，眼睛稍微看向天花板以確保身體的直立。這個姿勢能有效徵召肱三頭肌並盡量減少胸肌的參與。

然而，如果你的雙手感到刺痛，便需要讓下巴降到接近胸部的位置 (p.183)。

注意：肱三頭肌訓練最困難的部分是在動作的頂點，而非底部，所以不需要降得太低，而應該要在動作的頂點伸直雙臂。

如果想增加更多阻力，可以將一個啞鈴夾在小腿或大腿上，或是在腰部綁上一條固定在地上的彈力帶，可有效地徵召肱三頭肌。力竭時，將啞鈴或彈力帶放掉，還可以再多做幾下。

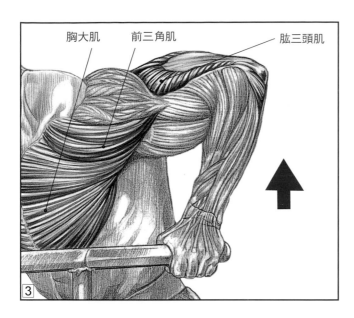

胸大肌　　前三角肌　　　　　　　肱三頭肌

③

當訓練到力竭時,先不要停下來,可以使用雙腳輔助推離地面或板凳來多做幾下。

變化型

1 如果平行槓夠寬,可以使用半正握(拇指朝向身體)如圖 ③。此種比較困難的姿勢可以加強肱三頭肌的訓練。然而,因為肱三頭肌拉得更長,可能更傷手肘,所以做此訓練時要特別小心。

2 反向撐體 ④ 是將雙腳放在板凳上操作。這種方式的難度較低,因為以雙腳分擔了部分重量。如果還無法做到標準型動作,則反向撐體是一個強化訓練的好選擇。

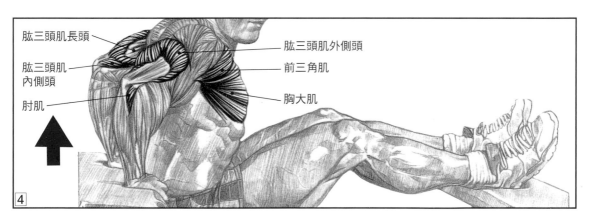

肱三頭肌長頭　　　　　　　　　　肱三頭肌外側頭

肱三頭肌　　　　　　　　　　　　前三角肌
內側頭

肘肌　　　　　　　　　　　　　　胸大肌

④

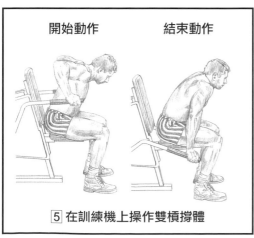

開始動作　　　　　結束動作

⑤ 在訓練機上操作雙槓撐體

3 機械雙槓撐體 ⑤ 可讓你完全掌握重量的阻力。但是當使用大重量做雙槓撐體時,身體可能會被抬離椅子,此時你可以考慮用輕一點的重量做單手訓練。

優點:雙槓撐體是少數可針對整個肱三頭肌訓練的動作。

缺點:要單獨專注訓練肱三頭肌並不容易,因為肩膀和胸肌可能會介入。

風險:注意回彈的速度不能過快,因為有可能導致胸肌撕裂或手肘疼痛。

肱三頭肌的單關節運動

仰臥肱三頭肌伸展

特色：這是肱三頭肌的單關節訓練動作，也可以單手操作。

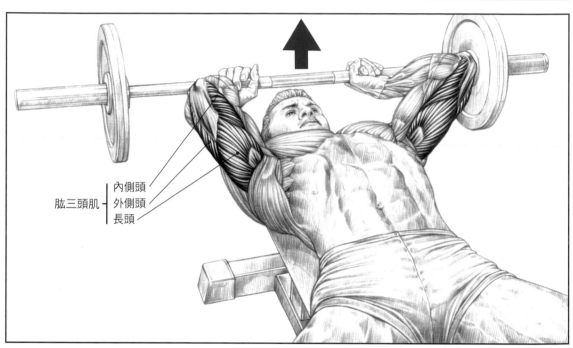

肱三頭肌 ┤ 內側頭
外側頭
長頭

1　　　　　2

3　　　　　4

步驟：仰臥在平板，手持槓鈴（EZ槓或直槓）或啞鈴 1，在頭部的上方舉高 2，手肘和小拇指應朝向天花板。在開始伸展動作前，先將雙手朝向臉部位置移動。

變化型

1 可以運用雙手放下的位置做變化：從手部降到頭後位置 3，到手部降到胸前 4 皆可。手放胸前是一種混合了伸展和窄握臥推的訓練方式，手的位置需能讓手肘感覺舒適為宜。

⑤

② 可以使用上斜板或下斜板來取代平板，訓練肱三頭肌克服不同的阻力 ⑤。

③ 坐姿肱三頭訓練機 ⑥ 讓手肘位於頭部前方，沿著固定的軌跡重複動作。注意某些機型開始動作的位置，可能比較不利於關節。

④ 使用啞鈴可以進行單手或雙手訓練。由於可以自行調整雙手的位置，你可以採用不同握距的動作。

優點：仰臥姿能讓背部獲得完整的支撐保護，表示仰臥姿會比站姿或坐姿更穩定。這種伸展方式，可讓肱三頭肌外側頭得到更多的訓練。

缺點：對手肘的負擔比較大，必須充分控制好，以免傷害手肘。這個動作對於長度-張力關係的應用效率並不高，所達到的伸展量也少於站姿或坐姿伸展 (p.236)。

風險：注意別讓槓啞鈴撞到頭或鼻子，特別是在逐漸力竭而控制力減弱的時候。為了避免傷害手腕與手肘，可以使用 EZ 槓或啞鈴來代替直槓。

另外，使用大重量時，此動作可能會造成靠近手肘端的肱三頭肌撕裂，所以在過程中若感到任何疼痛，應立即停止訓練。

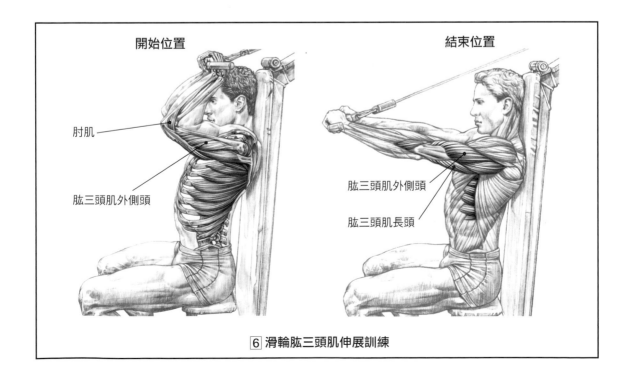

開始位置　　結束位置

肘肌

肱三頭肌外側頭

肱三頭肌外側頭

肱三頭肌長頭

⑥ 滑輪肱三頭肌伸展訓練

重點提示：當做仰臥肱三頭伸展時，上臂應時時保持與地面差不多垂直，才能維持肌肉的持續張力：

> 將手肘稍微向後而不要朝向天花板。

> 不要將手臂完全打直。

力竭時，可將手臂伸直幾秒稍做休息，如此可讓你再多做幾下。

站姿或坐姿肱三頭肌伸展

特色：這是肱三頭肌單關節訓練的動作，可以單手操作。

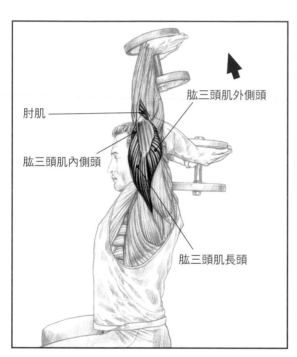

肘肌

肱三頭肌外側頭

肱三頭肌內側頭

肱三頭肌長頭

步驟：以站姿或坐姿握住槓鈴（EZ 槓或直槓皆可）1，或雙手握住一個啞鈴（雙手訓練）3，也可以只做單手啞鈴 4。

然後將手下降到頭後 2，讓手肘和小拇指盡可能朝向天花板，用肱三頭肌將手臂伸直回到頭頂，然後重複下放的動作。

重點提示：單手訓練的活動範圍比雙手訓練要大得多，因為單手的肌肉伸展與收縮都比較明顯。有些人的手肘能夠高舉到完全指向天花板 5，而有些人只能舉到側邊 6。

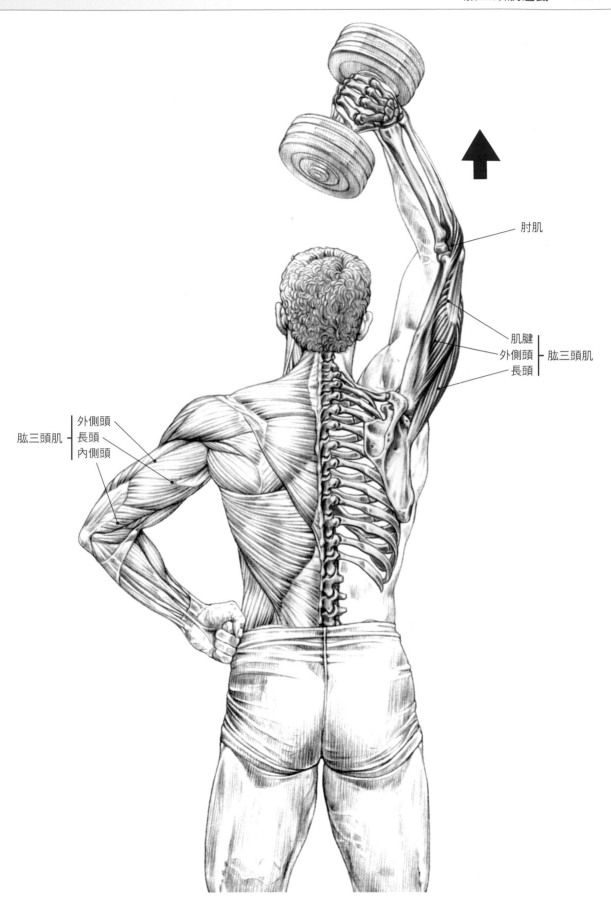

肘肌

肌腱
外側頭 ⎱ 肱三頭肌
長頭 ⎰

肱三頭肌 ⎰ 外側頭
長頭
內側頭

變化型

1 雙手訓練時應全程保持肌肉張力,也就是說手臂全程都不能完全打直。但是在單手訓練時可以將手臂伸直,以徹底收縮肱三頭肌。

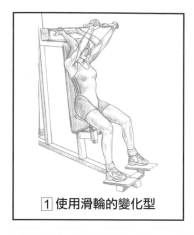

1 使用滑輪的變化型

2 採用站姿訓練時可以負擔較大的重量,是因為容易借用到其他肌肉的力量幫助。因此,坐姿方式對於肱三頭肌的單關節訓練效果會比站姿好。

3 坐姿訓練機 **1** 讓手肘高舉於頭部,可以沿著固定的軌道進行肱三頭伸展。然而,有些訓練機可能不利於手肘,因為雙手無法像使用啞鈴般靈活運動。

4 使用 90 度的矮凳進行坐姿訓練 **2**,可讓背部得到較好的保護。

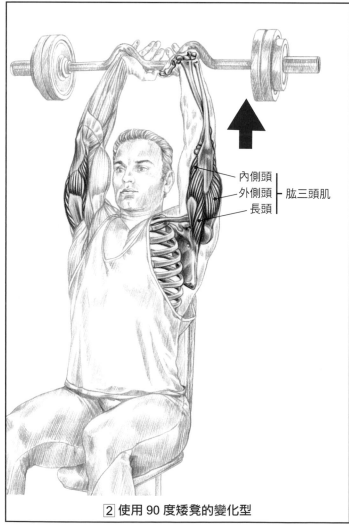

內側頭
外側頭 ─ 肱三頭肌
長頭

2 使用 90 度矮凳的變化型

優點:此動作很有獨特性,是伸展肱三頭肌長頭的最佳訓練方法。

缺點:對手肘的負擔很大,肩膀狀況不佳的人可能也會有操作上的困難。此訓練必須在充分控制下操作,以免關節受傷。這個訓練並沒有利用肱三頭肌的長度 - 張力關係。

風險:動作過程很容易讓背肌鬆弛並拱起,特別是使用站姿時。拱背姿勢雖然會感覺比較有力,但是會壓迫脊椎,需避免。可以使用 EZ 槓鈴或啞鈴代替直槓,以減少對手腕和手肘的負擔。

肱三頭肌屈伸

特色：這是肱三頭肌的單關節訓練，單手訓練的效果最好。

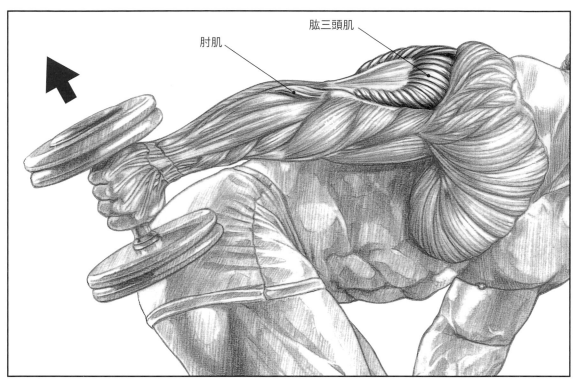

肘肌　　　肱三頭肌

步驟：俯身向前，以中立握姿（拇指朝前）握住槓鈴。前臂與上臂呈 90 度彎曲，上臂要緊貼軀幹並與地面平行，然後肱三頭肌出力收縮將前臂向後抬高打直，維持收縮姿勢至少 1 秒，然後將前臂下放。

重點提示：在手臂伸直的肌肉收縮位置盡可能停留久一點。事實上，與其他肱三頭肌訓練差異之處在於此動作為了保持手臂伸直狀態，會產生大量的肌肉張力。請好好善用這項獨特的優點。

注意：如果在肌肉收縮位置讓小拇指稍微外轉，則可以集中訓練肱三頭肌的外側。

變化型

1 手肘可以朝後方，也可以朝天花板抬高，某些人對後者更有感。

2 想更強化肱三頭肌的訓練，可以使用下斜板（頭部在下斜側）讓手肘更朝向天花板。

3 使用滑輪機器能夠增加動作的活動範圍 **1** **2**。

優點：這是最不傷手肘的肱三頭肌動作之一。如果其他肱三頭肌動作會讓手肘感到不適，則可嘗試採用這項來訓練。然而，如果手肘依舊不適，最好還是讓手肘充分休息。

缺點：這個訓練無法利用長度-張力關係。此外，因為伸展範圍很小，有些人會覺得無感。

風險：雙手訓練時，下背也會參與，會給下背帶來壓力。當用單手訓練時，另一手最好壓在大腿或板凳上，幫助支撐脊椎穩定。

肱三頭肌滑輪下拉

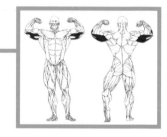

特色：這是肱三頭肌的單關節訓練，也可以單手操作。

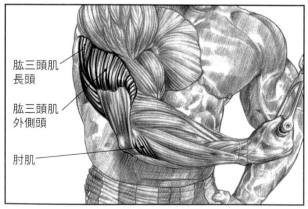

肱三頭肌
長頭

肱三頭肌
外側頭

肘肌

步驟：將滑輪調整到高位 **3** 並掛上握把 **4** 或練肱三頭肌的短槓。面向滑輪機以肱三頭肌出力將握把或短槓下拉 **5**，收縮保持 1 秒再返回原位。

重點提示：滑輪因為能讓手腕自由活動而非常受歡迎。使用握把或短槓時，你可以採用正握（拇指相對）或反握（拇指向外）。選擇能讓肱三頭肌達到最佳收縮的方式。

若使用直徑較大的粗槓，能更完全運用肱三頭肌發揮更強的力量，降低對手肘的壓力。

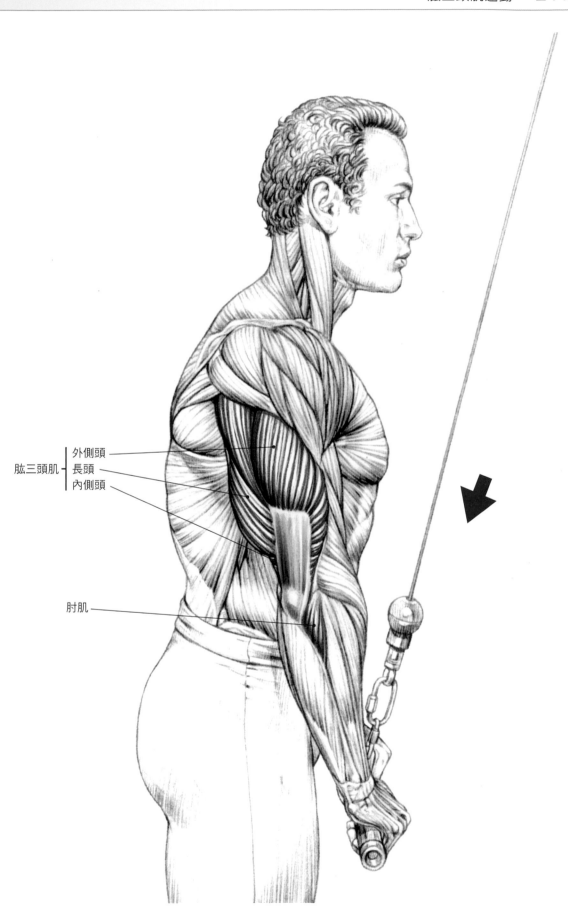

肱三頭肌 外側頭

長頭

內側頭

肘肌

[1]

有些健身房的槓是直徑約 2.5 公分的細槓，並不是最理想的器材。建議在握槓位置包硬海棉來增加直徑。

變化型：背向滑輪機 [1]，身體前傾，肱二頭肌抬高位於頭側 [2]，此動作能夠增加肱三頭肌的伸展 [3]。

優點：與使用啞鈴、槓鈴或機器相比起來，採用滑輪機訓練肱三頭肌比較不傷手肘。

缺點：面向滑輪的姿勢無法有效利用長度 - 張力關係，背對機器的姿勢效果比較好。

[2]

[3]

風險：背對滑輪機操作時，注意不要過度拱背。

注意：可調式滑輪機帶給手肘的負擔較小，也比較不容易讓肌肉受傷。與使用槓鈴或啞鈴比較起來，滑輪機是比較溫和的。

肱三頭肌的伸展運動

肱三頭肌伸展

[4]

站直並將右手抬高，右手肱二頭肌靠近頭側。背靠著牆面以左手輔助，將右手盡量彎曲下壓。理想狀態是讓右手能觸碰到右肩。

變化型：為了加強伸展的效果，可以請訓練夥伴幫忙 [4]。

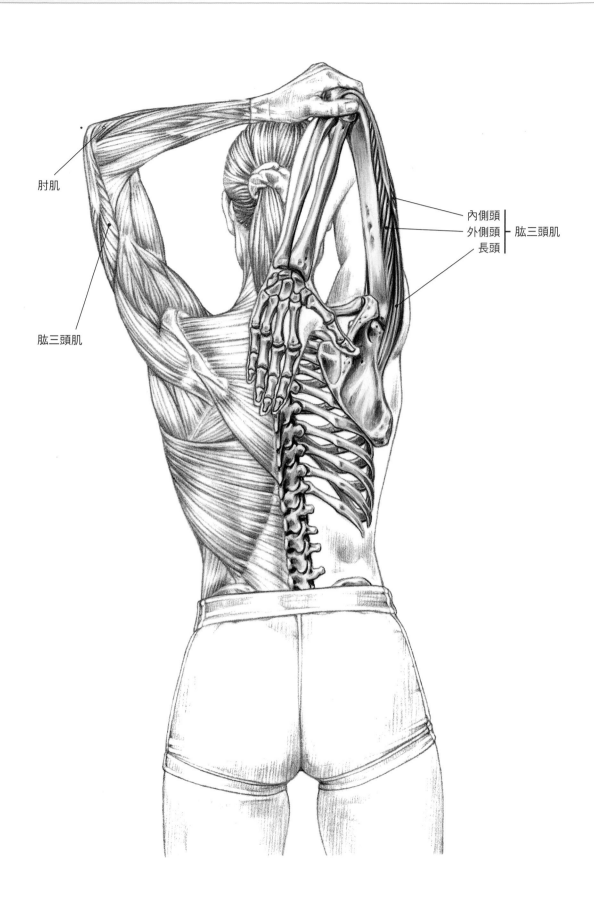

肘肌

肱三頭肌

內側頭
外側頭
長頭 ┤ 肱三頭肌

邁向粗壯的股四頭肌

局部構造

股四頭肌由以下四個肌肉組成：

1️⃣ 股外側肌，位於大腿的外側。

2️⃣ 股內側肌，位於大腿內側。

3️⃣ 股直肌，位於股外側肌與股內側肌之間。

4️⃣ 股中間肌，大部分被其他三個肌肉覆蓋。

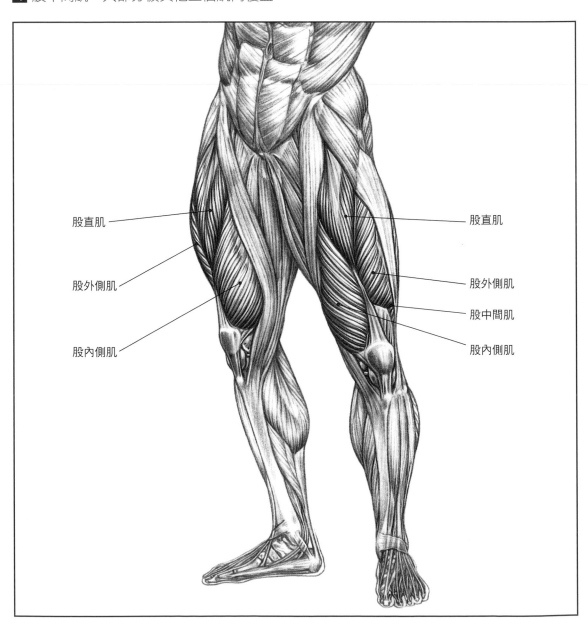

股直肌屬於多關節肌，其餘三種則屬於單關節肌。

由於人們大多讚歎於肌肉發達的上半身，而不會去注意大腿，因此大腿肌肉的訓練經常被忽略。不過請試想，如果擁有仙鶴一般細瘦的雙腿，又該如何撐起鍛鍊有素的強健上半身呢？

外觀的爭論：蹲舉是最棒、最全面性的訓練嗎？

普遍的觀念：蹲舉是最棒的訓練！如果你的大腿瘦弱，就應該：

> 練蹲舉。
> 做更多的蹲舉。
> 使用更重的負荷做蹲舉。

而且蹲舉有諸多好處，因為：

> 需要的器材少。
> 可以在任何健身房進行。
> 只做單項運動就可以訓練到整個大腿的正面與背部。

只需要做幾組蹲舉，全身有一半的肌肉都會受到促進成長。

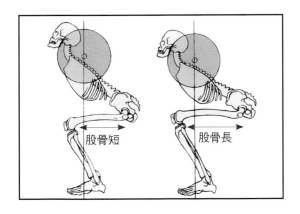

股骨短　　　股骨長

實際的狀況：然而，蹲舉的效果會視你的身體型態而有不同。蹲舉對某些人相當有效，對某些人則並非如此。蹲舉訓練者可分為兩種類型：

1 好的蹲舉者：這一類的人，能夠相當程度地保持軀幹直立，而讓訓練專注在股四頭肌。對他們而言，大腿的訓練不成問題。

2 不良蹲舉者：這一類人的軀幹十分前傾，而讓臀肌與腰部區域一同參與動作。他們非常容易發生椎間盤脫出的問題。軀幹會前傾可能是錯誤的蹲舉技巧所導致，但事實上，有些人的身體構造真的就不適合蹲舉。由於他們很難訓練到大腿，因此訓練效果總是不好，甚至還會發生背部與腿後肌的傷害。

Fry 博士等人發表的文章中（1988, Journal of Applied Sport Science Research 2〔2〕:24-6），對於好的蹲舉者有相當完整的描述。蹲舉的能力決定於以下因素：

> 36% 取決於體型大小。個子越小，在蹲舉過程保持身體直立的機會就越大。相反的，個子越大，就越可能列入不良蹲舉者。
> 33% 取決於軀幹與大腿的長度比例。軀幹越長，佔比越高，越容易保持姿勢良好。

從這些數字可以看出，蹲舉姿勢主要由身體型態所決定。雖然有很多方法能夠幫助改善姿勢，但身體的構造卻是改變不了的。

如果你身材不高但軀幹很長，表示雙腿相對比較短，特別是股骨。反之，如果你身材很高但軀幹很短，表示大腿很長。

結論

> 股骨越短者，越可能成為好的蹲舉者。

> 股骨越長，股四頭肌從蹲舉訓練中獲得的效果就會比較差，另外也會增加腰椎受傷的風險。

近代的人類平均身高普遍提高，蹲舉的姿勢對於新生代來說也是更加需要關注的問題。在一頭熱地栽進蹲舉訓練前，應該先評估你的骨骼架構後，再決定能否承擔這個風險。

蹲舉也有許多限制，以下是不利於蹲舉的原因：

> 蹲舉是一項注重技術的訓練。

> 蹲舉需要在不穩定中保持平衡。

> 蹲舉會壓迫脊椎。

> 蹲舉會嚴重地影響呼吸。

> 蹲舉會讓血壓升高。

在訓練到筋疲力盡時，頭部可能會有快爆炸的感覺，但大腿卻還沒有完全訓練到，是因為上面的各種不利原因，都會降低蹲舉的效果。雖然有些人很享受力竭的感覺，但你的目標應該是去找到理想的腿部訓練方式，而不是耗損自己的軀體。

股四頭肌發展與身體的型態差異

假設有一個身高 180 公分和另一個身高 160 公分的人，當這兩人同時坐著，你雖然可以看出他們身高不同，不過卻不顯著。但是，當兩人同時站著，差別就相當清楚。這顯示出軀幹長度的差異不大，但腿長的差異對身高卻會有顯著的影響。

特別是以股骨長度而言更是如此，因為人類的股骨大小有著極大的差異。股骨大小在大腿複合訓練動作中扮演著決定性的角色，在你選擇股四頭肌訓練項目時，請務必將自己的身體型態納入考量。

訓練股四頭肌時的活動範圍為何？

關於大腿訓練的活動範圍眾說紛紜，常見說法大致分為兩派：

1「傳統健身派」認為所有的運動都必須做到完整的活動範圍，這表示每次訓練時都要盡量做到最低點。

優點

> 因為活動範圍較大且動用到大腿的所有肌肉，讓訓練更完整。

> 讓肌肉保持張力的時間增加。

> 肌肉得到更好的伸展。

缺點

> 訓練的體能要求較高，因為你保持閉氣的時間會增加。

> 肌肉在極限伸展時處於較弱的狀態，迫使你必須降低負重。

> 使用較輕的重量在肌力最強的動作頂點，顯得強度不夠。

> 所以當活動範圍增加，肌肉會比較無法承擔重量帶來的阻力 (p.249)。

> 結構性的傷害風險增加。膝蓋可能無法即時反應全範圍動作的伸展，背部也可能會彎曲以利動作完成。

2「現代健美派」提倡減少活動範圍。今日的職業健美選手大多普遍推崇此道。他們多半在進行大腿訓練時都不會蹲得太低，並透過多樣化的訓練器材來訓練。

在過去股四頭訓練機尚未問世前，全範圍的蹲舉是大腿訓練必做的項目，而隨著時代改變，現今的策略是使用盡可能的大重量，但只蹲低 20 到 40 公分。

優點

專注於局部範圍的訓練有下列好處：

> 股四頭肌可以在最能發揮力量機制的位置進行訓練。

> 運動過程中大腿肌力與阻力之間的搭配較好。

> 此訓練不會太過劇烈。

> 比較容易專注在肌肉的動作。

> 動作放慢讓肌肉保持連續張力，就可彌補活動範圍較小時張力維持時間較短的問題。

缺點

> 你可能會為了舉起更大的重量而只做極小範圍的訓練（例如只蹲少少幾公分）。

> 肌肉的伸展不夠。

> 偏重於股四頭肌，而腿後肌被忽略了。

> 因為大重量而使得腰部壓迫更嚴重。

結論：身型決定了你應該採用的動作範圍，股骨較短的人會比股骨長的人蹲得更低一些。

建議你試著降低身體，直到感覺軀幹和大腿的角度突然改變。例如，蹲舉下降到一個位置時，身體會突然開始前傾。此種角度的改變，就表示原本由股四頭肌承受的阻力，部份移轉到了其他肌群。

開發股四頭肌的四個阻礙

股四頭肌比軀幹難練

許多人會故意忽略大腿的訓練,而只偏向練上半身肌肉,這是長久以來就很普遍的狀況。造成大腿瘦弱的原因主要有兩點:

> 比較喜歡訓練明顯的上半身肌肉。在此種情況下,必須加強下肢的訓練量。

> 儘管做了很多大腿的訓練卻仍無法練壯。很可能是訓練的方法(例如蹲舉)並不適合你的身體型態。所以你必須去找出其他蹲舉的變化訓練以增加效率。

股四頭肌的形狀像胡蘿蔔

胡蘿蔔的形狀是頭的部位大,下面非常細。也就是說股四頭肌上段的弧度雖然可以練得不錯,但越下面就越瘦小到讓人擔憂。

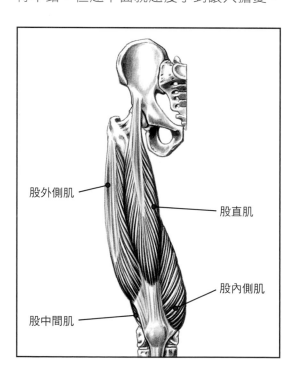

股外側肌

股直肌

股內側肌

股中間肌

可能原因有下列兩種:

> 你的股四頭肌天生肌肉短(只到膝蓋上方),與骨骼連接的肌腱較長,此種情況,你只能盡量練大腿下半段來掩蓋問題。

> 這可能是個典型肌肉區域化的問題。股四頭肌上半段比下半段易於發展,肌肉很少能整體一起發達,這種問題常見於短跑運動員的肌肉發展(Kumagai 等人 , 2000,〔Journal of Applied Physionlogy〕88(3):811-16)。

因為肌肉的活動徵召到較多上半段肌肉而不利於下半段肌肉,使得上半部會先產生肌肥大。研究顯示經過 10 週訓練,股四頭肌上半段的成長速度是下半段的 3 倍快(Coleman 等人 , 2006,〔American College of Sport Medicine Annual Meeting〕)。

解決的方式就是引導肌肉整體的收縮而不分區域。另外,避免訓練內收肌,因為發達的內收肌通常與股四頭肌下半段的發展困難相關(Kumagai, 2000)。

不對稱的股四頭肌

組成股四頭肌的幾個肌肉難以均衡發展,與胡蘿蔔形大腿源自同一個原因,你必須重新調整不當的運動神經徵召。最常見的不對稱是偏重股內側肌而忽略股外側肌,相反的狀況則比較少見。

瘦小的股直肌

股直肌（位於大腿中間的肌肉）非常特殊，因為它是股四頭肌裡唯一的多關節肌肉。以軀幹前傾姿勢進行的動作會放鬆股直肌，而無法有效讓它收縮。這也是為什麼科學研究指出股直肌在蹲舉、腿推舉或哈克蹲舉動作中的參與很少（Tesch, 1999. Target Bodybuilding. Human Kinetics）。如果你有股直肌訓練困難的問題，就需要其他特殊的訓練方式。

強化股四頭肌的策略

1

提升蹲舉的效能

許多蹲舉問題的發生原因，在於阻力與大腿不同角度時的肌力配合不當：

> 蹲舉時，蹲低階段比較困難，是肌肉最弱的時候。

> 蹲舉時，上升階段比較容易，是肌肉最強的時候。

大腿肌肉的訓練過程，會遇到肌力和蹲舉提供的阻力互不對等的問題。接近力竭的狀態與太輕鬆的狀態交替，會減少訓練的成效。幸好，有一種方法可以讓蹲舉更有效率：在槓鈴上增加彈力帶 1，這個方式有許多的優點：

> 當蹲低時，重量會減輕，讓你在開始上升階段的時候，頭部不會有快要爆炸的感覺。

> 上升階段，來自彈力帶增加的阻力能夠補足變輕鬆的負荷。相較於傳統的蹲舉，使用提供 35% 阻力的彈力帶時，能夠增加 16% 的肌肉徵召（Wallace 等人，2006. Journal of Strength and Conditioning Research 20(2):268-72）。

> 當你到達頂點位置而再度開始下蹲時，所有累積在彈力帶上的能量會瞬間釋放掉，而強化此離心階段。

一項科學研究讓運動員以每週 3 次，總共 7 週的時間試著提升蹲舉能力，結果顯示他們的蹲舉能力最多成長了：

> 6%，採一般阻力訓練，以及

> 16%，利用彈力帶提供 20% 的阻力（Anderson 等人，2008. Journal of Strength and Conditioning Research 22(2):567-74）。

你可以在哈克蹲舉機或腿推舉機上以同樣的方式訓練。先從最低阻力的彈力帶開始，讓你習慣加上彈力帶時的重量狀態，接著逐漸進展到以彈力帶提供 40% 的阻力。

尋求其他的蹲舉選擇

最佳的蹲舉變化式,就是哈克蹲舉 (p.261) 和滑步蹲 (p.266)。

單邊訓練

從雙邊訓練到單邊訓練,可以打開新的成長之路。然而,千萬別突然就進入這個過渡階段,因為你可能還無法馬上對單邊訓練上手。一旦學會如何進行單邊訓練,就能有效地鍛鍊大腿肌等較弱的區域。

安排休息時間

另一個需要注意的常見錯誤,就是必須避免在單邊訓練時,做完一側便立即換邊。

如果你在完成股四頭肌訓練之後還能立即換邊做,就表示訓練強度不夠。你需要在左右兩邊的訓練之間安排休息空檔,因為單邊運動會增加訓練強度,可以減少訓練組數來增加休息的時間。

保持肌肉張力

背部或膝蓋負傷可能讓你無法訓練大腿肌。保持張力表示你可以減輕相當的訓練重量,對於關節有傷的人來說是件好事。

若你在動作的頂點不將兩腿完全打直,就會因為肌肉無法獲得休息而提高訓練的難度。訓練過程不要將兩腿伸直,但在力竭時可稍微伸直休息一下,以便再多做幾下。

平衡大腿的發展

要擺脫胡蘿蔔形狀或發展失衡的大腿,你必須將目標放在較不發達的肌肉區域上。

徹底改變課表

如同運動神經徵召的問題,失衡的肌肉發展指出在訓練上的壞習慣。持續目前固定的訓練模式只會擴大失衡的情形,只有徹底改變才能解決肌肉失衡發展的問題。

改變運動

每項運動都具有特定的運動神經徵召。如果你主要只做蹲舉,就應該試試其他動作,即使對新動作剛開始不習慣,但也還是要做。

改變動作範圍

在可以的情況下試著增加動作範圍。新的伸展範圍對於股四頭肌下段可能很有幫助。反之,如果動作範圍本來就已經很廣了,則可以嘗試縮小動作範圍並增加負重試試。

改變訓練次數

這是一種區域化的基本原理:因為快縮肌纖維和慢縮肌纖維在肌肉中的位置不同,改變反覆次數便能改變肌肉的徵召。你可

以嘗試下列方式：

> 如果你一直做長組數，那改成短組數。

> 反之，若一般都做短組數，就改成長組數。

觸摸訓練

進行如大腿伸展、哈克蹲舉或腿推舉動作時，可以將雙手放在想要強化的肌肉上，觸摸肌肉可以強化大腦 - 肌肉連結，並促進該部位的肌肉徵召。

答案會在你的腳嗎？

是否可以透過改變雙腳的位置，來將張力轉移到發展較差的肌肉呢？這種策略要注意兩個問題：

> 你的膝蓋會處在一個危險的位置。

> 你會無法使用大重量做訓練。

其實，微小的變化並不足以調整明顯的失衡問題。改變雙腳的寬度以及雙腳在機器上的高度會有些幫助。

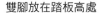

雙腳放在踏板高處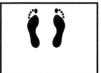
訓練較多臀大肌和腿後肌

雙腳放在踏板低處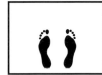
訓練較多股四頭肌

雙腳分開較寬
訓練較多內轉肌

雙腳緊靠
訓練較多股四頭肌

專注在股直肌訓練

鍛鍊股直肌能帶給你：

> 股四頭肌上的弧度。

> 肌肉量。

> 清晰度。

> 肌肉往下增長的視覺效果。

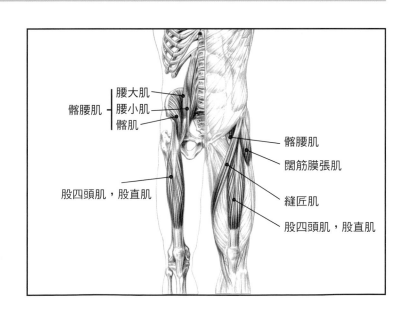

學習收縮股直肌

如果複合式訓練無法充分地徵召股直肌，就直接採用單關節訓練。最佳的訓練方式為抬腿 [1] (p.267)。

在大腿訓練課表中規律地做大腿抬舉，並採用多種低強度訓練，能讓神經系統對於這種肌肉動作更敏感。

幾個月後，股直肌在複合式動作中的參與將變得越來越多，屆時就不再需要孤立訓練了。

[1]

強化股直肌

為了徵召更多的股直肌參與大腿伸展運動 (leg extension)，你必須後躺進行。但由於大多數此類器材都有椅背的限制而難以做到。此時，你需要做下列三件事：

1 將椅背盡可能向後放低，讓軀幹能盡量後仰。

2 將大腿盡量伸出座位，但保持膝蓋對齊機器的轉軸。

3 折一條毛巾墊在座位屁股下方提高身體。

做這三件事的原因在於，大腿伸直的時候，身體和大腿會從 90 度變成 180 度。只有在身體向後躺時才能伸展股直肌上部，而此動作對於讓股直肌在靠近膝蓋處完整收縮是必須的。

徵召股直肌的超級組訓練法

許多超級組皆可用來訓練股直肌：

單關節訓練：做完抬腿後，馬上接著做單邊的大腿伸展。

先期疲勞訓練法：大腿伸展（向後躺）後，接著做挺髖蹲 (sissy squat)。

後期疲勞訓練法：挺髖蹲後，接著做大腿伸展（向後躺）。

保持張力

為了增加股直肌的訓練效果（以及股四頭肌的線條），在大腿伸展的頂點位置應該保持收縮 1 到 2 秒。

股四頭肌運動

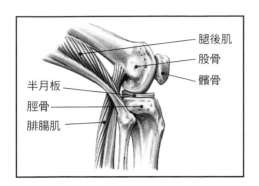

腿後肌
股骨
髕骨
半月板
脛骨
腓腸肌

⚠ 警告！
在進行大腿肌訓練前，要確實將所有相關的肌肉都暖身以保護膝蓋。很多人在進行膝蓋動作的訓練前只暖身股四頭肌，這是錯的！為了防止膝蓋出問題，你必須將腿後肌、股四頭肌和小腿肌都徹底暖身。透過這些簡單的預防措施，可以避免一些疼痛或不適並防止受傷。

股四頭肌的複合運動

蹲舉

特色：這是一種股四頭肌、腿後肌、腰部、小腿肌和臀肌的複合訓練。

股四頭肌：股外側頭、股直肌、股中間肌、股內側肌

臀中肌
臀大肌
短頭｜股二頭肌
長頭

步驟：雙腳張開約與鎖骨同寬，將槓鈴放在背側肩膀上（不是放在頸上）。背部保持平直，可稍微後挺。後退 1 或 2 步離開槓鈴架，盡量讓背部打直並將雙腿彎曲。不需要一路蹲到地面，而是直到你感覺到軀幹開始要向前傾時就停止。

因為從這個點開始如果繼續下蹲，身體會過度前傾，腿部肌肉的參與會變少，接著腰部肌肉也會加入。所以蹲到這個點就好，接著雙腿用力撐起直到幾乎打直，之後重複。

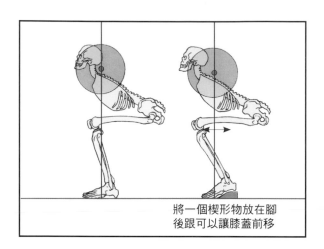

將一個楔形物放在腳後跟可以讓膝蓋前移

不同體型者蹲舉時的軀幹傾斜度

股骨短　　　　　　股骨長

腿短而軀幹長：
身體不前傾，姿勢不會太差

腿長而軀幹短：
身體相當前傾，姿勢很糟

重點提示：蹲得越低，可以將腳後跟離開地面以協助背部保持平直。腳後跟離地會更集中訓練在股四頭肌上（這個技巧會讓身體不穩，而且不建議用在負重較大時）。如果兩腳的腳後跟都緊貼在地，則比較難維持背部平直，並且會影響到腰部、臀部和腿後肌等。

⚠ **特別留意頭部的位置！**請將視線看往前方並稍微抬高。如果向下看，身體可能會向前傾而發生危險。

變化型

你可以變化各種蹲舉：

1 下蹲的高度變化：

蹲得越低，難度也越高，因為會動用到更多的肌群。決定下蹲的高度時，要考慮的不只是訓練目標，還要知道自己的身體狀況。腿越長，身體往下蹲時背部受傷的風險就越大。不理想的體型（軀幹及腳過長）容易讓身體向前傾而讓腰部處於不良位置，而容易過度運用腰部。

運用箱子蹲舉 (box squats)：此動作的目的是為了限縮動作範圍，而將板凳、木箱或抗力球等輔助物放在下蹲的臀部位置 1。

當臀部下降碰到板凳時 2，就要撐起回覆立姿。下降動作要和緩，如果臀部突然用力撞到板凳，恐會嚴重壓迫到脊椎。

箱子蹲舉動作的兩個訓練技巧：

> 臀部碰到板凳的瞬間便立即起身，上升過程讓腿部保持微彎，以獲得持續張力的訓練效果。

> 可以在板凳上休息 1 到 2 秒。休息後重新開始，並試著用爆發力起身向上。

2

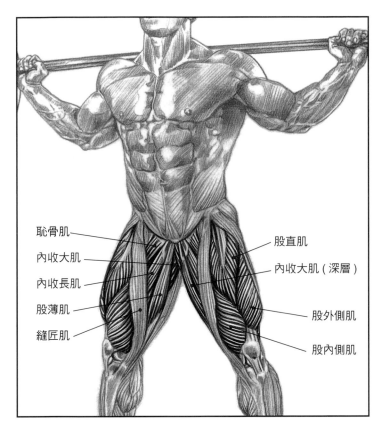

恥骨肌
內收大肌
內收長肌
股薄肌
縫匠肌

股直肌
內收大肌 (深層)

股外側肌

股內側肌

以上兩種變化分別以不同的方式徵召股四頭肌，可由自己決定哪種技巧符合需要。

注意：有些人不喜歡在臀部後面放輔助物，也有些人認為有輔助物提醒高度才更能感受到股四頭肌運作。請相信你的感覺，選擇最能感受到大腿訓練效果的蹲舉方式。

2 **腳掌的位置可以改變：**

> 基本姿勢是雙足約與鎖骨同寬，並稍微地外展 3。

> 若要專注在股四頭肌的訓練，可以讓雙腳靠近些（甚至雙腳併攏）4。這種姿勢會讓膝部較吃力。

> 如果採較寬站距 5，會訓練到較多的大腿內側、腿後肌和臀部肌肉。寬站距也更容易維持背部平直。

3   4   5

股直肌

臀中肌

臀大肌

股外側肌

股內側肌

雙腳在身體前方的軌道式蹲舉	雙腳在身體下方的軌道式蹲舉
雙腳在槓鈴前方，完全專注在股四頭肌	雙腳在槓鈴下方，專注在股四頭肌及腳掌上

對於所有的變化動作，至少在一開始，應先選定雙腳感到最自然的位置。接著可以選用適當的姿勢以專注訓練特定肌肉。

運用史密斯架：有固定活動的軌道，能夠提供廣泛的位置選擇。如果雙腳放得很前面 1，機器可協助維持下蹲時脊椎與地面垂直 2，這種獨特的訓練方式可以保護背部。這種姿勢蹲下時膝蓋不會超過腳趾，膝蓋的壓力較小，對於膝蓋有傷的人來說，會比使用自由槓鈴蹲舉更好。

用史密斯架也可做雙腳在身體正下方的標準蹲舉 3，身體在下蹲過程會自然前傾 4，史密斯架可以避免過度前傾。這個動作不建議在老式無軌道的蹲舉架進行，因為通常人們會彎曲脊椎作為代償，而產生不良的結果。

3 **使用彈力帶：**當雙腿向上越接近伸直時，會覺得越輕鬆。為了補救這個問題，讓全程保持肌肉張力，可在槓鈴的兩側各繫一條彈力帶與機器底部相連 5 6。當雙腿向上伸直時，因為多了彈力帶而使得阻力增加。

4 **前槓鈴蹲舉：**當槓鈴放在正面的前三角肌時，比起放在傳統的槓鈴蹲舉擁有以下優點：

> 更能集中訓練到股四頭肌。

> 有助於保持背部平直。

> 可使用較輕的重量，以減少腰椎負擔。

> 在同樣肌肉刺激的前提下，帶給膝蓋的壓力比起傳統蹲舉減輕 15%（Gulett 等人，2009. Journal of Strength and Conditioning Research 23(1):284-92）。

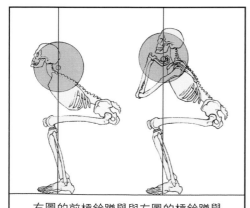

右圖的前槓鈴蹲舉與左圖的槓鈴蹲舉相比，前槓鈴蹲舉能讓軀幹比較平直。

股外側肌

股直肌

臀中肌

股內側肌

臀大肌

雙臂交叉前槓鈴蹲舉

但，前槓鈴蹲舉仍然還是有些既有的缺點：

> 槓鈴在前方，身體始終都會向前傾，使得脊椎彎曲。

> 當使用較長的槓時（2.2 公尺），因易搖晃，做此動作有危險性。

> 這個訓練會大幅干擾你的呼吸，而限制了訓練的效果。

> 如同一般槓鈴蹲舉，下蹲到低處時阻力太小，在上抬時阻力也不夠。

對於某些人而言，上述缺點似乎不成問題，是因為那些人的軀幹比例長且腳踝柔軟度較佳
所致。

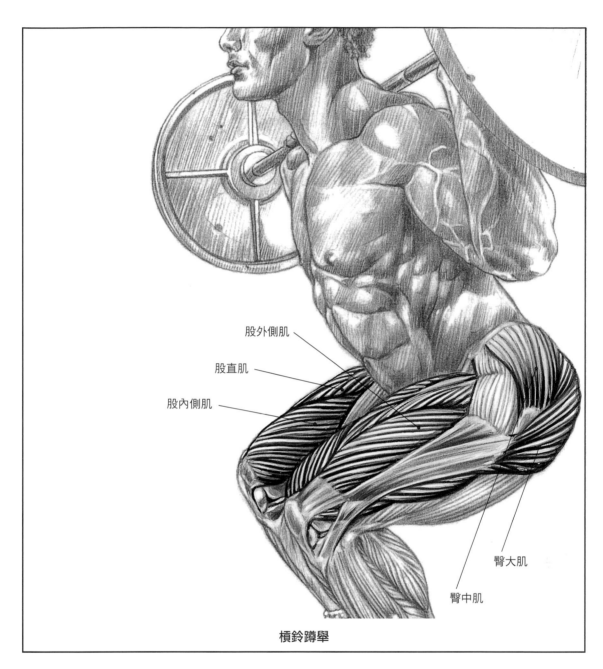

股外側肌

股直肌

股內側肌

臀大肌

臀中肌

槓鈴蹲舉

優點：蹲舉會在短時間內訓練到整個下半身。這是一項艱苦的運動，但可以刺激身體合成分泌更多的激素（睪固酮及生長激素）。

缺點：耗費體力且會造成背部、臀部和膝蓋一定程度的風險。此外，這並不是訓練股四頭肌的理想方式。

風險：蹲舉時，膝蓋、臀部和脊椎都承受很大負擔。不要勉強蹲低到超過個人身體結構所能負荷的位置。有的人可以蹲到很低，但不是每個人都能做到！留意你的關節，否則會需要付出代價。與其他任何運動都一樣，訓練時對腰椎的負荷越重，就越需要在結束後花一段時間吊單槓作為伸展。

⚠ **警告！**

蹲舉前不僅膝蓋部位要熱身，為了促使腰部穩定，也需要確實將腹肌、腹斜肌和背肌進行暖身。

向健力選手學習

訓練前，要將沉重的槓鈴扛到肩膀上再移出槓鈴架，蹲舉完又要再將槓鈴歸位，免不了會增加訓練的危險性。健力選手因為經常需要做單次蹲舉訓練，因此發展出減少移動槓鈴次數的方法。

有訓練夥伴的人可以試試他們的方法：當訓練者握好槓鈴後，夥伴便將槓鈴架往前拉一點，舉槓者自然就移出了槓鈴架。一開始可能會感覺怪怪的，那是因為還不習慣看到槓鈴架移動，但只要將眼睛閉起來不去注意就好。這個方法可以讓你額外多做 1 或 2 下，因為省下了抬出槓鈴和歸位的動作。

擁有一位能幹的夥伴，可得到的幫助是顯而易見的。夥伴只要將槓鈴架移動到適當的距離，讓你下蹲時槓鈴不會碰到架子就好。你也可以在地板上標示架子要移動的位置，夥伴就能快速將架子移到正確的位置（及推回原位）。

如果你有使用彈力帶，扛著綁有彈力帶的槓鈴移動是蠻危險的，因此移動架子就是一個好方法。

注意： 當使用相當大的重量時，勿輕易採用此技巧。

該選擇槓鈴蹲舉或哈克蹲舉？

哈克蹲舉 (p.261) 解決了多項槓鈴蹲舉的問題：

> 不需要扛著槓鈴前後移動。

> 沒有扛著長槓易搖晃的問題。

> 背部因為靠著器材而很穩定。

> 身體不用前傾，使脊椎易於保持正常姿勢。

> 力竭時，哈克蹲舉器材上通常有安全措施防止重量下墜。

> 因為多了安全措施，你可以使用比槓鈴蹲舉更大的重量。進行哈克蹲舉時，你可以無顧慮地做到力竭，而這不可能發生在槓鈴蹲舉訓練。

> 雙腳距離可以放得比較寬。

操作哈克蹲舉時，是順著機器的軌道進行，會限制移動的自由性。有的人喜歡這種固定的訓練方式，也有的人不喜歡。不過在使用機械器材訓練時，你可以完全專注在訓練肌肉，而不用顧慮蹲舉常見的問題。因此，哈克蹲舉訓練機也是槓鈴蹲舉很好的變化型。

哈克蹲舉

特色：這是股四頭肌、腿後肌、腰肌、臀肌和小腿肌的複合訓練。

步驟：雙腳張開約與臀部同寬，將肩膀靠在哈克訓練機的肩墊下方，大腿用力推將卡榫鬆開。背部保持平直靠緊背墊，股四頭肌出力將身體下降與上抬。

重點提示：當身體降得越低，背部越可能會離開器材，膝蓋可能會因此移動。為了預防此種情形，至少在初期別降得太低。當你已經熟悉使用此器材時，再逐漸加大動作範圍。

變化型

1 雙腳的位置可以調整：

> 雙腳越靠近臀部下方，就會用到越多的股四頭肌，不過膝蓋也會比較危險。

> 如果膝蓋的半月板較弱，則應該將腳放在踏板上比較高的位置。因為股四頭肌的參與變少，阻力會轉移到腿後肌和臀肌上。

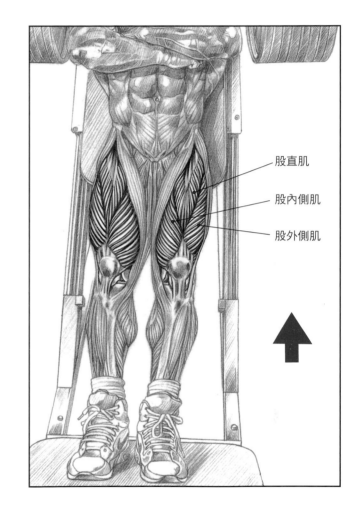

股直肌

股內側肌

股外側肌

2 一般來說，要蹲到比大腿平行踏板時更低一些的位置。不過仍應依照身體結構，調整操作哈克蹲舉時下降的活動範圍。

3 增加彈性張力：在雙腳伸直階段，訓練會變得比較輕鬆，解決的方式是繫上一條彈力帶。彈力帶會增加雙腳伸直時的阻力。

風險：採用哈克蹲舉，臀部和脊椎可以獲得比槓鈴蹲舉更好的保護。但若用到設計不良的哈克蹲舉機，則可能會傷害膝蓋。

腿推舉

特色：這是股四頭肌、臀肌、腿後肌和小腿肌的複合訓練

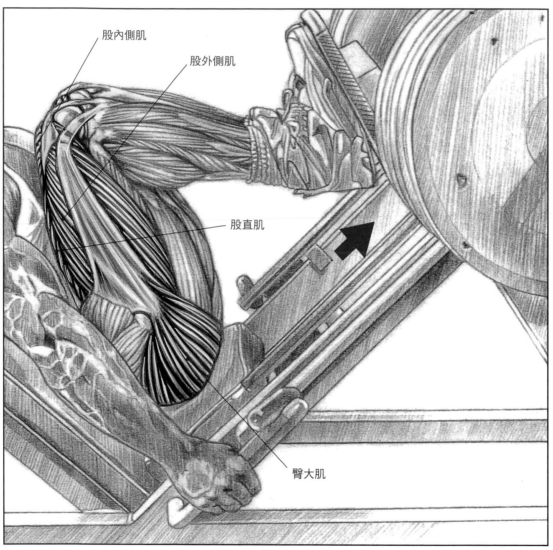

股內側肌

股外側肌

股直肌

臀大肌

步驟：將重量掛上器材，坐在躺椅上，雙腳放在踏板上與肩同寬。大腿用力推將卡榫鬆開，背部保持平直靠緊背墊，接著使用大腿肌讓踏板緩緩下降。

當踏板降到感覺腰椎已經快離開背墊時，雙腳用力將踏板往上推到幾乎打直後，反覆動作直到力竭。

重點提示：腿推舉時降得越低，背部會逐漸離開背墊而彎起來。背部離開背墊時，強度和活動範圍會增加，但也會增加腰椎受傷的風險，所以不建議降太低而讓下背彎曲。

變化型

1 腿推舉有幾種方法：

> 平行推舉：這種是使用老式的器材，常會造成訓練者的下背彎曲。

> 垂直推舉：這不是訓練股四頭肌最好的方法，因為會用到較多的臀肌。

> 45 度角腿推舉：是腿推舉訓練最好的方法。

2 改變腳的位置：

> 雙腳放在踏板上的位置越低，會訓練到越多的股四頭肌，不過膝蓋也更加危險。

> 雙腳放在踏板上的位置越高，膝蓋越不易受傷。這個姿勢減少了股四頭肌的參與，而將阻力轉移到腿後肌和臀肌上。

> 若要專注訓練股四頭肌，可以讓雙腳靠近甚至併在一起。

> 雙腳保持寬距會訓練到較多的大腿內側肌、腿後肌和臀肌。

3 改變下降的高度：踏板降得越低，訓練難度越高。降得多低不只取決於想要訓練的肌肉區塊，更要考量身體結構。其他調整動作範圍的方法還有改變座椅的上斜角度：

> 座位越直立，會刺激到越多的臀肌。

> 座位越接近躺平，股四頭肌的參與就越多。

4 增加彈力帶：踏板推到最頂點時負重會變得太輕，在器材繫上彈力帶可以修正這個問題。

彈力帶會在雙腿伸直階段增加阻力，這種阻力的變化更符合大腿的槓桿結構。腿後肌會對彈力帶的感受最強。如果以彈力帶提供三分之二的阻力，就不需要另外特別訓練腿後肌了。

優點：腿推舉動作能在短時間內訓練到整個下半身。和槓鈴蹲舉相比，腿推舉的背部比較受到保護，且器材提供了極佳的穩定性。

缺點：這個訓練若姿勢不良，對背部、臀部和膝蓋有一定的危險性。

風險：雖然脊椎受到器材上的背墊保護，卻仍然承受很大的壓力。注意在下蹲時勿拱腰。

弓步蹲

特色:這是大腿肌、臀肌和腿後肌的複合訓練。類似單腳的蹲舉,
一次只訓練單邊。

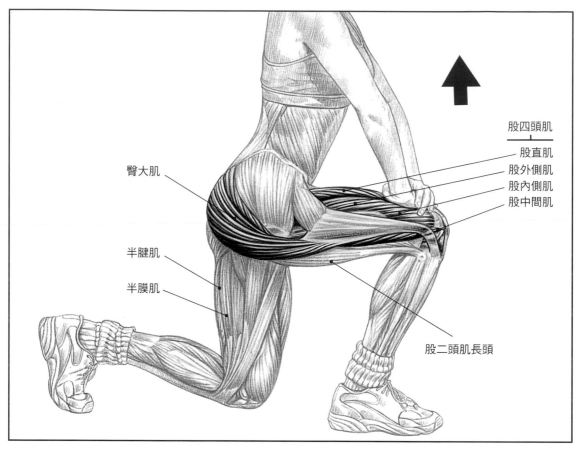

步驟:立姿雙腳併攏,雙腿伸直。雙手放在髖部或其中一隻大腿。如果你的平衡感不佳,
可以用牆壁或器材支撐。訓練開始時將右大腿向前跨一大步,初學者可以將左大腿稍微彎
曲,老手可以選擇將大腿伸直來增加難度。

接著彎曲右膝下蹲成弓箭步。初學者只要往下蹲約 20 公分,老手則可盡量蹲更低以加大活
動範圍。

當右膝完全彎曲，右腳出力上推將大腿伸直。如果想保持肌肉張力，可以彎曲膝蓋重複操作。否則便將腳退回到立姿原位（詳見下方的變化型）。換左腳之後重複動作。

重點提示：可以採用下列方法增加阻力：

> 使用啞鈴 ① 或槓鈴增加阻力。

> 將訓練腳放在板凳上 ② 可以提高訓練難度，而且不會對脊柱造成額外的壓力。

變化型

這個訓練有幾種變化型：

1 可以在前方使用階梯，階梯的高矮會決定活動範圍。初期選用較矮的階梯以便先熟悉動作技巧。隨著階梯高度增加，訓練難度也跟著提高。

2 可以隨需要變更為向前跨步或向後跨步。

3 可以在每一次反覆都換腳做，或是做完一組單腳訓練後再換另一腳做一組。

4 使用板凳時 ②，你可以讓後腳留在地面，也可讓雙腳都站上板凳。

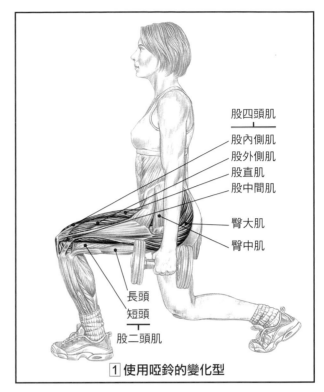

股四頭肌
股內側肌
股外側肌
股直肌
股中間肌
臀大肌
臀中肌
長頭
短頭
股二頭肌

1 使用啞鈴的變化型

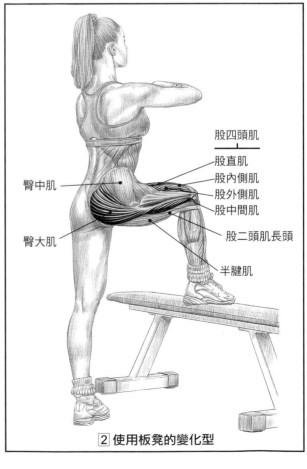

股四頭肌
股直肌
股內側肌
股外側肌
股中間肌
臀中肌
臀大肌
股二頭肌長頭
半腱肌

2 使用板凳的變化型

5 你可以一步一步向前移動，或者原地前後跨步較省空間。

1 ⃞　　　　　　　2 ⃞　　　　　　　3 ⃞

6 腳的位置有三種選擇：

> 腳掌平踏地板：股四頭肌和腿後肌平分重量。

> 腳跟踩在槓片上 1 ⃞：訓練集中在股四頭肌上，因為這種姿勢會讓腿後肌放鬆而難以參與動作。

> 前腳掌踩在槓片上 2 ⃞ 3 ⃞：訓練集中在腿後肌上，因為腿後肌的伸展有利於其收縮，而減少股四頭肌的參與。

滑步蹲

有別於非訓練腳（後腳）停在原地不動的訓練方式，你可以讓前腳不動，而讓後腳向前 4 ⃞ 或向後 5 ⃞ 滑步（使用滑盤會較容易）。這個變化型以對膝蓋和臀部比較緩和的方式向前向後滑動，對於做不到弓步蹲的人來說是一個很好的選項。當你練熟之後，可以手握啞鈴來增加阻力。

跨距小

股四頭肌為主要訓練部位

跨距大

臀大肌為主要訓練部位

注意： 動作範圍越大，臀肌和腿後肌參與得越多，將身體前傾也會有同樣的效果。動作範圍越小，則股四頭肌參與得越多。

優點：弓步蹲能訓練整個大腿，又不會壓迫脊椎，同時也是伸展下肢最佳的動作。

缺點：因為弓步蹲會伸展腰肌，可能會因此拱下背，所以要特別留意姿勢。

風險：弓步蹲對膝蓋和臀部的衝擊較大，但對背部較溫和。當膝蓋向前越遠，臏骨會越吃力。而滑步蹲運用比較自然的動作方式，對關節的傷害較小。

✥ 訣竅

將手放在想要特別訓練的肌肉上，感覺目標肌肉的收縮。

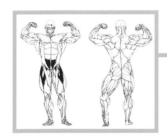

抬腿

特色：這是股直肌、腹肌和髂腰肌的複合訓練動作。一次只能單邊訓練，可以使用器材訓練或只用自己的體重。

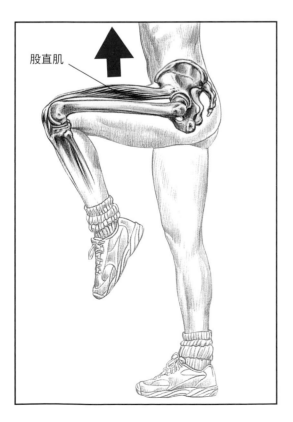

股直肌

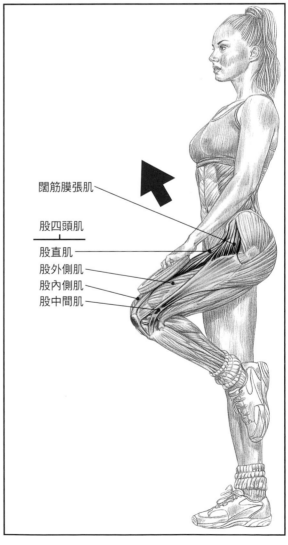

闊筋膜張肌

股四頭肌
股直肌
股外側肌
股內側肌
股中間肌

使用抬腿機做抬腿

先在站姿抬腿機選好重量後，站在機器中間，將訓練腿的大腿股四頭肌下段（靠膝蓋）放在靠墊下方，訓練腿彎曲膝蓋順著圓周抬高，使大腿超過平行地面的角度。維持收縮一秒後，腿順著圓周下放至身體後側，在不拱背的情況下盡可能向後。完成右腿動作後再換成左腿訓練。

使用自由重量做抬腿

採立姿將槓片或啞鈴放在左腿膝蓋上方 ⬚1，以左手握穩啞鈴，並以右手維持身體平衡。你也可以將背部靠在器材上會更穩定。左腿彎膝抬高到大腿與地面平行 ⬚2。維持收縮一秒後將大腿放下與地面垂直。完成左腿訓練後再換右腿。使用自由重量做抬腿的活動範圍要比使用抬腿機小。

⬚1

⬚2

⬚3

重點提示：為了保持訓練張力，在反覆訓練次數中不要讓腳放在地板上休息。只有到力竭時讓腳掌在地板休息幾秒，以便能再多做幾下。

變化型

⬚1 握啞鈴的手在下降時施力，推壓大腿以增加負向重量。當大腿已疲勞，就停止推壓，做一般的反覆訓練即可。力竭時，離開抬腿機或放下啞鈴，只用大腿重量持續抬腿訓練。

⬚2 在膝蓋上綁一條彈力帶也可取代啞鈴。將彈力帶的另一端踩在另一腳下。

⬚3 你可以同時使用彈力帶和啞鈴兩種阻力 ⬚3，能得到協同訓練的效果。

優點：抬腿可以單關節訓練腹直肌，這是一般股四頭肌複合動作中難以練到的部位。

缺點：因為只能單邊進行，會花許多時間。而且此肌肉的尺寸不大，卻要投注許多時間。

風險：腰肌活動時會拉扯到脊椎。保持背部平直並避免拱背。如果背部發出任何怪異的聲音，要將動作速度放慢，並降低抬腿的高度。如果狀況持續，就應該避免做這個訓練。

注意：若在訓練大腿之前難以進行膝蓋暖身，也可以先做幾組抬腿動作。如果因為膝蓋有問題而無法有效的訓練股四頭肌，這個動作可以在不傷害膝蓋的情況下，訓練到部分的股四頭肌。

✂ 訣竅

將一隻手指放在股直肌的中間位置，較容易感受到肌肉的收縮。

股四頭肌的單關節運動

挺髖蹲

特色：挺髖蹲 (sissy squat) 是股四頭肌的單關節訓練，特別是對股直肌。挺髖蹲和一般蹲舉非常不同，因為是使用自己的體重訓練，不會傷害到背部與臀部。

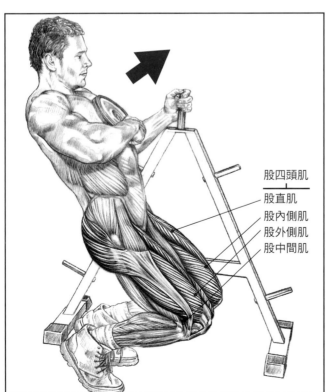

股四頭肌
股直肌
股內側肌
股外側肌
股中間肌

步驟：必須抓住器材保持身體平衡。雙腳張開約與鎖骨同寬，膝蓋向前彎曲並將身體後傾。當身體下蹲時，腳跟抬離地板，保持背部平直不拱起。一開始，身體向下蹲約十公分後回到原位。

當起身時，腿不要完全伸直，讓股四頭肌持續保持張力。可以隨著每一次的反覆，逐漸蹲得更低。

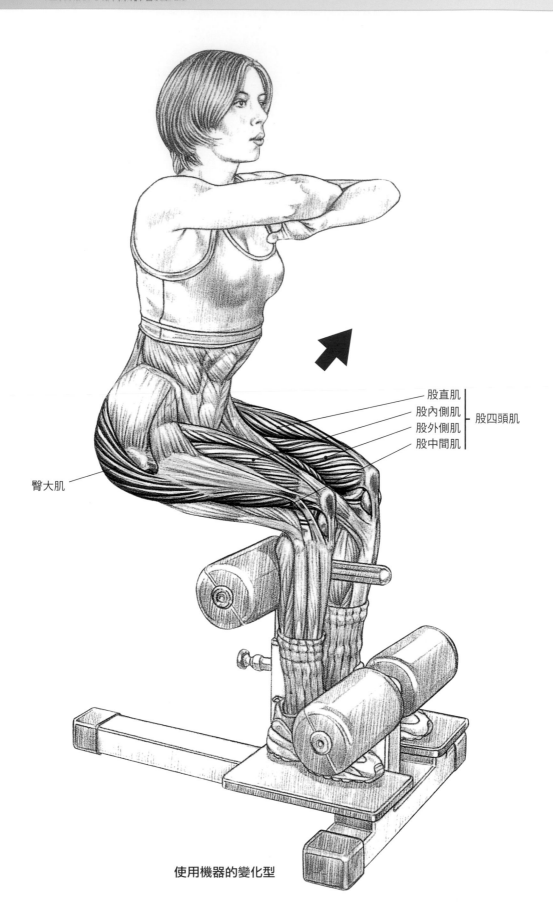

股直肌 ⎤
股內側肌 ｜
股外側肌 ｜ 股四頭肌
股中間肌 ⎦

臀大肌

使用機器的變化型

重點提示：可將腳跟墊高，會讓這個動作較容易些。墊的高度越高，動作就越輕鬆。建議在剛開始訓練時這麼做，當習慣挺髖蹲的動作後，就不再需要墊高了。

變化型

> 可以在胸前抱住一個槓片來增加阻力。

> 適當的器材可以在做挺髖蹲時固定住雙腳（左頁），身體就不會向後仰。這個方法可以保護腰椎，但由於此時背部與地面垂直，所以股直肌的參與會減少。

優點：挺髖蹲能夠完全練到股直肌，這是其他股四頭肌動作中常被忽略的肌肉。

缺點：訓練前膝蓋要確實暖身，不建議將這個動作做為大腿訓練的第一組運動。

風險：別蹲得太低，以避免膝蓋的壓力大與背部拱起。

注意：這個運動要緩慢地做，讓肌肉保持在張力狀態而不是猛然用力。

大腿伸展

特色：這是個可單獨訓練股四頭肌的動作，也可以做單邊訓練。

步驟：在大腿伸展機選擇好重量，將雙腳靠在墊子下方，使用股四頭肌的力量將雙腿伸直，維持張力 1 到 3 秒後將雙腳降回原位。

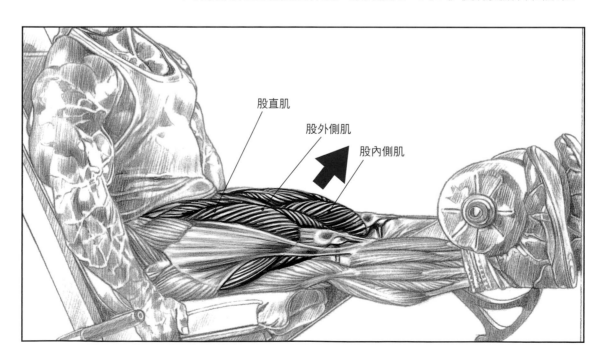

股直肌

股外側肌

股內側肌

重點提示：在保持肌肉的張力下緩緩的運動，若做太快，則可能傷害膝蓋。

變化型：背部後仰的角度越大，就越容易使用到股直肌。反之，身體越向前傾，股直肌參與的程度就越少。

優點：只要動作正確，脊椎並不會參與運動。

缺點：這其實不是人體自然的動作，因為在正常情況下，股四頭肌和腿後肌會產生連動，才能讓膝蓋的壓力平衡。有些人在進行此訓練時，由於只有股四頭肌施力而腿後肌沒有支撐，膝蓋會感覺不適。

風險：此動作對膝蓋的壓力較大，因此絕對不要用大重量猛然出力。

✂ 訣竅

將一隻手放在訓練的股四頭肌上，更容易感受到肌肉收縮。

注意：大腿伸展適合作為暖身或緩和運動，你無法靠這個動作就將股四頭肌練得粗壯。然而，這個訓練對於鍛鍊股四頭肌的清晰度具有絕佳效果。

股四頭肌的伸展運動

股四頭肌伸展

以站姿 1 或俯臥姿進行。右手握住右腳踝，維持伸展的動作數秒後再換另一隻腳，但注意別過度拱背。

柔軟度不佳的人，可採用深蹲姿勢來伸展大腿肌肉 2。

如果是身體活動度極佳的人，可以雙膝跪地，以手臂在後方支撐，讓身體後傾加壓伸展股四頭肌 3。

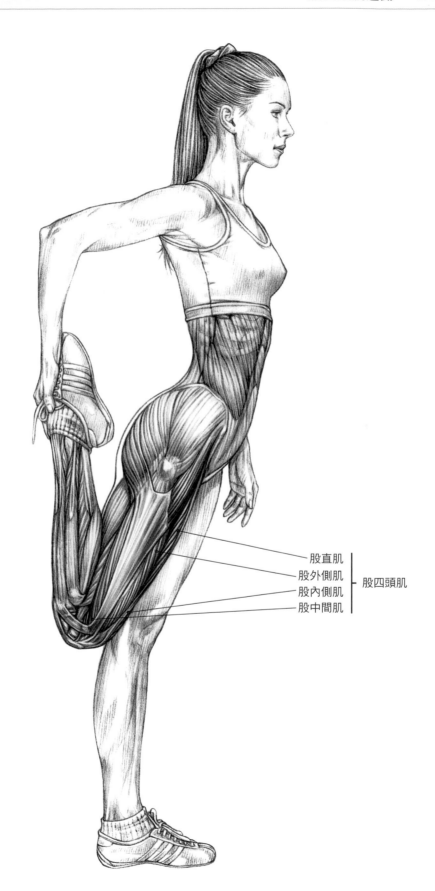

股直肌　┐
股外側肌　│　股四頭肌
股內側肌　│
股中間肌　┘

有效率的強化腿後肌

局部構造

腿後肌群是由三個肌肉所組成：

1 股二頭肌，位於大腿外側。

2 半腱肌，位於大腿內側。

3 半膜肌，大部分被半腱肌覆蓋。

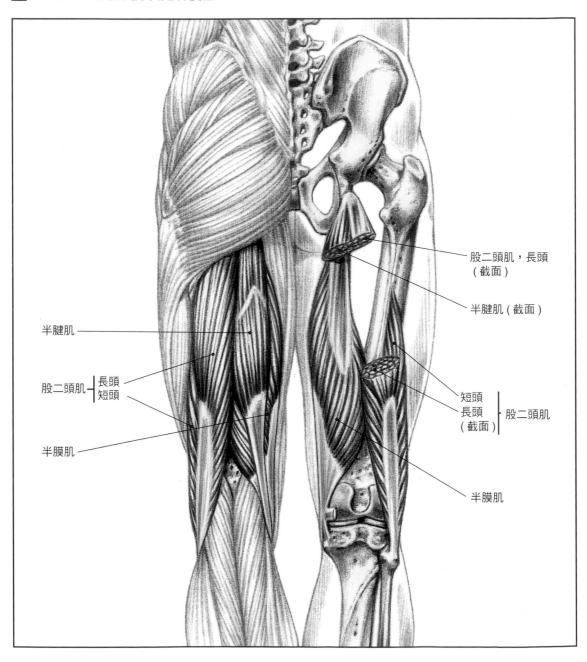

半腱肌

股二頭肌 { 長頭
短頭

半膜肌

股二頭肌，長頭
（截面）

半腱肌（截面）

短頭
長頭
（截面） } 股二頭肌

半膜肌

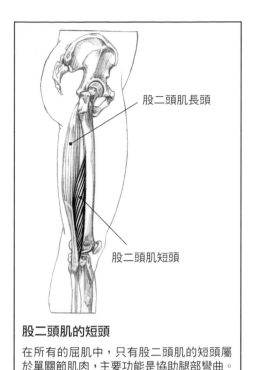

股二頭肌的短頭

在所有的屈肌中，只有股二頭肌的短頭屬於單關節肌肉，主要功能是協助腿部彎曲。

如果腿後肌的對稱性完美，則半腱肌與半膜肌應該與股二頭肌的大小約略相同。

除了股二頭肌的短頭以外，腿後肌皆屬於多關節肌。為了方便說明起見，我們將整個腿後肌視為多關節肌，而忽略股二頭肌的短頭。

開發腿後肌的兩個阻礙

股四頭肌和腿後肌失衡

腿後肌因為不容易被注意到而經常被忽略，腿後肌不發達是個常見的問題，其發展遲緩主要有兩個原因：

> 腿後肌缺少鍛鍊。如果你經常性地做 10 組左右的股四頭肌訓練，卻只偶爾練兩下腿後肌，這前後兩組肌肉當然會失衡。此外，人們通常先練完股四頭肌後才練腿後肌，而當下腿部肌群都已經疲乏了。面對這種不良的訓練習慣，首先應該瞭解到，腿後肌有潛力可以練到跟股四頭肌幾乎一樣大，若想達到這樣的成果，就必須將腿後肌比照股四頭肌一樣投入心力去鍛鍊。

> 腿後肌的動作較難感受到。腿後肌的收縮應該要像肱二頭肌收縮的感覺一般，但是要感受肱二頭肌的收縮卻比腿後肌容易多了。此種大腦 - 肌肉連結感知上的差異，常起因於腿後肌未在理想的長度動作。

短腿後肌和長腿後肌

腿後肌非常長的人（例如，腿後肌的上方延伸到接近臀部，下方一直延伸到接近膝蓋後方的長度），比一般人更容易鍛鍊大腿後方的肌肉。腿後肌較短的人，則會有下列兩種情形之一：

> 腿後肌止於膝蓋前好一段距離（短跑運動員的肌肉）。這種狀況下，腿後肌會比較難以發達；但另一方面來說，此種類型的腿後肌能鍛鍊得很有弧度及線條。

> 因為臀部肌肉長得比較低而導致腿後肌的上方位置也比較低。在這種情況下，臀部肌肉會被鍛鍊得比腿後肌還多。如果沒注意到這點，結果會得到大臀部與細的腿後肌。

找出肌肉的最佳長度

腿後肌是人體運動必須的肌肉,因此與生俱來成為多關節肌肉,達到同時擁有力量與彈性的兩種需求。腿後肌會隨著你走路、跑步或跳躍時伸展與收縮。腿後肌即使在收縮狀態,長度也沒有太大的變化,因為它們隨時維持在接近最佳長度 – 張力關係的位置,以便讓活動迅速且持久。

實際應用:像腿後肌這種多關節肌肉,都應該在最佳長度運作(詳見稍後介紹)。然而人們在做肌力訓練時,經常不是在腿後肌的最佳長度,這就是為什麼很多人難以感受或發達這塊肌肉的原因。

腿後肌各部位的發展不均

腿後肌的三個部分通常很難同步發展。有些人的股二頭肌發展得很好,而有些人另外兩塊發展得較好。即使各區的肌肉成長速度不均,仍然可以將腿後肌鍛鍊得很好。但如果要練到最好,特別是腿後肌發展遲緩時,就必須努力針對最弱的部分做強化。

腿後肌發展不均的原因有二:

> 骨骼的生理結構,迫使你優先使用肌肉的內側或外側。

> 運動神經徵召不佳,導致使用某部分多於其他部分。不幸的是,重新建立平衡很困難,首先因為你看不到腿後肌的運動,其次是因為打破既有的壞習慣並不容易。

外觀的爭論:如何最佳地收縮腿後肌?

普遍的觀念:在練腿後肌的大腿彎舉時,要壓好身體讓自己在訓練機中保持穩固,並遵守下列原則:

> 俯臥姿時勿拱背。

> 站姿時要保持直立。

> 坐姿訓練時要壓緊身體穩穩坐在座位上。

實際的狀況:在大腿彎舉的收縮階段,當雙腳靠近臀部時,身體會自然向前移動。

> 俯臥腿彎舉:當收縮腿後肌時,臀部會慢慢抬起使身體向前。臀部抬起得越多,腿後肌的投入就越多,你也越能感受到肌肉的收縮。為何如此?因為肌肉能夠達到最佳長度。透過抬起臀部,你在收縮下端腿後肌的同時伸展了腿後肌的上部。所以當你用俯臥姿勢進行大腿彎舉時,抬起臀部是很自然的。

遺憾的是，很多訓練機的板凳設計讓你無法這樣做，取而代之的是你可能會過度拱下背，就會壓迫到脊椎，而讓這項訓練潛藏受傷的風險。有些俯臥式腿彎舉訓練機的板凳是彎曲的，而結合了幫助腿後肌達到最佳長度的設計。某些俯臥腿彎舉機器讓腿後肌收縮時比最佳長度為短，等於人為地讓肌肉處在弱勢狀態。如果你的腿後肌對於訓練沒什麼反應，就不要做這個訓練。

> 立姿腿彎舉：當腿後肌收縮時，身體會自然向前傾，通常訓練機會設有緩衝墊以避免這個情況。你會感覺力量比較低落，因為腿後肌收縮時短於最佳長度。幸好，腿後肌的單腿立姿訓練機已不多見。此種機器已被需要四肢參與的新機型取代。當以四肢靠在機器上時，身體前傾更多，並且能收縮到接近臀部的腿後肌，而讓肌肉獲得更好的刺激。

> 坐姿腿彎舉：許多人無法從這項訓練感到肌肉的收縮，因為他們全程都被固定在座椅上。腿後肌在此動作會很無力，因為與肌肉的最佳長度相距甚遠。訓練的結尾動作並不完全，而且背部會拱起，容易使脊椎受傷。這種訓練方式讓肌力難以發揮之餘，還會拱背，顯示坐姿腿彎舉在生理學層面來說是不妥的。

想要讓坐姿腿彎舉時更有力量，在雙腳彎曲越靠近椅子時，身體要越向前傾 1 2 3 。這個動作讓你在收縮腿後肌下段時，一邊伸展腿後肌的上段。因為能夠保持腿後肌接近最佳長度，這個動作能夠提供下列好處：

> 更能感覺肌肉的運作。
> 肌力更強。
> 不會傷害到背！

當身體向前傾時不要讓雙腿離開坐椅，否則會讓腿後肌過度伸展。

增加訓練強度的策略

增長尺寸的策略

改變訓練量

如果腿後肌不發達的原因是訓練不足，那就應該增加訓練組數，並在練股四頭肌之前先練腿後肌。

你需要特別訓練腿後肌嗎？

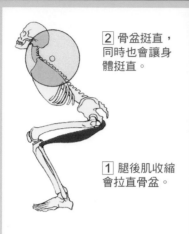

2 骨盆挺直，同時也會讓身體挺直。

1 腿後肌收縮會拉直骨盆。

蹲舉時，腿後肌會收縮將骨盆提起，以防止身體前移太多。

理論上，股四頭肌的複合訓練（例如蹲舉、弓步蹲、大腿推舉）會使用到大量的腿後肌並足以刺激其發達。然而，在這些訓練中使用到腿後肌並不容易，要感受到腿後肌的運作則更加困難。如果你能學會從股四頭肌運動中充分訓練到腿後肌，就不再需要針對腿後肌的特定訓練。

但還可能會發生的問題是，對於腿後肌的感覺太強了，而影響到股四頭肌的訓練效果。會發生這種情況是因為腿後肌已經比股四頭肌還要強壯。腿後肌身為多關節肌肉，其自然特性是優於股四頭肌的。即便股四頭肌塊頭比較大，卻容易受到角度與槓桿效率影響。

這解釋了為什麼有些蹲舉冠軍，對於腿後肌的訓練比對股四頭肌還要認真，以獲得更強大的力量。蹲舉重量的紀錄近年來不斷被刷新，這也讓更多人瞭解，蹲舉時腿後肌背負著相當於股四頭肌的重要性。

結論： 股四頭肌的複合訓練，可以更精確的定義為大腿全面的訓練。理論上，你並不需要採用特定的運動鍛鍊腿後肌，但實際上針對性的單關節訓練仍是不可少的。

腿後肌可以和股四頭肌同時訓練嗎？

你的腿後肌需要多少訓練，取決於下列因素：

> 和股四頭肌相比，腿後肌的發展情形如何？從側面看，大腿後方的肌肉應該相當於股四頭肌的 2/3 大小。

> 視你的目標而定。大腿是經常被忽視的部位，而大腿中的腿後肌又總是最不被重視（小腿肌也是）。如果你也是這麼想，那就不需要特別訓練腿後肌。但若你想要身體平衡發展，便需要專注在腿後肌的訓練。

依照腿後肌的發展情況，以下四種策略的重要性依腿後肌發展遲緩的程度遞增：

1 在股四頭肌訓練之後練腿後肌。

優點：腿後肌訓練不會對股四頭肌訓練產生負面干擾。

缺點：在股四頭肌訓練之後，你在生理上和精神上都會很疲憊，而無法有效地訓練腿後肌。

2 在兩項股四頭肌訓練間進行腿後肌訓練。

優點：不會偏重兩者之一。

缺點：大腿肌群訓練花很多時間，而且會相當疲累。

3 在股四頭肌前先鍛鍊腿後肌。

優點：優先訓練腿後肌，特別強化。

缺點：接著做股四頭肌訓練時會相對疲累得多（這驗證了腿後肌會參與複合式大腿訓練動作的理論基礎）。此外，如果在蹲舉時身體過度前傾，有導致腿後肌受傷的風險。

4 安排出一天訓練日，只針對腿後肌和小腿肌做訓練，該天不練股四頭肌。

優點：這是強化腿後肌的理想方法。

缺點：訓練課程中有一天只專注在腿後肌，表示必須減少其他肌群的訓練頻率。

以低強度增加訓練頻率

如果腿後肌發展遲緩是因為運動神經的徵召不佳，或是無法感受肌肉收縮，你應該以低強度方式增加腿後肌的訓練次數。

進行單邊訓練

腿後肌的單關節訓練能幫助你感受到肌肉的動作，尤其是進行單邊訓練。

這麼做的目的是讓你學會有效地使用腿後肌，最終你可以靠複合式訓練就達到訓練腿後肌的效果。通常一般人雙腿的腿後肌會有一邊較弱，此種訓練也可以平衡兩側的大腿肌。

訓練加入彈力帶

在蹲舉或大腿推舉的收縮階段，腿後肌必定會參與其中。這些動作有個很大的問題在於進行到要結束時阻力會減少，而當下正好是腿後肌收縮力量最強的時候。迫使腿後肌參與到訓練的一種方法，是在負重之外再加上彈力帶。

如此一來，在雙腿伸直的階段，阻力會逐漸增強，增加的難度會迫使腿後肌加入。

使用超級組訓練

兩種以超級阻訓練腿後肌的策略如下：

> 先期疲勞訓練法：先做單關節訓練然後再接著複合訓練（例如硬舉）。此種組合能幫助你在硬舉時感受腿後肌的收縮。同時，因為腿後肌已經疲累，硬舉就不需要太大的重量，而能減少脊椎負擔。

> 後期疲勞訓練法：先做複合訓練（例如硬舉）接著做單關節訓練，此種組合讓你在硬舉時能夠發揮到最大重量，之後再以單關節訓練進一步將肌肉能量耗盡。

使用加重的離心訓練

離心（負向）階段的運動能讓腿後肌獲得良好的刺激。你可以請訓練夥伴在肌肉逐漸伸長的離心運動階段協助加壓，以增加阻力。超負荷的離心運動會讓你更容易感覺到腿後肌的收縮。

首先，你會感覺到肌肉強烈的燃燒，接著是痠痛，最後是快速的成長。如果你沒有

夥伴，有些訓練機可以讓你自行加壓在槓片上，在此種狀況下，進行單邊訓練並使用你空下來的手進行離心訓練。

不過必須注意的是，不要過度加壓在伸展的最後階段。在這種脆弱的姿勢下，很容易造成腿後肌撕裂傷！

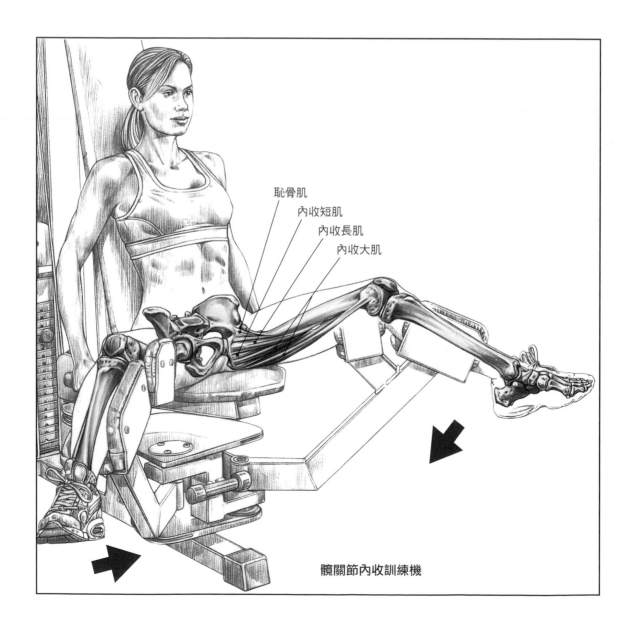

恥骨肌
內收短肌
內收長肌
內收大肌

髖關節內收訓練機

必要時可用內收肌來騙一下

練內收肌的好處是，當你將雙腿併攏時，腿後肌會被推向外側，這樣會使腿後肌在視覺上變大了。

如果你的大腿像短跑選手一樣上段非常發達，但下段很細，就要特別注意了，因為訓練內收肌，會讓大腿上段特別大的胡蘿蔔形狀更為明顯。

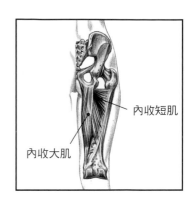

內收短肌

內收大肌

多伸展腿後肌

腿後肌容易受傷，在進行任何腿肌訓練前都需要讓腿後肌和緩地暖身。伸展動作同時也會增加活動範圍和力學傳遞路徑 (p.44)。伸展運動可結合如直腿硬舉等充分伸展腿後肌的動作。首要目標並非舉起很大的重量，而是確實的伸展來促進成長。緩慢地進行動作以免撕裂肌肉。

肌肉再平衡的策略

找出最佳的訓練

如果一邊的腿後肌比另一邊強，就必須改變運動神經徵召的方式。試著換做不同運動，以改變訓練時腿後肌操作的長度。目標是讓較弱側的腿後肌，達到有利訓練的肌肉長度，以促進兩側平衡發展。

訓練時採用多種不同的肌肉長度

在訓練腿後肌時可使用下列三種不同的長度：

1 保持在最佳長度：坐姿腿彎舉和滑步弓步蹲。

2 伸展到極限：直腿硬舉和早安運動。

3 較短的長度：立姿腿彎舉和俯臥腿彎舉。

上面的順序是根據效果由大至小排列。然而這並不是說你可以略過第 2 與第 3 種訓練長度，不同長度下的效果要隨訓練結構而調整。大部分的訓練都應該使用最佳長度，其餘的訓練則分別採用第 2 與第 3 種，而第 2 種又比第 3 種更優先選擇。

改變刺激角度

根據訓練時的角度，腿後肌運動亦可分成四種：

1 雙腿彎曲讓腳掌移向臀部的動作：俯臥腿彎舉和立姿腿彎舉。

2 抬舉軀幹的動作：各種硬舉和早安運動。

3 收縮腿後肌上段並同時伸展下段的動作：滑步蹲。

4 上一種的反向，伸展腿後肌上段同時收縮下段的動作：坐姿腿彎舉（身體前傾）。

利用以上四種完全不同的角度，可以訓練到腿後肌的不同區域。下列兩種策略有助於獲得最好的效果：

> 若你需要增加腿後肌訓練的頻率，可以在一次訓練中完全使用一種角度，並在下一次的訓練換另一種角度。這種方法可以讓不同部位輪流恢復，而更迅速地鍛鍊腿後肌。

> 如果你不需要增加訓練的頻率，就可以在每次的訓練中結合各種角度，尤其可以利用超級組。

改變雙腳的位置

想改變腿後肌的徵召方式，可以在各種腿彎舉訓練中改變腳的位置：

> 腳尖朝外，集中訓練股二頭肌（外側）。

> 腳尖朝內，則集中訓練半腱肌與半膜肌（內側）。

這個方法能夠協助你在輕重量訓練時，改變專注的位置，但是在大重量訓練時，便會由身體的本能控制，你的腳尖會轉成擅長的角度。此時可以看看你的腳尖會朝內或朝外，甚至朝前，你就會知道自己的腿後肌是內側還是外側比較強。

腿後肌運動

所有股四頭肌的複合訓練（例如蹲舉、弓步蹲、腿推舉）都會使用到腿後肌。同樣地，在背肌訓練（p.153）所涵蓋的硬舉和腰部訓練等，也會使用腿後肌，只是因為這部分之前已經說明，就不再贅述。

運動前要確實暖身腿後肌，暖身不夠常會造成膝蓋和背部的疼痛。

腿後肌的複合運動

直膝硬舉

特色：這是針對腿後肌、臀肌、腰部和背部的複合訓練。

步驟：雙腳靠近，身體前傾，並從地板上以雙手握住槓鈴（正手握法）①。背部保持平直且稍微拱背，膝蓋微彎。臀部用力夾緊同時使用腿後肌的力量站起來 ② ③。站直後，身體前傾下放回到開始位置。

①　　②　　③

④

重點提示：理想狀況下，身體不應該完全抬高到垂直於地板，保持軀幹前傾能夠維持腿後肌的張力。只有當力竭時，才可以將身體完全站直休息個幾秒，讓你可以再多做幾次。

變化型：為了讓握姿和動作更自然，你可以用啞鈴取代槓鈴 ④。槓鈴比較適合大重量訓練，啞鈴則是輕重量訓練的最佳選擇。

優點：這個動作可以強力地伸展腿後肌，也因此是導致肌肉極度痠痛的原因。

缺點：這個訓練的危險性在於，當下背逐漸疲勞時，你會越來越難以維持背部的自然弧度，而開始彎曲脊椎。雖然下背彎曲時，活動範圍和力量都會增加，聽起來似乎很不錯，但是保持下背伸直是為了降低受傷的機會，即使活動範圍會減少也是必要的犧牲。

風險：椎間盤在硬舉訓練中會受到擠壓而承受相當大的壓力，就算動作再標準亦是如此。

注意：硬舉看似一項簡單的運動，但實際上它比你想像的還要危險，因為同時保持平衡並運用正確的技巧非常困難。

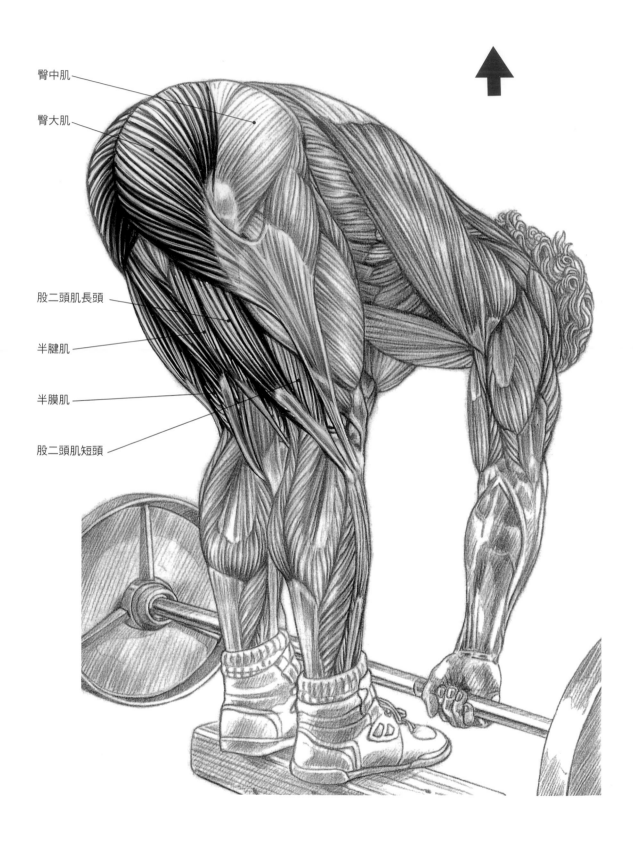

臀中肌

臀大肌

股二頭肌長頭

半腱肌

半膜肌

股二頭肌短頭

腿後肌的單關節運動

坐姿腿彎舉

特色：這是一種單關節訓練腿後肌的動作。如果需要強化較弱的一側，還可以進行單邊訓練。

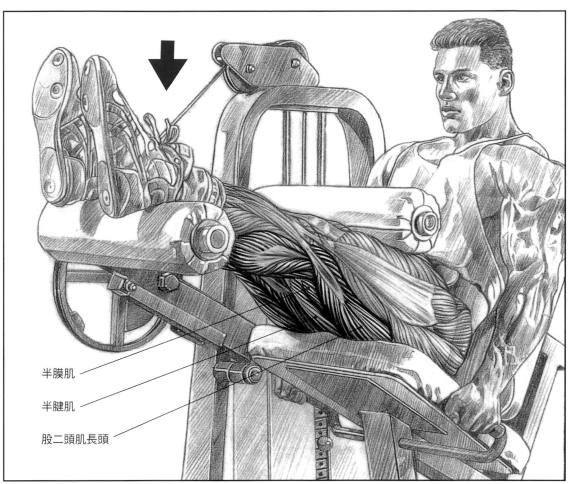

半膜肌

半腱肌

股二頭肌長頭

步驟：坐上訓練機，並調整成適合的重量，大腿放在靠墊下方，讓雙腿的腿後肌伸展但雙腿勿完全伸直。從半伸直的位置開始，使用腿後肌的力量將雙腳盡量彎向身體，維持收縮位置 2 到 3 秒後再將雙腿伸直。

重點提示：這個訓練的祕訣在於軀幹的移動。當雙腿幾乎伸直時，身體要稍向前傾與地板垂直（而不是向後靠在椅背上）。當雙腿用力往身體方向彎舉時，身體要順勢再前傾，當雙腿後彎到 90 度時，身體前傾到 45 度角。

在伸直雙腿的反向動作階段以同樣方式移動軀幹，你會發現自己變得更有力而且更能在運動中感受腿後肌的刺激。

事實上，身體前傾的動作會在靠近膝蓋端的腿後肌收縮時，同時伸展靠近臀部端的腿後肌。這是訓練腿後肌的最佳方法 (p.276-277)。

優點：雖然技術上說來這是單關節訓練，但如果正確地移動軀幹，坐姿腿彎舉也可以是一項複合訓練。你也能使腿後肌的長度 - 張力關係達到最佳化。

缺點：如果沒有隨著訓練動作移動軀幹，當收縮腿後肌時背部就會拱起，結果理所當然地讓脊椎處於危險狀態。

風險：身體向前傾時不要同時抬腿，那樣可能讓腿後肌過度伸展。

變化型：大腿彎舉的基本動作是將雙腿夾在一起，但你也可以將雙腿分開來改變腿後肌徵召方式。

俯臥腿彎舉

特色：這是訓練腿後肌的單關節動作，可以進行單邊訓練。

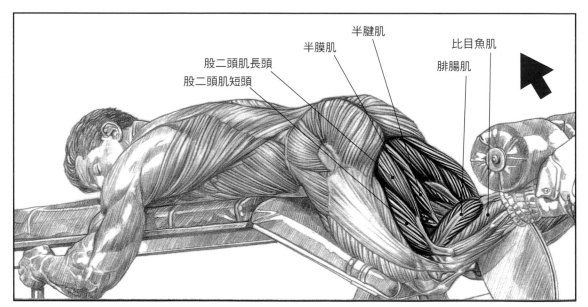

股二頭肌長頭
股二頭肌短頭
半膜肌
半腱肌
比目魚肌
腓腸肌

注意：將雙手壓在腿下進行，更有助於感覺到腿後肌的收縮。

步驟：調整為適合的重量後俯臥在訓練機上，將腳踝後側置於墊子下方。腿後肌用力將腳移向臀部方向。維持在收縮狀態 1 秒鐘，再降回開始的位置。

重點提示：如果墊子在腳踝上滾動太多，例如在肌肉伸長階段變得太遠，或是在彎曲時太快碰觸到大腿，這都表示墊子的位置不正確而需要調整卡榫。許多低品質的訓練機，幾乎不可能調整到正確的位置。

變化型：進行單邊訓練時，將空下的一手放在腿後肌上以感受肌肉的收縮。你也可以在離心階段用手推壓槓片以增加阻力。

優點：由於這個動作能夠孤立訓練腿後肌，所以相對比較容易。

缺點：腿後肌是多關節肌肉，但大腿彎舉並沒有利用到這項特點。這個訓練以生理結構來看並不健全，所以在收縮階段會傾向拱背並抬高臀部。此種動作會使得下背處於危險狀態。

風險：拱背時，會變得更有力，但也可能會壓迫到腰椎。

注意：腳趾的位置扮演著相當重要的角色，它會決定你的腿後肌如何收縮。腳趾向膝蓋彎曲時，小腿肌會參與腿後肌的動作而變得比較有力，但這也表示腿後肌不再是單關節訓練。

反之，如果盡量保持腳趾打直，力量雖不會變大，但是能夠孤立訓練腿後肌。你可以先從腳趾伸直的方式開始訓練，等到力竭時，再將腳趾彎向膝蓋，如此能徵召小腿肌參與而增加力量以多做幾次。

立姿腿彎舉

特色：這是腿後肌的單關節訓練，只能單邊訓練。

步驟：調整為適合的重量後站上訓練機，將腳踝後側放在墊子下方，使用腿後肌的力量屈腿讓腳盡量接近臀部，維持在收縮位置 1 或 2 秒後降回開始位置。

變化型

這個動作可以用兩種方式進行：

1 雙重收縮：當用力將腳往臀部移動時，稍微拱背，腿後肌的兩端因而變短，收縮會更強烈（也可能引起抽筋而無用），即使因為長度 - 張力關係不佳，使得肌力變弱。

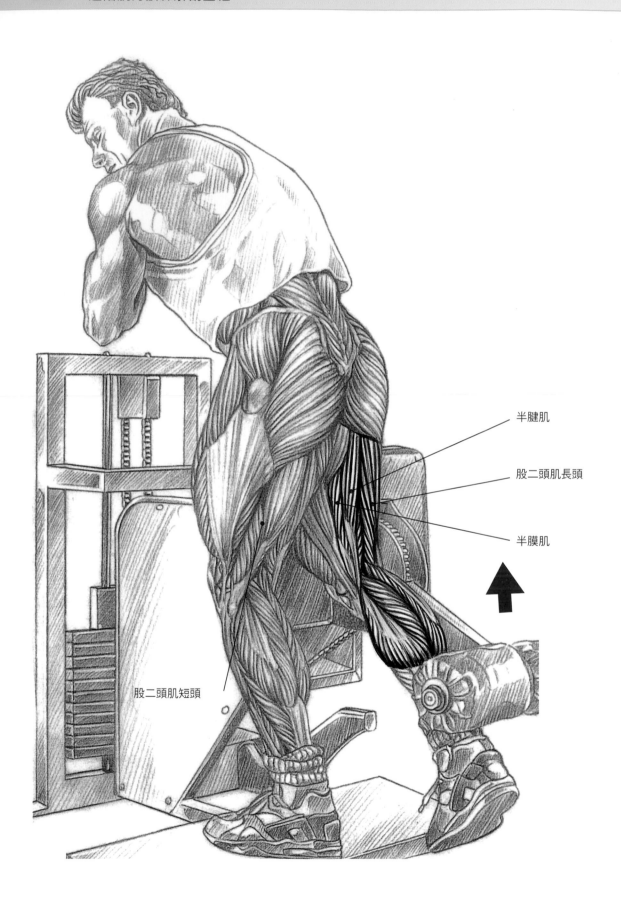

半腱肌

股二頭肌長頭

半膜肌

股二頭肌短頭

2 收縮–伸展：當你用力將腳移向臀部時，軀幹也會逐漸前傾，這樣做能夠在收縮腿後肌下端的同時伸展腿後肌上端。因為有利用到長度–張力關係，使得這個方法比前一種更能感覺到腿後肌的收縮。

你可以 1/3 的組數使用雙重收縮法，另 2/3 的組數使用收縮–伸展法。

優點： 立姿腿彎舉易於訓練，而且不會讓人感到太疲累。

缺點： 這是一種運動神經元學習的運動，能幫助你提升對於腿後肌的感覺能力，但不能做到肌肥大。

風險： 除非猛力的晃動槓片，否則這是個相對安全的訓練。

注意： 將手放在收縮的腿後肌上，能幫助感覺肌肉的運動。

重點提示： 使用訓練機時，盡量還是挑選能讓四肢都參與的動作（如俯臥腿彎舉），會比單腿操作的立姿腿彎舉要來得好。

腿後肌的伸展運動

腿後肌伸展

將一側的腳後跟放在支撐物上（如訓練機或板凳）1，接著伸展同一腿。腿放得位置越高，伸展效果越好。雙手放在伸展腿的膝蓋上，身體稍微前傾。腿後肌完全伸展後，將站立的一腳微彎來加強伸展效果。

1

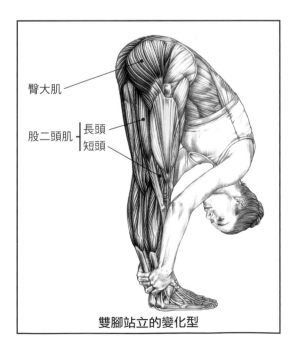

臀大肌

股二頭肌 — 長頭／短頭

雙腳站立的變化型

均衡發展小腿肌

局部構造

小腿三頭肌（或簡稱小腿）有三個部位：

1 腓腸肌外側頭，位於小腿外側。

2 腓腸肌內側頭，位於小腿內側。

3 比目魚肌，位於小腿上半段幾乎完全被腓腸肌所覆蓋。

小腿肌主要由腿部兩側的腓腸肌所組成，比目魚肌的體積相對要小得多。除了尺寸之外，腓腸肌和比目魚肌主要的差別在於

腓腸肌是多關節肌，這對於各種小腿肌訓練有很重要的關係：

> 比目魚肌是單關節肌，會參與所有與小腿運動伸直或彎曲有關的運動。

> 腓腸肌只有在腿部近乎伸直的狀況下才會作用。因此當腿部彎曲 90 度的坐姿動作，只會獨立訓練到比目魚肌，而不會用到腓腸肌。

開發小腿肌的兩個阻礙

小腿肌普遍較瘦弱

在身體上所有肌肉較弱的部位中，小腿肌的問題最難解決。當小腿下方的肌腱特別長，其上方連接的兩塊腓腸肌就會特別小（見下圖），怎麼樣都不可能練出強壯的小腿。這雖然看似讓人絕望，但還是有機會稍微做點改善。

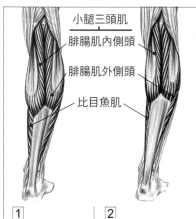

小腿三頭肌
腓腸肌內側頭
腓腸肌外側頭
比目魚肌

1 小腿肌長：腓腸肌和比目魚肌較長，肌腱較短

2 小腿肌短：腓腸肌和比目魚肌較短，肌腱較長

實測結果：小腿肌的極限

充滿矛盾的小腿三頭肌：

> 有些人不需做肌力訓練就擁有強大的小腿肌。

> 有些人小腿肌細小，怎麼都練不大。

小腿肌與前臂肌是唯二有這種極端情況的部位。小腿肌發達的難易度，幾乎是取決於肌肉的長度：

> 小腿肌越長（表示肌腱越短），越容易鍛鍊。

> 小腿肌越短，越難促成小腿肌肥大。

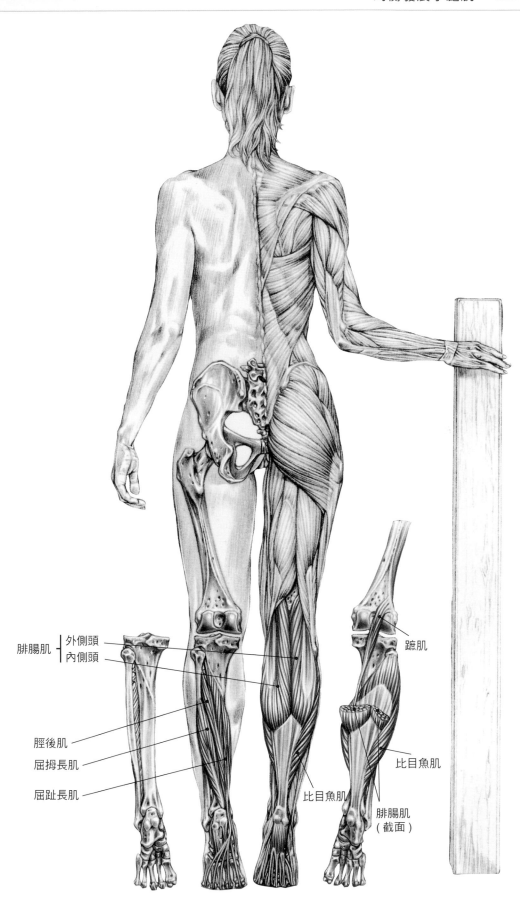

腓腸肌 ┤外側頭
　　　　└內側頭

蹠肌

脛後肌

屈拇長肌

屈趾長肌

比目魚肌

比目魚肌

腓腸肌
（截面）

小腿肌的長短各有優勢

小腿肌較長的人，在肌力訓練領域享有優勢，但若要跑得快，小腿肌短的較有利，優秀短跑選手的小腿肌短，肌腱都相當長。

小腿肌內外側不均

另一個常見的問題就是腓腸肌外側頭和內側頭的發展不均。如果你也有這個問題，就必須想辦法專注訓練發展較遲緩的部位。

提升運動強度的策略

為了能夠快速發展小腿肌，以下增加運動強度的 10 種技巧，可以解決小腿肌常見的兩個障礙：

達到肌肉的最佳長度

對於腓腸肌這種多關節的肌肉，你可以運用長度 – 張力關係，在最佳長度訓練肌肉 (p.50)。

小腿肌長的人在做小腿訓練時，會出於本能地將雙腿微彎，特別是在伸展階段，雙腿微彎有以下幾種效果：

> 增加肌力。
> 增加動作範圍。
> 強化伸展能力。

想找到肌肉的最佳長度並不難：因為在這種長度下，你能夠抬起最大重量，同時完整感受到小腿肌的收縮。

做小腿訓練時，不可借用大腿的力量去抬起重量。

專注在單腳訓練

單腳訓練可以改善小腿肌較弱的部分。有些人認為如果要專門加強小腿的某個部位，就必須改變雙腳的站姿。其實不改站姿，而是藉由改變雙腳不同距離，也是一種調整方法。

單腳訓練是集中訓練特定部位最有效的技巧。

增加反覆的次數

多選擇幾組重量做訓練，以大重量組和輕重量組交替進行（輕到每組可做 100 次的重量也沒問題）。

你可以在每次課程中都納入大重量及輕重量訓練，但單組訓練仍然使用相同重量較好。在大重量訓練組後可以馬上使用輕重量組交替訓練，這種技巧可增加小腿肌的反覆次數，也增加訓練的密集度。

但反過來先做輕重量組，就不可能以大重量組做交替。

每組高反覆次數

小腿肌屬於耐力型肌肉,不是爆發型肌肉,因此長組數(每組 20 至 25 次)是比較好的策略,以大重量或輕重量做遞減組訓練(drop sets)。

增加訓練的頻率

訓練小腿肌最方便之處就是在家可時時訓練,需要的器材簡單,只需要一塊木板或用兩片槓片疊起來 ① 當成小台階。

站姿以腳掌踩在台階,後腳跟懸空,就可以訓練單側小腿。若要增加阻力,也可單手抓握槓片。

①

如果要訓練比目魚肌,彎曲膝蓋呈半蹲姿並保持雙腳在台階上,以雙手協助穩定身體,再採用如同坐在小腿訓練機上的方式訓練。

增加活動度

小腿肌需要時常做伸展。不論是在練小腿當天,或是沒練的其他天,都應該要做小腿伸展。小腿伸展可以增加肌肉與關節的活動範圍,也可以加速肌肉恢復。

變化活動範圍

腳踝的活動度越好,小腿肌訓練的活動範圍就越大。

在做大重量時,雖然不太適合做完整活動範圍的動作,不過你仍然應該利用稍輕一點的重量來做到完整活動範圍,以徵召那些不參與大重量訓練的肌肉。

使用休息或暫停技巧

小腿訓練的特色是小腿三頭肌會持續維持肌肉張力,因此會產生無法忍受的燃燒感。此時可以在組間停止動作,休息 10 到 15 秒,乳酸堆積就會消退,然後繼續開始訓練,並試著多做幾下。

採用可感受肌肉回饋的動作

在運動過程中，能夠觸摸或看到肌肉收縮，確實能協助掌握肌肉的感覺。

立姿小腿伸展雖然是最實用的小腿訓練動作，但缺點是做的時候看不到也觸摸不到小腿。如果改用腿推舉機來做驢子舉踵 (p.295)，便可在訓練時看到甚至碰觸到小腿肌，感受到肌肉的回饋，對於難以感受小腿肌收縮的人很重要。

以非自主收縮完成訓練組

雙腳腳掌踩在斜板上小跳，小腿肌突然伸展並產生反射性的收縮，你可以從這種小腿肌的非自主收縮得到一些好處。

因此在每組的最後已經無力時，開始做這些小跳動作，會動員非自主收縮讓你能再多做幾下。另外，你也可以使用前腳掌踩在地面小跳。

上述兩種技巧的目的，都是藉由多做幾下小跳，延長小腿肌張力與燃燒感的時間。

外觀的爭論：訓練小腿時將雙腿伸直是對的嗎？

普遍的觀念：訓練小腿肌時應該要將雙腿完全伸直。這個論點在理論上看起來合理，因為腓腸肌是多關節肌肉：當膝蓋彎曲角度越大，腓腸肌就越鬆弛（下左圖），而獨留比目魚肌參與小腿運動，這違反了訓練小腿的目的。

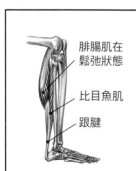 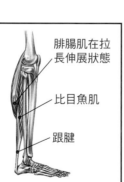

腓腸肌在鬆弛狀態

比目魚肌

跟腱

腓腸肌在拉長伸展狀態

比目魚肌

跟腱

膝蓋彎曲時，腓腸肌會放鬆。在這樣的姿勢條件下提踵，腓腸肌只會少量地參與而讓比目魚肌負責主要的工作。

腿伸直時，腓腸肌伸展拉開。在這樣的姿勢條件下提踵，腓腸肌會充分執行工作，而不需要比目魚肌的參與。

實際的狀況：但仔細想想，如果要我們完全伸直雙腿，才能讓腓腸肌發揮到最強，這是不合理的事，因為沒有人是直著腿走路或跑步的！

如果要徵召的是比目魚肌而不是腓腸肌，就必須確實彎曲雙腿，微彎是無法排除腓腸肌的參與。另一方面，當小腿在做繁重訓練時完全打直雙腿，會發生以下情況：

> 腓腸肌無法完全發揮力量。

> 運動過程中，身體會前後搖擺，而可能讓腰部受傷。

所以說，要求你將雙腿伸直做小腿訓練，就像叫你揹著降落傘，在落地時雙腳伸直以免讓褲子起皺摺一樣不合理。

小腿肌運動

⚠ **警告！**

此處所介紹的三個訓練經常被歸類為複合訓練動作，
但實際上是只有踝關節參與的單關節運動。

小腿肌的單關節運動

驢子提踵

特色： 這是針對整個小腿肌的單關節訓練動作，對腓腸肌特別有幫助。驢子提踵是目前最好的小腿肌訓練。你有以下各種器械選擇：

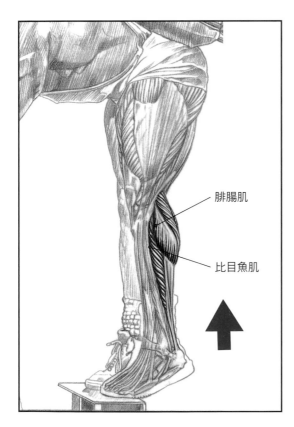

腓腸肌

比目魚肌

1 標準的驢子提踵訓練器，讓身體站立前彎 90 度或 135 度，阻力直接施加在骨盆上。

2 水平腿推舉器，以坐姿進行驢子提踵的動作。

3 45 度上斜腿推舉器，以半斜坐姿進行驢子提踵動作。

4 垂直腿推舉器，以完全平躺的姿勢進行驢子提踵動作。

步驟： 選擇適合的重量並登上訓練機器，以前腳掌放置訓練機台，先讓小腿肌徹底伸展，然後腳趾出力將重量盡可能推高。保持小腿肌收縮 1 秒，然後回到開始的伸展位置。

重點提示： 雙腿不要完全打直，特別是在小腿肌伸展的時候。

變化型： 如果沒有訓練器材，可以請夥伴跨坐在你的下背來進行訓練，而這也是此動作的名稱由來。

優點：驢子提踵是最有效的小腿肌訓練動作，因為讓小腿處於理想的收縮位置，而且不帶給脊椎太多的壓力。

缺點：標準的驢子提踵訓練器並不常見，不過依然可以使用腿推舉器來進行。

風險：必須確保阻力施加於骨盆而不是脊椎上，以免脊椎受到不必要的壓迫。

注意：理想的情況是在水平腿推舉器上做驢子提踵，雙腿平放的姿勢能讓血液循環較通暢。

在一般的訓練器材中，皆以垂直的方式訓練雙腳，這會讓血液循環不佳，因此長組數訓練會讓乳酸堆積，並使得肌肉缺氧。

在此種外部造成的疲勞下，肌肉也比較無法持續發揮力量。

如果使用 45 度上斜腿推舉器，抬高的腿部姿勢能促進血液循環，但在長組數訓練中，小腿肌最終會充血，並且也會堆積到大腿。

立姿小腿伸展

特色：這是小腿肌的單關節訓練，對腓腸肌特別有用。

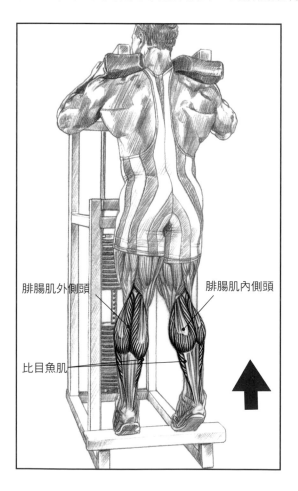

腓腸肌外側頭

腓腸肌內側頭

比目魚肌

步驟：調整好適合的重量並站上訓練機器，前腳掌踩在訓練機平台上。先讓小腿肌徹底伸展，然後以腳趾將重量盡量推高。保持小腿肌收縮 1 秒，然後回到開始位置。

重點提示：避免彎曲腰椎造成的前後擺動。會造成這種危險擺動的情況通常是因為：

> 雙腿伸得太直，特別是在伸展時。

> 眼睛一直看著地面。

> 頭部持續上下移動。

為避免這種情況，請保持頭部直立，眼睛稍微朝上看。

變化型： 腳的方向可以朝外或朝內，但最好是與雙腿同向，以免不必要地扭轉膝蓋。在大重量訓練時若發生扭傷會更加嚴重。但也必須告訴你，雙腳朝內或朝外都會減少小腿肌出力並降低訓練效果。當腿保持正直的狀態時，小腿肌的力量最大。如果想進行不同的變化訓練，可以試著改變雙腳站距（雙腳併攏或加寬），或一次只訓練單邊小腿肌。

優點： 這個運動提供整個小腿肌最直接的訓練。

缺點： 相較於驢子提踵，立姿小腿肌伸展：

> 小腿肌沒有完全伸展。

> 小腿肌沒有處於最佳長度–張力位置。

> 會給腰椎不必要的壓力。

雙腿垂直站立的姿勢，在長組數訓練時，乳酸易在小腿堆積。

風險： 使用的重量越重，脊椎壓力也越大。

注意： 如果沒有小腿訓練機，也可以將槓鈴上肩 1 在史密斯架上訓練，或手持啞鈴 2 訓練。

1　　2

坐姿提踵 (使用機器)

特色： 這是比目魚肌的單關節訓練動作。

步驟： 調整好訓練機前方的槓片，坐上訓練機，前腳掌踩在踏板，膝墊靠在膝蓋稍上面一點的地方 (p.298)，不要直接壓在膝蓋骨上。先讓小腿肌徹底伸展，然後以前腳掌出力將膝墊推高。保持小腿肌收縮 1 秒再下降。

重點提示： 後腳跟盡可能抬到最高。在下降動作時，將阻力從腳的大拇指移轉到小指。在整個動作進行間，應該一邊注視並觸摸小腿以協助感受肌肉的動作。

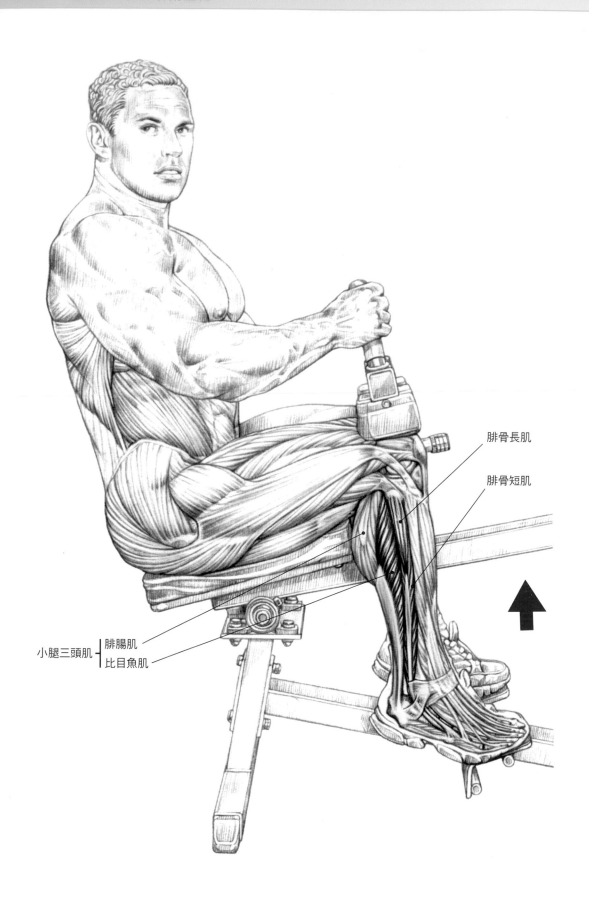

腓骨長肌

腓骨短肌

小腿三頭肌 ⌉ 腓腸肌
　　　　　└ 比目魚肌

變化型：改變雙腳的距離，但不要改變腳的朝向。

優點：這是一個相當簡單的運動，因為目標肌肉並不大，並且不會造成下背緊繃。

缺點：雖然這個運動相當受歡迎，但是只能訓練到小腿的一部份（比目魚肌），因為膝蓋彎曲而使得腓腸肌難以參與。

風險：為避免受傷，別讓阻力直接壓在膝蓋上，將墊子往大腿上方移動至少 5 公分處。但是不要移得太遠，以免降低訓練的強度。

注意：進行超級組訓練時，可以從坐姿訓練機開始，力竭後站起來改做無負重的立姿腿伸展。

小腿肌的伸展運動

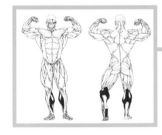

小腿肌伸展

你可以運用多種角度來伸展小腿。當腿完全伸直時，主要是在伸展腓腸肌，而當腿彎曲時，彎得越多則比目魚肌便伸展得越多。

站直並將後腳尖放在一個支撐物上（例如小腿機、階梯或槓片）。支撐物的高度越高，肌肉就會伸展得越多。保持姿勢並停留 12 秒。

小腿伸展可以單腿或雙腿操作。單腿伸展的活動範圍比較大，是因為：

> 單邊伸展的活動度總是比較好。
> 體重只壓在單邊而不是由兩腳分攤，因此伸展效果較好。

平日伸展小腿三頭肌是個好習慣，尤其是你的小腿肌較弱時更需常做。

因為小腿肌附著於大腿骨，在訓練股四頭肌和腿後肌前都應該先伸展小腿肌，以便將膝關節完全熱身。此外，想要在蹲舉等大腿訓練過程協助背部挺直，也必須有良好的腳踝活動度。

1

雕琢腹部肌肉

局部構造

腹部區域包括了四塊肌肉：

1 腹直肌，也就是通稱的腹肌。

2 腹外斜肌，位於腹直肌的兩側。

3 腹內斜肌，位於腹外斜肌下方。

4 腹橫肌，在腹斜肌下方。

對於身體各部位的肌肉，訓練者通常以增大為目的，而腹肌則是例外，人們要求的是緊實的腰部線條。比起增肌，這個部位的訓練目標應該是肌肉能見度。

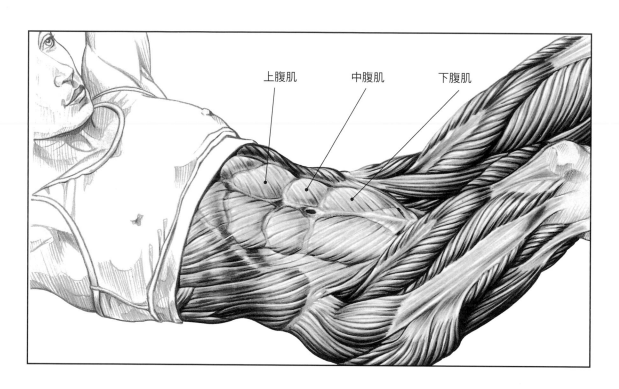

上腹肌　　中腹肌　　下腹肌

腹部肌肉的角色

結實的腹肌除了美觀之外，在運動中也負責穩定脊椎的功能。腹肌練得越強健，你在複合運動中的表現也會越出色。

> 強大的腹肌讓你在蹲舉時，更有效率地將力量從大腿傳遞至槓鈴上。如果腹肌太軟弱，下盤將無法傳遞力量到肩上的負重。

> 腹肌越強健，大重量訓練時的閉氣越能發揮力量。

結論：想鍛鍊出壯碩的股四頭肌、腿後肌、小腿肌和肩膀，就必須要有強健的腹肌。

開發腹部的四個阻礙

影響腹部發展常遇到的四個困難之處：

1 六塊腹肌低度開發。
2 下腹肌比上腹肌弱。
3 脂肪堆積遮蓋了腹肌。
4 腹部鬆垮挺個大肚子。

外觀的爭論：是否有可能將上腹肌與下腹肌分離呢？

普遍的觀念：要將上腹肌和下腹肌分開孤立訓練是不可能的事。腹直肌連結了整束腹肌，而不是只有到上段或下段。想要只練下腹肌而不動到上腹肌，只是浪費時間罷了。

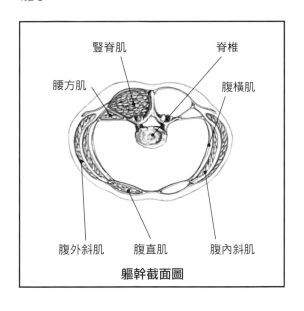

豎脊肌　脊椎
腰方肌　腹橫肌
腹外斜肌　腹直肌　腹內斜肌
軀幹截面圖

實際的狀況：很多運動員的上腹肌總是比下腹肌發達。如果腹直肌真的如理論一般，總是兩端均等施力，不均的問題就不應該存在。研究顯示，腹直肌的收縮的確具有區段性。這是由於上、下腹肌分別受不同的運動神經支配所導致。

需要抬起軀幹（但不是只有軀幹）的運動通常會徵召較多的上腹肌，而需要抬舉骨盆的動作則使用到更多的下腹肌。腹直肌的下半部通常比較難練，原因我們將於稍後探討。無論如何，這表示我們必須把更多的訓練重心放在下腹部！

結論：腹肌整束是兩端同時收縮的，而腹直肌的訓練最好能專注在下半部。訓練腹肌有助於：

> 保護脊椎。
> 避免小腹突出。
> 防止腹部脂肪囤積。

為什麼下腹肌這麼難訓練？

整束平均發展完美的腹直肌是很罕見的，下腹肌難以發達的原因有以下幾點：

1 徵召困難。下腹部通常不太參與針對腹肌的運動，是因為神經系統比較容易徵召腹肌的上半部。所以由下腹肌啟動的抬腿動作，往往是靠上腹肌完成動作。

2 肌力不足。因為下腹肌不是大塊肌肉，雖然常用於抬起整個大腿的重量，本質上依然很弱。因此，為了補救肌力和重量的不平衡，大腦會調配使用強有力的髖部屈肌（腰大肌和髂肌），以補足下腹肌的不足。

3 難以將肌肉動作獨立出來。要將下腹肌分離出來是很困難的，特別是在重量和強度增加時。基於這個理由，抬腿（leg lift）所需的技巧會比腹部捲曲（crunch）更複雜得多。

4 易疲勞。因為下腹肌沒有經常使用到，無法承受太操勞或大量的工作。

5 不易選擇適合的動作。過去經常用來訓練下腹肌的動作通常是不恰當的。仰臥時，下腹肌的功能是將臀部抬離地面，單純只抬起大腿或類似游泳踢腿的動作是訓練不到下腹肌的。

生理困境：訓練腹肌能增加肌肉的能見度嗎？

普遍的觀念：必須同時控制飲食，否則訓練腹肌是沒有意義的。唯有飲食控制才能消除包覆在腹直肌上的脂肪層。

實際的狀況：對於少活動的人來說，的確如此！如果體脂肪超過 15%，六塊腹肌將依然不見天日，訓練腹肌不會改變任何外觀！

但如果是認真訓練的人則另當別論。當體脂肪低至 10%，規律的腹部訓練會讓一切變得不同。思考以下幾點：

1 從不訓練腹肌，它們就沒有機會顯露出來。不夠發達的腹肌是相當平坦的，一層薄薄的脂肪就足以將之掩蓋。

2 然而，腹肌越發達（肌肉曲線越明顯），就越有機會能清楚地顯露，即便體脂肪稍高也無妨。

3 醫學研究明確地指出，肌肉的收縮需要從覆蓋的脂肪中汲取所需的能量。（Stallknecht 等人，2007. American Journal of Physiology － Endocrinology and Metabolism 292(2):E394-9）。

4 脂肪會優先屯積在活動最少的肌肉上，因此規律地訓練腹肌，能夠減少脂肪堆積在小腹的可能性。

結論：規律訓練腹肌有兩個好處：首先可有效減少脂肪，其次能發達腹直肌而提升腹肌的能見度。

有腹肌的纖腰

能見度很好的腹肌雖然看起來有點「乾（dry）」，那是因為上面所覆蓋的脂肪比想像的更少。一般人的腹直肌上，可能只覆蓋著薄薄 1.2-2.5 公分厚的脂肪。即使是胖子，腹部脂肪也很少會超過 10 公分厚。所謂的啤酒肚，通常不是來自於皮下脂肪，而是內臟脂肪將腹肌層向外推出所導致。

訓練腹肌能讓腰變細？

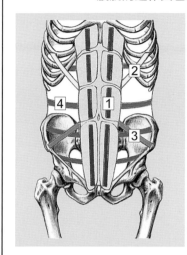

腹肌的運作與包覆內臟的結構

1 腹直肌
2 腹外斜肌
3 腹內斜肌
4 腹橫肌

四足動物的腹肌層，是以懸吊方式支撐住內臟，在運動中的角色比較受限。

人類屬於二足動物，腹肌層相對更為強壯，以便在身體直立時連結骨盆和軀幹（見圖），並防止軀幹在走路或運動中過度擺動。腹肌成為支撐內臟的強健肌肉。

腹直肌決定你是否有一副纖腰？來做個小實驗吧：雙腿屈膝仰臥地面以便讓腹部盡量扁平，然後保持下背貼地並收縮腹肌抬起軀幹。你會看到，隨著腹肌的收縮，原本扁平的腹部變硬並隆起。

結論：即使你擁有世界頂尖的腹直肌，也依然可能有個小腹，腹直肌並不是為了縮緊內臟、給你一副纖腰而存在的！

讓腰變精實的肌肉

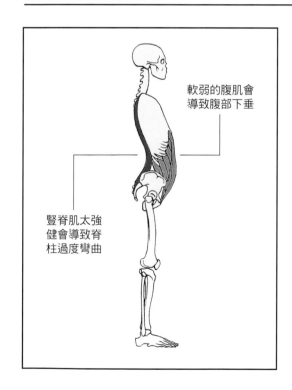

軟弱的腹肌會導致腹部下垂

豎脊肌太強健會導致脊柱過度彎曲

能讓腰變得比較精實，主要是由下列肌肉構成：

> 腹橫肌，功能有如束腹。
> 腹內斜肌及腹外斜肌，對於縮小腹部也提供少量的幫助。

注意別過度拱背

背部彎曲弧度越大，小腹會更突出（腹部下垂）。你可以透過下列方法避免過度拱背：

> 限制髖關節屈肌運動的幅度（腰肌和髂肌）。
> 伸展髖關節屈肌以增加其活動度。

鍛鍊腹肌的策略

理論上，你不需要靠特殊的運動去鍛鍊腹肌，各種運動如蹲舉、拉舉和特定肱三頭肌運動，均會間接刺激到腹部，但是除非你有純熟的技巧，不然這類的間接訓練通常是不夠的。鍛鍊腹肌最好的方式是將它獨立出來訓練。

腹肌訓練需要符合以下兩個目標：

> 展現出肌肉的曲線弧度。
> 防止肥胖組織屯積在小腹。此項目標的達成不但要透過飲食的控制，更需要某種程度的運動量和提高運動頻率。

讓腹肌完整發展的三個區塊

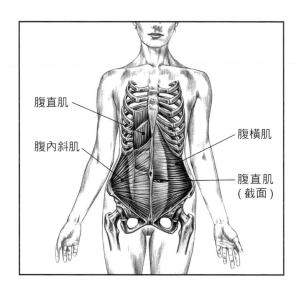

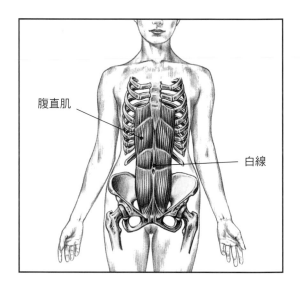

腹肌壁應該從三個不同的區塊鍛鍊：

1 下腹肌

2 上腹肌

3 軀幹旋轉肌

你不需要在每次訓練中都涵蓋這三個區塊，只要確保長期下來每一塊都有練到。

三個區塊的重要性也各不相同，其中下腹肌最為重要（因為也更難練）。如果特別在意腹肌的明顯程度，可將訓練課表分配如下：

> 下腹肌訓練占 40%
> 上腹肌訓練占 30%
> 軀幹旋轉肌占 30%

以下舉例說明，假設一週安排兩天訓練腹肌，每天做5組動作，總共 10 組腹肌動作，可以參考下列組合：

> 下腹肌訓練做 4 組
> 上腹肌訓練做 3 組
> 軀幹旋轉訓練做 3 組

這樣的課程是很好的訓練起點。隨著訓練的進展，各個區塊的重要性將隨個人需求調整。例如，你想消除腹部的「游泳圈」，則轉體訓練便是最重要的。

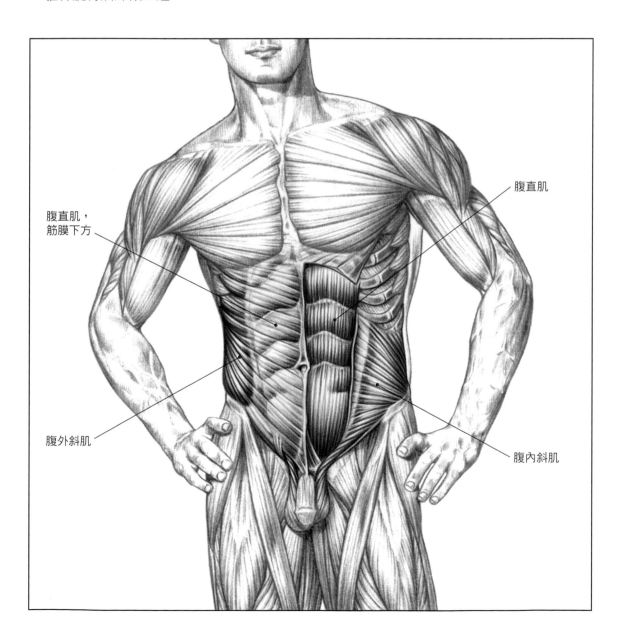

腹直肌

腹直肌，
筋膜下方

腹外斜肌

腹內斜肌

應該在何時訓練腹肌？

你可以將腹肌運動當做每次訓練（或某些次訓練）的暖身動作，也可以將腹肌運動和脊椎減壓運動一同放在訓練的最後。腹肌訓練需要的器材少，因此在家裡或早晚皆可訓練。

要做幾組訓練？

腹肌訓練至少要進行 4 組，每組 25 次，總時間不超過 5 分鐘。你也可以做得更多，特別是當你想要維持肌肉的能見度時。

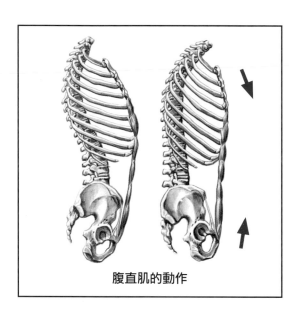

腹直肌的動作

一週訓練幾回？

一週至少要訓練兩次腹肌，有些人偏好每天訓練或甚至一天數回。若你希望頻繁地訓練腹肌，必須確保每次只專注在一個區塊訓練。

例如，第一天你集中訓練下腹肌，第二天專注在轉體運動，接著第三天專注在上腹肌，如此輪替的方式能增加腹肌訓練而避免過度訓練的風險。

不論如何選擇腹肌區塊或訓練頻率，都要避免這項常見錯誤：只做仰臥起坐訓練上腹肌而忽略掉其他兩個區塊。

腹肌訓練時的正確呼吸方式

腹肌運動時應該採用一種特殊的呼吸法。一般人在訓練時都會自然地憋氣，特別是在大重量訓練時。在每個反覆次數的開始時憋氣能讓你更有力，但也同時會將肌肉張力從腹肌轉移到腰肌。

事實上，憋氣會增加腹內壓力並且讓腹部比較硬。因此憋氣時，會傾向於使用腰肌的力量將身體折成兩段，而不是利用腹肌平順地捲曲腹部。

理想的呼吸方式是當使用腹直肌做捲曲動作時，溫和地吐氣，將肺部清空以減少腹內壓力。如此能讓你盡量地捲曲脊柱到極限。離心階段時，緩緩地吸氣。

最後，高強度的腹部運動會妨礙呼吸並導致呼吸不完全，但仍要試著在腹部緊縮時維持正常吐氣及在離心階段時正常吸氣。

⚠ 避免假性的腹肌運動

好的姿勢－
背部正常彎曲

不好的姿勢－
背部拱起

不好的姿勢，背部拱起

任何腹肌運動都一樣，從地面
或斜板抬腿時都不應該拱背。

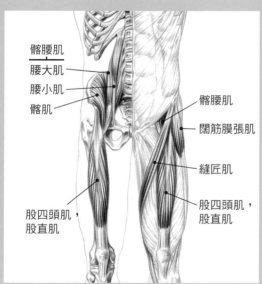

髂腰肌
腰大肌
腰小肌
髂肌

髂腰肌

闊筋膜張肌

縫匠肌

股四頭肌，
股直肌

股四頭肌，
股直肌

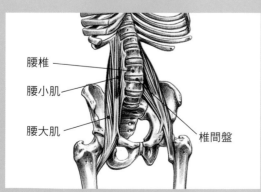

腰椎

腰小肌

腰大肌

椎間盤

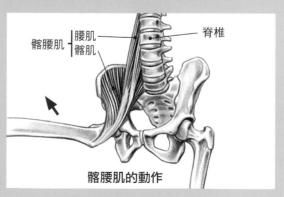

髂腰肌　腰肌
　　　　髂肌

脊椎

髂腰肌的動作

「假性」的腹肌訓練有很多種。此類的運動不僅沒有效果，還可能傷害到脊椎。姿勢的正確與否並不難分辨：

> 當腹直肌緊縮時，下背應該是彎曲的。

> 只要會讓腰椎拱背，就無法訓練到腹肌。

控制下半段脊椎彎曲的肌肉是腰肌、髂肌和股直肌。腰椎一旦離開地面，這些肌肉就會取代腹肌來運作。例如，抬腿長時間支撐在半空中的訓練，以及像空中踩腳踏車的動作，都是很傷腰部的。

為何這些運動會造成傷害呢？因為拱背會傷害椎間盤，所以腹肌會參與以保持脊椎打直。由於血液循環受阻，腹肌進行等長收縮的結果是局部的缺氧，造成大量乳酸堆積在腹肌。此種人為的缺氧會引起灼熱感。這樣的運動就像把塑膠袋套在頭上跑步一般，是無法持續的。不但危險，更會產生反效果。上述的等長收縮運動，無法有效讓腹肌緊實，也無助於減脂。

好的肌肉收縮方式，必須是以下其中一種：

> 將頭部帶往下腹方向，

> 或將骨盆帶往頭部方向，

> 或同時讓頭部及骨盆互相靠近。

腹部捲曲是這種前提下最好的運動。

⚠ 注意頭部位置

頭部位置會改變肌肉收縮方式，而影響肌肉使用的配比。當頭部向後倒時：

> 腰肌會反射性地稍微收縮，且

> 腹肌傾向於放鬆

當頭部向前傾時：

> 腹肌收縮，且

> 腰肌放鬆

在腹肌訓練時，最常見的錯誤是眼睛看著天花板。臉部一旦朝上，反射性的腰肌收縮會讓脊椎變得僵硬，而阻礙做出良好的捲體動作。因此在訓練腹肌時，應該保持頭部向前，或眼睛注視腹肌更好。如此才能放鬆腰肌及增加脊椎活動度，以幫助捲曲身體。腹肌收縮沒有阻礙，活動範圍就可以更大。

腹肌運動

腹直肌運動

腹部捲曲

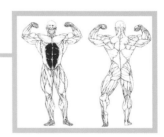

特色：這是針對腹肌壁整體的單關節訓練，特別是上腹肌。側身轉體的變化型可以單邊操作。

腹外斜肌

腹直肌

步驟：仰臥在地，雙腿彎曲或將雙腳搭在板凳上。可以雙手交叉放在肩上（右手放左肩，左手放右肩）、雙臂在身體前方打直，或是將雙手放在頸後。緩慢地將上半身抬起（不要猛地用力），讓肩膀離地。

將身體捲曲，並在腰椎離開地面前停止，保持腹肌緊收停頓 2 秒。慢慢地回到開始的位置重覆動作，並注意避免任何急促的動作。收縮的時候吐氣，當身體躺回地面時吸氣。

標準變化型

1 如果想在腹直肌訓練時加入一些腹斜肌的動作，可以用轉體代替直線向上 **1**。以同樣緩慢穩定的方式，腹肌出力將右手肘轉向左大腿。手肘不需要碰觸到大腿，通常止於中途即可，在退回原位前先在收縮位置停 2 秒。

為了保持肌肉的張力，完成一側動作時別將頭靠在地面休息，而是接著換邊做。

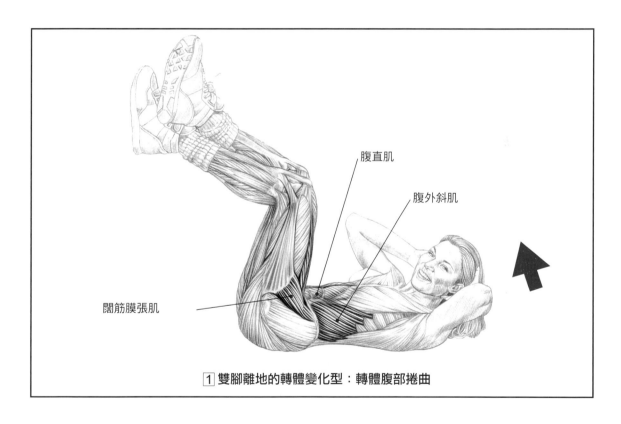

腹直肌

腹外斜肌

闊筋膜張肌

1 雙腳離地的轉體變化型：轉體腹部捲曲

2 雙腳放在板凳上，並讓臀部離地的變化型。

2 將雙腿搭在板凳上 **2**，使用下腹的力量將骨盆抬起（不要用腿後肌），同時將肩膀抬離地面。這個動作中，頭部和骨盆互相靠近而使得腹肌的收縮更加完整，讓腹肌的兩端都同時收縮。

重點提示：要將腹肌練出肌肥大，就需要越來越重的負荷。腹部捲曲動作的問題是缺乏阻力，下列是幾種可以提高難度的方式：

1 嚴格要求姿勢正確。運動過程確保不從肩膀、手臂借力或使用慣性的衝力，全程放緩動作並只依靠腹直肌控制。

2 雙手擺放的位置會影響運動的難度，下列是從最簡單到最困難的手部位置：

> 雙臂向前方伸直 **1**
> 雙手抱胸
> 雙手放在肩上 **2**
> 雙手放在頭後方 **3**
> 雙臂伸直往後

在遞減組（drop set）訓練中，可以先從雙臂向後方伸直的動作開始操作，力竭時換成雙手放在頭後方繼續操作，以便多做幾組。

3 你也可以雙手握槓片放在頭部後方 **4** 或胸前抱一個啞鈴 **5** 來增加阻力。

4 可以請訓練夥伴將腳掌放在你的小腹上 **6**，一開始先提供較輕的阻力。隨著訓練的進階，壓力可以逐漸提升。當疲勞時，訓練夥伴可以減少壓力作為遞減訓練組。

5 如果沒有訓練夥伴，也可以在小腹下方放上一個（或數個）45 磅槓片 **7**，如果感到疼痛可以在槓片下墊一條毛巾。在放鬆姿勢時，讓槓片緊貼小腹。在收縮姿勢時，盡可能地將槓片抬高 **8**。力竭時，將槓片移開繼續用自身的體重運動。

9

6 可使用下斜板取代在地板上的腹肌訓練 **9**。

7 最終極的傾斜式訓練是利用重力靴 (gravity boots) **10** (p.56) 將身體倒掛進行。這個運動具有舒緩脊椎壓力並集中訓練腹直肌中段的優點，不過不能維持這個姿勢太久，否則會感到頭暈目眩。有高血壓的人也必須避免。

8 另一種調整阻力的方式是增加腹部捲曲的動作範圍，你可以從下列項目中擇一：

> 採用抗力球 **11** **12** 半圓平衡球 (Bosu) 或甚至板凳的邊緣 **13** **14**。身體大部份會懸在空中，除了能增加更大的活動範圍外，這延伸的動作將帶給肌肉更強烈的收縮。

> 在床上操作。當身體上抬時，床墊會下陷，能增強脊椎捲起的能力並且提升腹直肌緊縮。

10

優點：腹部捲曲是訓練腹肌常見的運動，而且不易造成脊椎受傷。

缺點：腹部捲曲的活動範圍相當受限（13 公分左右）。你可能會因為想增加活動範圍而將整個身體抬離地面，此時腹部捲曲變成了仰臥起坐 **15**，腹肌就不是主角了，而且脊椎受傷的風險也增加了。雖然仰臥起坐是個很受歡迎的動作，但最好還是避免。

風險：如果你利用暴衝的力量幫助上半身離開地面，可能會導致腰部受傷及椎間盤突出。

11

13

12

14　　**15**

雙腳是否該固定不動？

像腹部捲曲這一類的腹肌訓練，可以透過一名訓練夥伴壓住雙腳 [1]，或讓腳鉤住器材而做到更重的負荷。這種力量的增強是因為其他肌群（包括了腰大肌、髂肌和股四頭肌）的參與。

如果固定雙腳不會造成下背不適，並且能幫助你更有效果地收縮（並感受）腹肌，那當然沒有理由拒絕這個方法。但如果經常使用腿的力量來拉起身體，而減少了腹肌訓練的效果，那就不該這麼做。

有一種訣竅是依然將雙腳固定，但膝蓋盡量向外張開，雙腿微彎並朝兩側的地面放 [2]。這個姿勢會讓髖關節屈肌群參與到最少程度。當然，最佳的訓練方法毫無疑問的仍是保持雙腳自由的腹部捲曲。練到疲勞時，可以固定雙腳以便繼續訓練 [3]，但仍要盡量保持腹肌收縮。

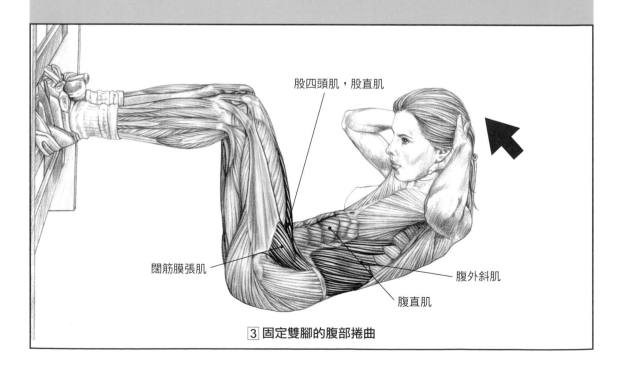

股四頭肌，股直肌

闊筋膜張肌

腹外斜肌

腹直肌

[3] 固定雙腳的腹部捲曲

關於腹部訓練機

腹肌和肱二頭肌一樣經常成為設計不良訓練機的犧牲者。不適當的腹部訓練機，傾向於將上半身朝大腿對折。適當的腹部訓練機則能讓脊椎確實的捲曲，並將肩膀帶向下腹部，而不是朝向膝蓋。

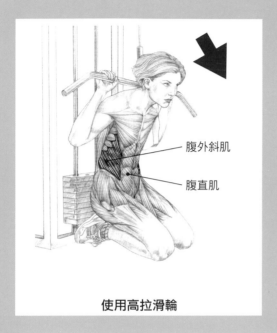

使用高拉滑輪

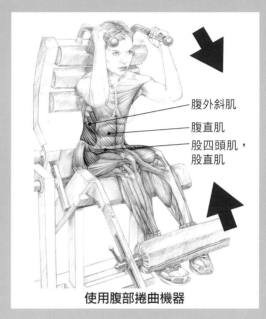

使用腹部捲曲機器

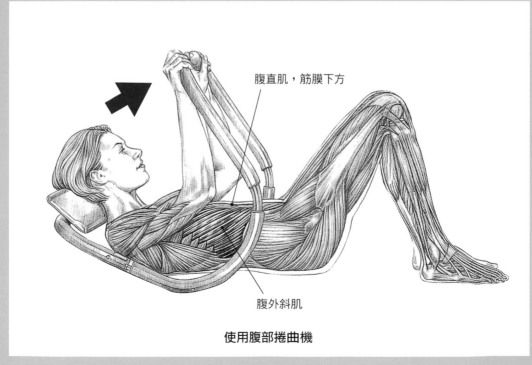

使用腹部捲曲機

仰臥抬腿 (反向腹部捲曲)

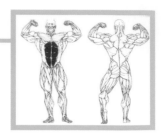

特色: 這是針對腹肌壁整體的單關節訓練,對下腹肌特別有效。
雖然也可單邊訓練,但可能比較傷脊椎。

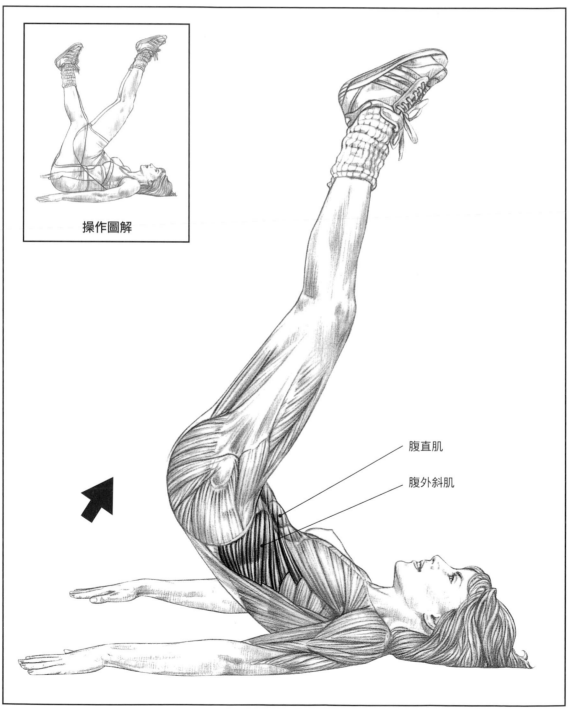

操作圖解

腹直肌

腹外斜肌

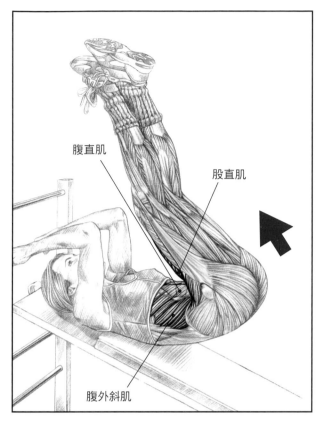

步驟：仰臥，雙手放在身體兩側，雙腳彎曲與身體呈 90 度。以腹部捲曲的反向動作（即為動作名稱的由來），依序抬起臀部與下背。下背彎曲捲起的動作必須緩慢，並在上背離地前停住 。

試著將下腹肌帶向胸肌，目標並不是真的要碰到胸肌，而是如此想像以便掌握正確的動作軌跡。

在此處保持腹直肌緊收並停頓 2 秒，再緩慢地回到開始位置，在臀部碰觸地面之前停下來以維持腹部張力。將雙手筆直放在地上，頸部不移動。

重點提示：這個運動的目標並不是抬起雙腿，而是抬高臀部，只是間接抬起大腿（雙腿保持在同樣的位置）。

變化型

1 如果將雙腳筆直朝向天花板，難度會變低。如果將雙腳彎曲而讓小腿碰到大腿後方，難度就會提高。

一種組合方式是先做雙腿彎曲的訓練，接著在疲勞時，將雙腿伸直以便再多做幾下。

2 如果想再增加難度，可以雙手懸吊在單槓上進行 (p.315 下圖)。

雙手約與肩同寬，採用反握姿（兩手拇指相對）懸吊，將雙腿抬高到與身體呈 90 度角、大腿平行地面的位置。

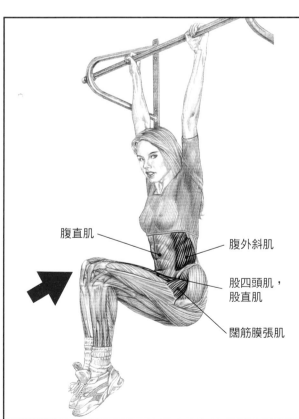

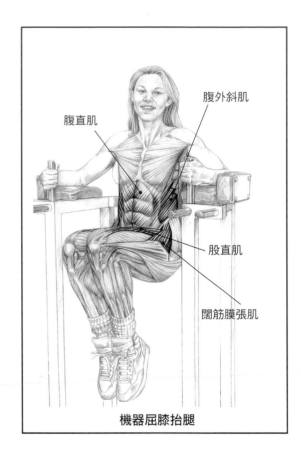

腹外斜肌

腹直肌

股直肌

闊筋膜張肌

機器屈膝抬腿

你也可以將雙腿伸直（難度會大幅增加）或
將小腿折到大腿下方（降低難度）進行。使
用腹肌的力量，將骨盆朝向前方擺動，並
將膝蓋往肩膀方向抬起。

將骨盆盡量捲曲抬高。在緊縮的位置停頓
1秒再降低。注意大腿下放時不要低於與
地面平行的角度。

當你剛開始做這個運動時，最困難的部分
是控制擺動的幅度不要太大。隨著訓練的
進階，你將自然學會保持穩定。

只要脊椎不會感到任何不適，也可以一次
只抬起一腿。

進階： 在進入單槓上抬腿的動作前，你應
該先強化坐姿抬腿的動作。目標是一致的：
盡量朝頭部方向抬高臀部，然後將臀部放
低一些，接著再次抬起臀部。

你可以透過伸直雙腳與變換身體角度（身
體越平行地面，動作越容易）來調整阻力。

當你呈坐姿時，彎曲脊椎做捲曲的動作會
比較困難，因為重量都在下背，所以必須
嘗試以尾骨的上端位置坐下，而不是整個
臀部。

優點： 下腹肌是最難做單關節訓練的部分，
反向腹部捲曲能夠徵召到下腹肌的肌肉。

缺點： 下腹肌單關節訓練的主要問題在於
這部分較弱。抬腿對於很多人來說阻力太
大了，而且盡力抬腿的結果可能也沒用到
下腹肌。

這個動作做錯比做對容易得多，當你感覺
到腰部位置有用力拉提的感覺，通常就表
示動作錯了。初學者往往需要經過一段學
習過程。

風險： 拱起下背的姿勢不但會用錯肌肉，
更可能導致腰部發生椎間盤突出的風險。

腹斜肌運動

你是否該強化腹斜肌？

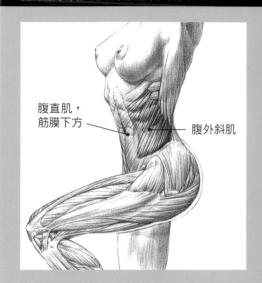

腹直肌，
筋膜下方

腹外斜肌

肌力訓練中，人們常擔心腹斜肌太壯會使腰變粗。其實，這是相當難以達到的一種程度。若是輕忽腹斜肌，會增加腹部堆積脂肪的機會。與訓練其他部位肌肉追求肌肥大不同之處在於，訓練腹斜肌最好是質重於量。

此處的訓練不應該使用到最大重量，取而代之的是以較輕負重做到比較多的次數，並在緊縮的位置停留幾秒。

訓練腹斜肌除了能提高運動表現，也支撐脊椎使腹肌更堅強。這是個能讓你在做其他部位大重量訓練時減少受傷風險的肌肉。

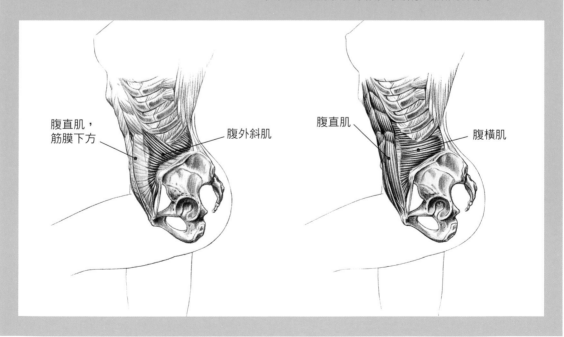

腹直肌，
筋膜下方

腹外斜肌

腹直肌

腹橫肌

側身腹部捲曲

特色：這是腹斜肌的單關節運動，一次只能訓練單邊。

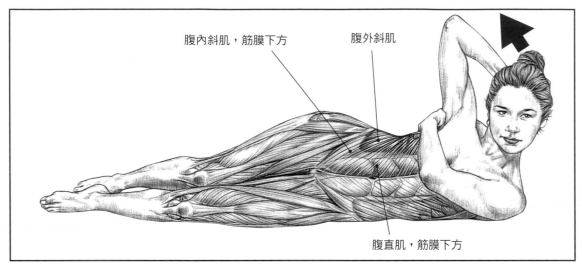

腹內斜肌，筋膜下方　　　　　　腹外斜肌

腹直肌，筋膜下方

步驟：左側臥，右手放在頭部後方以提供支撐。右腿彎曲 90 度，左腿保持微彎 ①。右腳掌和緩地壓在左膝以增加穩定度。使用腹斜肌將右手肘帶向右側髖部，左肩會稍微離開地面 ②。保持收縮位置停留 1 至 2 秒再下降。

讓左肩回到地面，但不要讓頭部接觸地面以保持腹斜肌的緊繃狀態。完成右側的一組後，換左邊操作。

重點提示：這項運動的軌跡並非直線，反而是在緊繃腹斜肌時，將軀幹稍微從後往前旋轉。

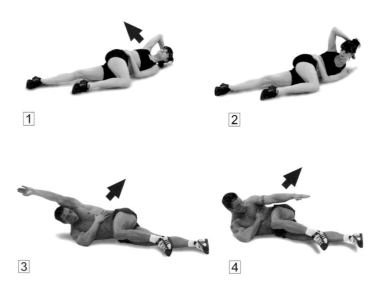

① ②

③ ④

變化型：上方手的位置可決定阻力的強度。先前介紹的步驟是將手放在頭部後方，這是屬於中等強度的位置。如果改成將手臂伸直於頭部上方（和身體呈一直線），腹斜肌運動時的阻力將會增加 ③。

如果將手臂向大腿方向伸直（和身體呈一直線），腹斜肌的阻力則會減少 4。

比較好的方式是從手臂過頭的動作開始，當力竭時，將手改放到頭部後方以便再多做幾下。

再次力竭時，就改為手臂向大腿方向伸直，可以繼續運動。此時也可用手抓住大腿後方協助拉起身體，以減少腹斜肌的負荷來撐著多做幾下。

這個策略只適用在最後階段，讓腹斜肌確實力竭。此方法讓你只做較少的組數就很有效果。

優點：這個運動能確實集中訓練腹斜肌。如果動作正確，你會立即感受到肌肉的運作。

缺點：小心避免過度訓練腹斜肌，應以長組數、輕重量的方式，讓你雕刻出肌肉清晰度並燃燒腰部脂肪。

風險：不要為了多做幾下而用頭部借力做任何暴衝動作，以免傷到頸椎。

注意：將腹斜肌運動放在腹肌訓練的結尾，會比放在一開始要好，腹直肌應該比腹斜肌優先訓練。

✖ 訣竅

將下方手放在腹斜肌上，比較能感受到運動時的肌肉收縮 1 2 3 4。

懸吊抬腿

特色：這是針對腹斜肌和腰方肌的單關節訓練運動，一次只能做單邊。

5

6

步驟：雙手採用正手握姿（雙手拇指相對）懸吊在橫槓上，將雙腿抬高，讓大腿平行地面並與身體呈 90 度 5。運用腹斜肌將臀部向右擺，將骨盆稍微向前推並盡量將臀部抬高 6。在緊縮位置停留 1 秒，接著降回開始位置。

先做完右側的一整組再換到左側，不要每個次數都換邊。雖然每次都換邊也可行，但你可能會利用鐘擺原理的慣性動能而減少了肌肉訓練的效果。

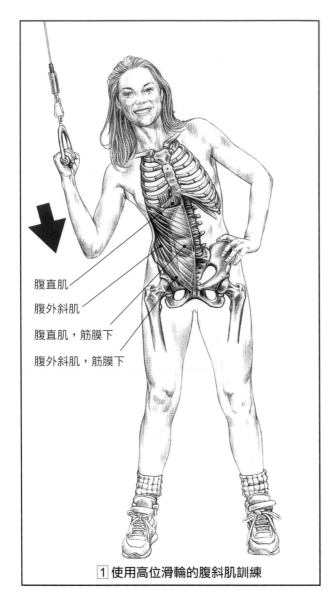

腹直肌

腹外斜肌

腹直肌，筋膜下

腹外斜肌，筋膜下

1 使用高位滑輪的腹斜肌訓練

變化型：你可以讓雙腳伸直（會變得困難很多）或將小腿彎曲到大腿下方（會比較容易）進行。若覺得太輕鬆，還可以在雙腳間夾一個小啞鈴。

超級組訓練可以從懸吊抬腿開始，力竭時便躺到地上以側邊腹部捲曲繼續。如果你還無法做到這個動作，可以使用高位滑輪作為阻力 1。

優點：懸吊抬腿無疑是訓練的最後，可用來放鬆脊椎的運動，也是少數可以訓練到腰方肌的動作，而腰方肌是保護腰椎不可或缺的肌肉。

缺點：這個訓練有些人無法做很多下。在這種狀況下，可以利用訓練夥伴稍微支撐你的雙腿以減少腹斜肌的阻力 2。

如果沒有訓練夥伴，可以只抬起訓練邊的一腿，另一腿則與身體呈一直線以減少腹斜肌訓練時的阻力。

風險：為了避免椎間盤問題，當抬起臀部時，千萬不要甩動身體或採用暴衝的動作。

注意：應養成習慣利用這項可舒緩腰椎壓力的運動，作為大重量訓練的收尾。

2

⚠ 警告！

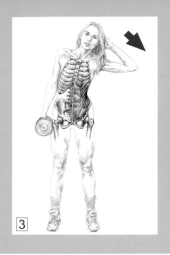

手拿啞鈴，以站姿左右旋轉的動作是最不好的訓練方式。這樣的旋轉會給予脊椎不必要的壓迫。然而，如果以懸吊方式進行左右扭轉的動作，反而有助於減輕脊椎的壓力。

比較好的方式是單手拿著啞鈴，將身體向負重的反側傾斜 3。

3

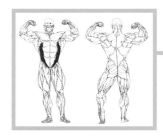

滑輪轉體

特色：這是腹斜肌的單關節運動，比任何其他的運動能更確實打擊腰間贅肉。滑輪轉體一次只能訓練單邊。

4

5

步驟：調整握把到中間高度。讓滑輪機器位於身體左側，以右手抓住握把 4。向旁邊跨一步，雙腳張開以增加穩定度，並從左邊向右邊旋轉。別讓身體旋轉超過 45 度 5。完成右側的訓練之後換左側繼續。

重點提示：若是缺少來自側邊的阻力，轉體就沒有效果了。常見到有人在肩膀上扛著槓鈴做激烈的轉體動作，這除了磨損脊椎外沒有任何的效果。如果肩膀上的槓鈴加重，對椎間盤的傷害只會更大。

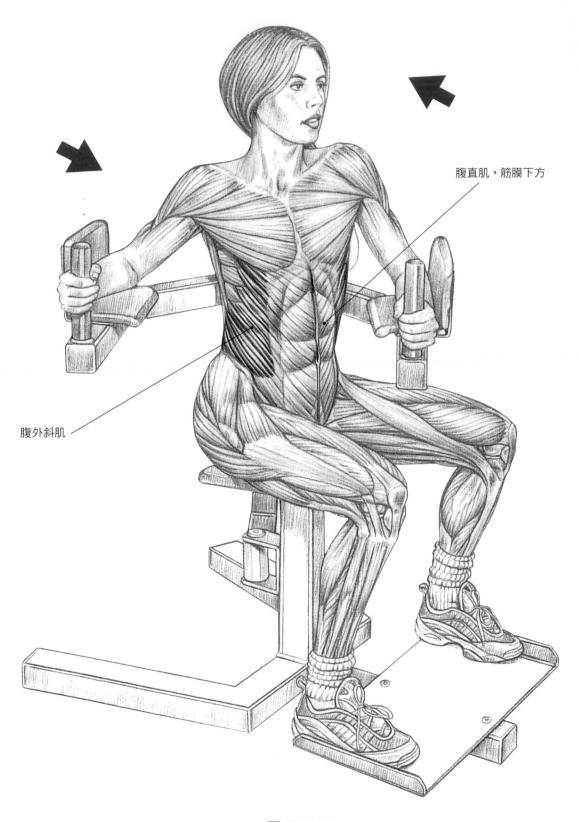

腹直肌，筋膜下方

腹外斜肌

1 機器轉體

變化型

1 可利用轉體機器 □1 做訓練。訓練一開始要緩慢進行，如果以粗暴的方式猛力去做，會傷害到脊椎。

2 你可以仰臥在地上，以轉動雙腳來取代直立的轉體動作。你可以選擇雙腳彎曲 □2 □3 □6 或雙腳伸直 □4 □5（最困難的版本）來操作。

□2　　□3　　□4　　□5

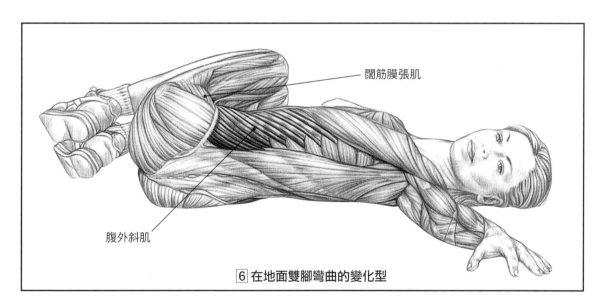

闊筋膜張肌

腹外斜肌

□6 **在地面雙腳彎曲的變化型**

優點： 這是少數能針對腰間贅肉的訓練動作。然而，腰間贅肉並不容易消除，必須搭配飲食控制和特定的訓練才行。

缺點： 若你有背部問題，應避免這類轉體訓練。

風險： 避免過度訓練或操作速度過快。為了達到最好的收縮效果，最好在較小的活動範圍內非常緩慢地移動（而不是爆發性的快速做大範圍的動作）。

注意： 這個訓練要以緩慢且多反覆次數的方式進行（每組 20 次左右）。每天可以做 2 到 4 組。

訓練課表

初學者快速增肌課表：一週練2天

第1天

肩膀
1 俯身側舉
以遞減訓練法操作 4 或 5 組，每組 15 到 8 次。

胸肌
2 平板臥推
4 或 5 組，每組 12 到 6 次

背肌
3 引體向上
4 或 5 組，每組 8 到 5 次

肱三頭肌
4 肱三頭肌滑輪下拉
4 組，每組 12 到 8 次

肱二頭肌
5 彎舉 (反手抓握)
4 或 5 組，每組 12 到 8 次

股四頭肌
6 蹲舉
4 或 5 組，每組 12 到 8 次

腹肌
7 腹部捲曲
5 組，每組 25 到 20 次

第2天及第3天

休息

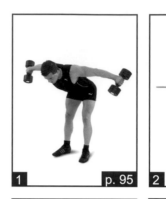

1   p. 95

2   p. 171

3   p. 117

4   p. 240

5   p. 205

6   p. 253

7   p. 308

第4天

胸肌
8 上斜臥推
4 或 5 組，每組 10 到 6 次

背肌
9 划船
4 或 5 組，每組 12 到 8 次

肱三頭肌
10 雙槓撐體
3 或 4 組，每組 15 到 10 次

肱二頭肌
11 錘式彎舉
3 或 4 組，每組 15 到 10 次

股四頭肌
12 哈克蹲舉
4 或 5 組，每組 12 到 8 次

腿後肌
13 直膝硬舉
4 或 5 組，每組 15 到 10 次

小腿肌
14 立姿小腿伸展
3 組，每組 20 到 15 次

第5、6及7天

休息

8　p. 175

9　p. 121

10　p. 180

11　p. 214

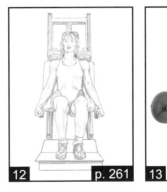
12　p. 261

13　p. 282

14　p. 296

初學者快速增肌課表：一週練3天

第1天

肩膀
1 俯身側舉
以遞減訓練法操作 4 到 6 組，每組 12 到 8 次

胸肌
2 平板臥推
4 或 5 組，每組 10 到 6 次

肱二頭肌
3 上斜彎舉
3 到 5 組，每組 15 到 10 次

肱三頭肌
4 仰臥肱三頭肌伸展
4 或 5 組，每組 15 到 8 次

腹肌
5 仰臥抬腿（反向腹部捲曲）
5 組，每組 20 次

第2天

休息

第3天

背肌
6 引體向上
3 或 4 組，每組 12 到 6 次

股四頭肌
7 蹲舉
4 組，每組 15 到 8 次

8 腿推舉
3 或 4 組，每組 10 到 8 次

1　p. 95

2　p. 171

3　p. 208

4　p. 234

5　p. 314

6　p. 117

7　p. 253

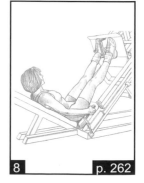

8　p. 262

腿後肌
9 直膝硬舉
　　4 或 5 組，每組 10 到 6 次

小腿肌
10 驢子提踵
　　4 或 5 組，每組 30 到 20 次

第4天及第5天

休息

第6天

肱二頭肌
11 窄握引體向上
　　4 或 5 組，每組 10 到 8 次

肱三頭肌
12 雙槓撐體
　　3 至 5 組，每組 12 到 8 次

肩膀
13 俯身側舉
　　以遞減訓練法操作 4 或 5 組，每組 12
　　到 8 次

胸肌
14 立姿反向滑輪飛鳥
　　3 或 4 組，每組 15 到 12 次

腹肌
15 轉體腹部捲曲
　　3 或 4 組，每組 20 次

第7天

休息

9　　　　　　p. 282

10　　　　　p. 295

11　　　　　p. 210

12　　　　　p. 180

13　　　　　p. 95

14　　　　　p. 188

15　　　　　p. 309

進階課表：一週練4天

第1天

胸肌

1 平板臥推
　　4 或 5 組，每組 10 到 8 次

2 立姿反向滑輪飛鳥
　　3 或 4 組，每組 20 到 12 次

肩膀

3 俯身側舉
　　4 或 5 組，每組 12 到 8 次

背肌

4 引體向上
　　4 或 5 組，每組 10 到 6 次

5 划船
　　3 或 4 組，每組 12 到 8 次

肱三頭肌

6 仰臥肱三頭肌伸展
　　4 或 5 組，每組 12 到 8 次

肱二頭肌

7 上斜彎舉
　　3 或 4 組，每組 12 到 8 次

肱三頭肌

8 肱三頭肌滑輪下拉
　　3 或 4 組，每組 15 到 8 次

肱二頭肌

9 錘式彎舉
　　3 或 4 組，
　　每組 12 到 10 次

1　p. 171

2　p. 188

3　p. 95

4　p. 117

5　p. 121

6　p. 234

7　p. 208

8　p. 240

9　p. 214

第2天

股四頭肌
10 蹲舉
　　4 或 5 組，每組 12 到 8 次

腿後肌
11 直膝硬舉
　　4 或 5 組，每組 15 到 10 次

股四頭肌
12 腿推舉
　　3 到 5 組，每組 15 到 8 次

腿後肌
13 坐姿腿彎舉
　　4 或 5 組，每組 12 到 8 次

股四頭肌
14 大腿伸展
　　3 或 4 組，每組 20 到 12 次

小腿肌
15 立姿小腿伸展
　　4 或 5 組，每組 20 到 15 次

腹肌
16 懸吊抬腿
　　4 或 5 組，每組 12 到 10 次

17 腹部捲曲
　　3 到 5 組，每組 30 到 20 次

第3天

休息

10　　p. 253

11　　p. 282

12　　p. 262

13　　p. 285

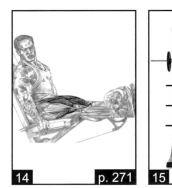

14　　p. 271

15　　p. 296

16　　p. 319

17　　p. 308

第4天

肩膀
18 側平舉
4 或 5 組，每組 12 到 8 次

19 俯身側舉
4 或 5 組，每組 15 到 12 次

背肌
20 划船
3 或 4 組，每組 12 到 8 次

21 引體向上
4 或 5 組，每組 10 到 6 次

胸肌
22 上斜臥推
5 組，每組 10 到 8 次

23 雙槓撐體
3 或 4 組，每組 15 到 12 次

肱二頭肌
24 彎舉 (反手抓握)
3 或 4 組，每組 12 到 10 次

肱三頭肌
25 肱三頭肌滑輪下拉
4 組，每組 15 到 8 次

肱二頭肌
26 上斜彎舉
3 或 4 組，
每組 12 到 8 次

第5天

休息

18　　　　p. 87

19　　　　p. 95

20　　　　p. 121

21　　　　p. 117

22　　　　p. 176

23　　　　p. 180

24　　　　p. 205

25　　　　p. 240

26　　　　p. 208

第6天

腿後肌
27 硬舉
　　3 到 5 組，每組 12 到 6 次

股四頭肌
28 哈克蹲舉
　　4 或 5 組，每組 12 到 8 次

腿後肌
29 俯臥腿彎舉
　　4 或 5 組，每組 15 到 12 次

股四頭肌
30 腿推舉
　　3 到 5 組，每組 15 到 8 次

小腿肌
31 驢子提踵
　　4 或 5 組，每組 20 到 15 次

腹肌
32 轉體腹部捲曲
　　3 或 4 組，每組 25 到 20 次

33 滑輪轉體
　　2 到 4 組，每組 25 到 20 次

第7天

休息

27　　　　p. 158

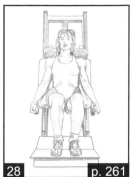
28　　　　p. 261

29　　　　p. 286

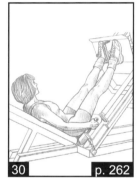
30　　　　p. 262

31　　　　p. 295

32　　　　p. 309

33　　　　p. 321

進階課表：一週練5天

第1天

胸肌
1 平板臥推
　　4 組，每組 12 到 6 次
2 雙槓撐體
　　3 或 4 組，每組 12 到 6 次
3 立姿反向滑輪飛鳥
　　3 組，每組 20 到 15 次
背肌
4 引體向上
　　5 組，每組 12 到 6 次
5 划船
　　3 組，每組 12 到 8 次
前臂
6 反向彎舉
　　3 或 4 組，每組 20 到 12 次
腹肌
7 轉體腹部捲曲
　　4 或 5 組，每組 25 到 20 次

第2天

股四頭肌
8 哈克蹲舉
　　4 組，每組 12 到 8 次
9 腿推舉
　　3 組，每組 15 到 10 次
10 大腿伸展
　　2 組，每組 12 次

 p. 188
 p. 117
 p. 121
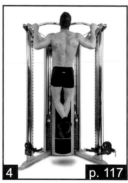 p. 222
 p. 309
 p. 261
 p. 262
 p. 271
 p. 171
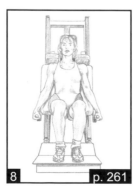 p. 180

腿後肌

11 坐姿腿彎舉

　　3 組，每組 12 到 8 次

12 俯臥腿彎舉

　　3 組，每組 15 到 10 次

小腿肌

13 驢子提踵

　　3 組，每組 20 到 12 次

第3天

肩膀

14 頸後推舉

　　4 或 5 組，每組 12 到 8 次

15 側平舉

　　4 或 5 組，每組 12 到 10 次

16 俯身側舉

　　4 組，每組 15 到 12 次

肱二頭肌

17 彎舉 (反手抓握)

　　4 組，每組 12 到 6 次

18 上斜彎舉

　　4 組，每組 12 到 8 次

肱三頭肌

19 窄握平板臥推

　　4 組，每組 10 到 6 次

20 仰臥肱三頭肌伸展

　　4 組，每組 12 到 8 次

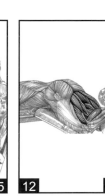

11　p. 285

12　p. 286

13　p. 295

14　p. 79

15　p. 87

16　p. 95

17　p. 205

18　p. 208

19　p. 171

20　p. 234

第4天

休息

第5天

背肌

21 硬舉
4 到 6 組，每組 12 到 6 次

22 划船
4 或 5 組，每組 10 到 8 次

23 引體向上
5 或 6 組，每組 8 到 6 次

胸肌

24 上斜臥推
4 到 6 組，每組 12 到 6 次

25 啞鈴飛鳥
3 或 4 組，每組 12 到 10 次

26 雙槓撐體
3 或 4 組，每組 12 到 6 次

腹肌

27 腹部捲曲
5 或 6 組，每組 20 到 10 次

28 滑輪轉體
2 到 4 組，每組 25 到 20 次

21　　　　p. 158

22　　　　p. 121

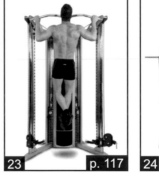
23　　　　p. 117

24　　　　p. 176

25　　　　p. 185

26　　　　p. 180

第6天

肩膀

29 側平舉
4 或 5 組，
每組 12 到 10 次

27　　　　p. 308

28　　　　p. 321

29　　　　p. 87

30 俯身側舉

    4 或 5 組，每組 12 到 8 次

肱二頭肌

31 彎舉 (反手抓握)

    3 組，每組 12 到 8 次

32 上斜彎舉

    2 組，每組 15 到 12 次

33 錘式彎舉

    2 組，每組 20 到 15 次

肱三頭肌

34 肱三頭肌滑輪下拉

    4 組，每組 15 到 10 次

35 仰臥肱三頭肌伸展

    4 組，每組 12 到 8 次

36 反向撐體

    3 或 4 組，每組 20 到 15 次

腹肌

37 懸吊抬腿

    5 或 6 組，每組 20 到 10 次

第7天

休息

30   p. 95

31   p. 205

32   p. 208

33   p. 214

34   p. 240

35   p. 234

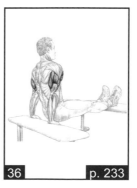

36   p. 233

37   p. 319

加強弱點肌群的課表

此課表以 4 到 8 個循環來強化比較弱的肌群（需時 1 到 2 個月）。接著，回復到正常訓練並
持續至少 1 個月，再重新針對同一（或其他）弱點肌群加強。

> 注意：以 3 或 4 組，每組 20 到 25 次的腹部訓練做為暖身。

強化手臂的課表

第1天

以大重量的肱二頭肌超級組訓練，搭配輕
重量的肱三頭肌訓練

1 槓鈴彎舉
（以彈力帶或夥伴協助增加阻力）
3 到 5 組，每組 10 到 8 次

2 肱三頭肌滑輪下拉
1 組，25 到 20 次

在肱二頭肌訓練的組間，稍微休息並操
作一組滑輪下拉訓練肱三頭肌

3 滑輪肱二頭肌彎舉
（超級慢速訓練；以 10 秒慢慢舉起重量）
2 到 4 組，每組 4 次

4 錘式彎舉
1 或 2 組，每組 25 到 20 次

第2天

股四頭肌
5 腿推舉
4 或 5 組，每組 12 到 6 次

腿後肌
6 坐姿腿彎舉
3 或 4 組，每組 15 到 10 次

 p. 207
 p. 240
 p. 207
 p. 214
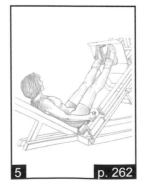 p. 262
 p. 285

胸肌
7 立姿反向滑輪飛鳥
　　4 到 6 組，每組 15 到 12 次

背肌
8 高位滑輪拉舉
　　4 到 6 組，每組 12 到 10 次

肩膀
9 側平舉
　　3 到 5 組，每組 15 到 10 次

7　　　　p. 188

8　　　　p. 129

第3天

肱三頭肌大重量訓練
10 窄握臥推
　　（以彈力帶或夥伴協助增加阻力）
　　3 到 5 組，每組 8 到 4 次

11 滑輪彎舉
　　1 或 2 組，每組 25 到 20 次

　　在肱三頭肌訓練的組間，稍微休息並
　　操作一組滑輪彎舉訓練肱二頭肌

12 仰臥肱三頭肌伸展（超級慢速訓練）
　　2 到 4 組，每組 4 次

輕重量的肱二頭肌超級組搭配
13 肱三頭肌滑輪下拉
　　1 或 2 組，每組 25 到 20 次

14 仰臥滑輪彎舉
　　1 或 2 組，每組 25 到 20 次

9　　　　p. 87

10　　　　p. 231

11　　　　p. 207

12　　　　p. 234

第4天

休息

13　　　　p. 240

14　　　　p. 207

340

第5天

肱二頭肌，輕重量
15 滑輪彎舉
（以嚴格的標準技巧要求）
5 或 6 組，每組 20 到 15 次

超級組中搭配的肱三頭肌動作
16 肱三頭肌滑輪下拉
5 或 6 組，每組 20 到 15 次

15　　　　　　p. 207
16　　　　　　p. 240

第6天

背肌
17 硬舉
4 到 6 組，每組 12 到 8 次

胸肌
18 上斜飛鳥
4 到 6 組，每組 12 到 10 次

17　　　　　　p. 158
18　　　　　　p. 186

肩膀
19 俯身側舉
5 到 7 組，每組 12 到 8 次

股四頭肌
20 哈克蹲舉
4 或 5 組，每組 10 到 6 次

小腿肌
21 驢子提踵
4 到 6 組，每組 20 到 12 次

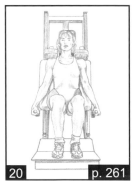

19　　　　　　p. 95
20　　　　　　p. 261

第7天

休息
接著從第 1 天開始重複循環

21　　　　　　p. 295

強化胸肌的課表

第1天

胸肌,大重量
1 平板臥推
（以彈力帶或夥伴協助增加阻力）
4 到 6 組,每組 10 到 8 次

2 雙槓撐體
（超級慢速,以 10 秒向上撐體）
2 到 4 組,每組 4 次

3 啞鈴飛鳥
1 或 2 組,每組 25 到 20 次

第2天

股四頭肌
4 腿推舉
4 或 5 組,每組 12 到 6 次

腿後肌
5 坐姿腿彎舉
3 或 4 組,每組 15 到 10 次

背肌
6 引體向上
4 到 6 組,每組 12 到 8 次

肩膀
7 側平舉
3 到 5 組,每組 15 到 10 次

肱二頭肌
8 滑輪彎舉
4 到 6 組,每組 12 到 8 次

 1 p. 171
 2 p. 180
 3 p. 185
 4 p. 262
 5 p. 285
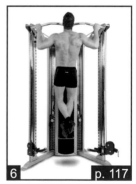 6 p. 117
 7 p. 87
 8 p. 207

第3天

胸肌，中等重量

9 上斜臥推

4 到 6 組，每組 15 到 10 次

10 上斜飛鳥

（超級慢速，以 10 秒舉起啞鈴）

2 到 4 組，每組 4 次

11 立姿反向滑輪飛鳥

1 或 2 組，每組 25 到 20 次

第4天

休息

第5天

胸肌，輕重量

12 立姿反向滑輪飛鳥

（以嚴格的標準技巧要求）

6 到 8 組，每組 20 到 15 次

超級組搭配的肱二頭肌動作

13 彎舉

4 到 6 組，每組 12 到 8 次

第6天

背肌

14 硬舉

5 到 7 組，每組 12 到 8 次

肩膀

15 側平舉

4 到 6 組，每組 12 到 8 次

16 俯身側舉

3 或 4 組，每組 15 到 12 次

 9 p. 176
 10 p. 186
 11 p. 188
 12 p. 188
 13 p. 205
 14 p. 158
 15 p. 87
 16 p. 95

股四頭肌
17 哈克蹲舉

    4 到 6 組，每組 10 到 6 次

小腿肌
18 驢子提踵

    4 到 6 組，每組 20 到 12 次

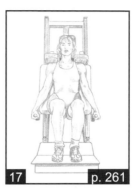

17   p. 261   18   p. 295

第7天

休息

    接著從第 1 天開始重複循環

強化背肌的課表

第1天

背肌，大重量
1 頸前引體向上
    (以彈力帶或夥伴協助增加阻力)

    4 到 6 組，每組 10 到 8 次

2 硬舉

    4 或 5 組，每組 12 到 8 次

3 高位滑輪拉舉

    1 或 2 組，每組 25 到 20 次

1   p. 117   2   p. 158

第2天

股四頭肌
4 腿推舉

    5 或 6 組，每組 12 到 6 次

肩膀
5 側平舉

    3 到 5 組，每組 15 到 10 次

∞   p. 129

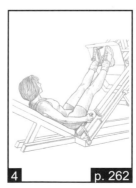

4   p. 262   5   p. 87

344

胸肌
6 雙槓撐體
　　4 到 6 組，每組 12 到 8 次

肱三頭肌
7 肱三頭肌滑輪下拉
　　3 或 4 組，每組 15 到 12 次

第3天

背肌，中等重量
8 划船
　　4 到 6 組，每組 12 到 10 次

9 俯身側舉
　　3 或 4 組，每組 15 到 12 次

10 高位滑輪拉舉
　　（超級慢速，以 10 秒拉下滑輪）
　　2 到 4 組，每組 4 次

斜方肌
11 聳肩
　　2 或 3 組，每組 15 到 10 次

第4天

休息

第5天

背肌，輕重量
12 硬舉（以嚴格的標準技巧要求）
　　4 到 6 組，每組 20 到 15 次

13 高位滑輪頸後下拉
　　4 到 6 組，每組 15 到 10 次

 6　p. 180
 7　p. 240
 8　p. 121
 9　p. 95
 10　p. 129
 11　p. 148
 12　p. 158
 13　p. 132

棘下肌
14 滑輪旋肩
　　3 到 5 組，每組 20 到 12 次

肱三頭肌
15 窄握臥推
　　4 到 6 組，每組 12 到 8 次

第6天

肩膀
16 側平舉
　　4 到 6 組，每組 12 到 8 次

股四頭肌
17 哈克蹲舉
　　4 到 6 組，每組 10 到 6 次

腿後肌
18 坐姿腿彎舉
　　4 或 5 組，每組 15 到 10 次

小腿肌
19 驢子提踵
　　4 到 5 組，每組 20 到 12 次

第7天

休息
　　接著從第 1 天開始重複循環

14　p. 140

15　p. 231

16　p. 87

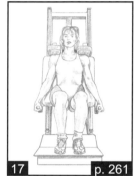
17　p. 261

18　p. 285

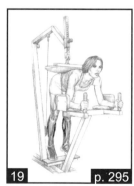
19　p. 295

強化肩膀的課表

第1天

肩膀，大重量

1 頸後推舉

4 到 6 組，每組 12 到 8 次

2 側平舉

3 到 5 組，每組 10 到 6 次

3 俯身側舉

3 或 4 組，每組 12 到 8 次

第2天

股四頭肌

4 腿推舉

5 或 6 組，每組 12 到 6 次

背肌

5 硬舉

4 或 5 組，每組 12 到 8 次

6 划船

4 到 6 組，每組 15 到 10 次

肱二頭肌

7 彎舉

4 到 6 組，每組 12 到 8 次

小腿肌

8 驢子提踵

4 到 5 組，每組 20 到 12 次

1   p. 79

2   p. 87

3   p. 95

4   p. 262

5   p. 158

6   p. 121

7   p. 205

8   p. 295

第3天

肩膀，中等重量
9 側平舉
　　3 到 5 組，每組 15 到 10 次

10 直立上提
　　3 到 5 組，每組 15 到 12 次

11 俯身側舉
　　3 或 4 組，每組 15 到 12 次

斜方肌
12 聳肩
　　2 或 3 組，每組 15 到 10 次

第4天

休息

第5天

棘下肌
13 滑輪旋肩
　　3 到 5 組，每組 20 到 12 次

肩膀，輕重量
14 滑輪單臂側平舉
　　3 到 5 組，每組 20 到 15 次

15 滑輪上提
　　3 到 5 組，每組 15 到 12 次

16 滑輪俯身側平舉
　　3 或 4 組，每組 20 到 12 次

9　p. 87

10　p. 85

11　p. 95

12　p. 148

13　p. 140

14　p. 88

15　p. 86

16　p. 96

第6天

背肌

17 引體向上

  4 到 6 組，每組 12 到 8 次

胸肌

18 中握距臥推

  4 到 6 組，每組 12 到 8 次

股四頭肌

19 哈克蹲舉

  4 到 6 組，每組 10 到 6 次

腿後肌

20 坐姿腿彎舉

  4 或 5 組，每組 15 到 10 次

第7天

休息

  接著從第 1 天開始重複循環

強化大腿肌的課表

第1天

股四頭肌，大重量

1 哈克蹲舉

  (以彈力帶或夥伴協助增加阻力)

  4 到 6 組，每組 10 到 6 次

2 腿推舉

  5 或 6 組，每組 12 到 6 次

3 大腿伸展

  (超級慢速訓練；使用 10 秒舉起重量)

  2 到 4 組，每組 4 次

17 p. 117

18 p. 171

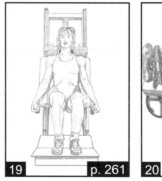
19 p. 261

20 p. 285

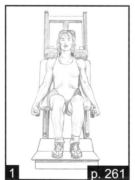
1 p. 261

2 p. 262

3 p. 271

小腿肌
4 驢子提踵

4 或 5 組，每組 15 到 8 次

第2天

胸肌
5 平板臥推

4 到 6 組，每組 12 到 8 次

肩膀
6 側平舉

3 到 5 組，每組 10 到 6 次

7 俯身側舉

3 或 4 組，每組 12 到 8 次

肱二頭肌
8 彎舉

4 到 6 組，每組 12 到 8 次

肱三頭肌
9 雙槓撐體

3 到 5 組，每組 15 到 10 次

第3天

腿後肌，大重量
10 直膝硬舉

6 或 8 組，每組 12 到 6 次

11 坐姿腿彎舉

4 或 5 組，每組 15 到 8 次

 4   p. 295
 5   p. 171
 6   p. 87
 7   p. 95
 8   p. 205
 9   p. 180
 10   p. 282
 11   p. 285

第4天

休息

第5天

股四頭肌，輕重量
12 滑步弓步蹲
　　4 到 6 組，每組 15 到 12 次

13 大腿伸展
　　3 到 5 組，每組 15 到 12 次

腿後肌
14 俯臥腿彎舉
　　4 或 5 組，每組 15 到 10 次

小腿肌
15 驢子提踵
　　4 或 5 組，每組 20 到 12 次

第6天

肩膀
16 頸後推舉
　　4 到 6 組，每組 12 到 8 次

17 側平舉
　　3 到 5 組，每組 15 到 10 次

背肌
18 引體向上
　　4 到 6 組，每組 12 到 8 次

棘下肌
19 滑輪旋肩
　　3 到 5 組，每組 20 到 12 次

12　　　　　p. 266

13　　　　　p. 271

14　　　　　p. 286

15　　　　　p. 295

16　　　　　p. 79

17　　　　　p. 87

18　　　　　p. 117

19　　　　　p. 140